中国教科书理论

石 鸥/主编

教科书心理学

石 娟/著

国家出版基金项目
NATIONAL PUBLICATION FOUNDATION

南方传媒
全国优秀出版社
全国百佳图书出版单位
广东教育出版社
·广 州·

图书在版编目（CIP）数据

教科书心理学／石娟著．-- 广州：广东教育出版社，2024.12. -- （中国教科书理论研究丛书／石鸥主编）. -- ISBN 978-7-5548-7066-2

Ⅰ．G423.3

中国国家版本馆 CIP 数据核字第 2024QH0712 号

教科书心理学

JIAOKESHU XINLIXUE

出 版 人：朱文清
丛书策划：李朝明
项目负责：林 蔺
责任编辑：梁 岚　王泽冰　朱丽芳
责任校对：肖炜曦
责任技编：许伟斌
装帧设计：陈宇丹
出版发行：广东教育出版社
　　　　　（广州市环市东路 472 号 12 - 15 楼　邮政编码：510075）
销售热线：020 - 87615809
网　　址：http://www.gjs.cn
E-mail：gjs-quality@nfcb.com.cn
发　　行：广东新华发行集团股份有限公司
印　　刷：广东信源文化科技有限公司
　　　　　（广州市番禺区大龙街竹山工业路 57 号）
规　　格：787 mm×1092 mm　1/16
印　　张：22
字　　数：440 千字
版　　次：2024 年 12 月第 1 版
　　　　　2024 年 12 月第 1 次印刷
定　　价：98.00 元

如发现因印装质量问题影响阅读，请与本社联系调换（电话：020 - 87613102）

序
一

　　没有人会怀疑"书籍是人类进步的阶梯"，而这个"阶梯"中最基础、最坚实的那一部分便是教科书。与高头讲章相比，孩童手捧的小课本似乎是微不足道的，但小课本却有大启蒙、大学问。课本虽小，却能培根铸魂、启智增慧。习近平总书记指出，要大力"培养能够担当民族复兴大任的时代新人"。而教科书正是培养时代新人最重要、最直接、最影响深远的工具。它体现国家意志，承载优秀文化成果；它传播科学知识，打开每个人心灵的窗户；它凝心聚力，培育代代新人，为民族复兴注入持久而深沉的力量。可以说，有什么样的教科书，就有什么样的年轻人，也就有什么样的国家未来、民族未来。同样地，我们想要什么样的年轻人，想要什么样的国家未来、民族未来，就要建设什么样的教科书。教科书是"小课本"，但"小课本"却关乎国家大事。

　　石鸥教授从 20 世纪 90 年代起就对教科书产生了浓厚的兴趣，边收藏边研究，执着地走到今天，所藏教科书已具博物馆规模，研究团队日益壮大，研究成果不断涌现。2015 年，鉴于教科书研究的重要性以及石鸥教授带领的团队在教科书研究上的成果和优势，我所在的教育部基础教育课程教材发展中心与首都师范大学合作，联合成立了"中国基础教育教科书研究与评价中心"，致力于研究基础教育教科书发展和评价中的理论与现实问题。多年来，首都师范大学教科书研究成果丰硕，影响力日益扩大。

摆在读者面前的这套"中国教科书理论研究丛书"，既是石鸥教授团队的又一重要成果，更是理论研究对教科书实践的积极回应，是教科书建设的"及时雨"。该丛书不仅把教科书理论推上了一个新高度，也为该领域的一些现实关切和争议的问题提供了专业、科学的解答思路。该丛书的面世对于提升我国教科书研究的理论水平具有重要意义。该丛书分为两辑，此前我为之作序的第一辑已经出版，一经面世就深受好评，屡获重要奖项；本次出版的是第二辑。在第二辑中，研究者将从文化学、心理学、管理学、编辑学、传播学、技术学、评价学等理论视角和专题领域切入，进一步丰富教科书理论体系，回答教科书实践中的问题。有理由相信，这套"中国教科书理论研究丛书"将推动我国教科书研究迈上一个新台阶。

恩格斯指出，"一个民族要想站在科学的最高峰，就一刻也不能没有理论思维"。当前，我国教科书建设亟须理论支持。在某种意义上，教科书理论已经严重滞后于教科书实践，教科书实践正在不断倒逼教科书理论研究。如何评判一本教科书的质量？如何通过教科书培养能够担当民族复兴大任的时代新人？如何提高教科书质量以满足人民群众对更高水平、更加优质教育的期盼？如何在教科书中处理好本土化与国际化、政治性与科学性、传承与创新、教与学的关系？这些问题在理论上都没有得到很好的解释与解决。尤其是，如何增强中国自己的教科书话语能力（从长远来看，教科书话语能力体现的是国家教育实力与教育科学实力），如何构建以中国话语说中国经验的具有中国特色、中国气派的"教科书学"等，已经成为我们这一代教科书研究者的时代使命。

这是一个需要教科书理论、呼唤教科书理论的时代。

教科书研究者任重道远。

田慧生　首都师范大学教授
2024 年 3 月

序
二

一

　　教科书应该是世上最珍贵的文本，也是最深入浅出、通俗易懂的文本。它是人类知识的精华，对读者的影响深刻而持久。莫言对此是有感受的："让我收益最大的是上个世纪（20世纪）50年代末60年代初期，我大哥家中留下很多中学语文教材，每逢雨天无法下地，我便躲到磨坊里去读这些课本……这些教材虽然很薄，但它们打开了农村少年的眼界……对中学语文教材的阅读让我受益终生。"

　　美国学者多伦曾感叹道："这个国家若没有教科书是难以想象的……教科书是基础或根基的东西。"[①] 著名学者托马斯·库恩认为，"任何一门科学中第一个范式兴起的附带现象，就是对于教科书的依赖。"[②] 实际上，不仅学科发展离不开教科书，个人发展更与教科书息息相关；不仅每个人的大部分科学知识、人文社会知识的获取离不开教科书，甚至我们的世界观、人生观、价值观的获得，都直接受教科书的影响。

---

① 瞿葆奎. 教育学文集：课程与教材：下册[M]. 北京：人民教育出版社，1993：113.
② 库恩. 科学革命的结构[M]. 金吾伦，胡新和，译. 北京：北京大学出版社，2003：85.

大量优良的教科书培养了人的良知，唤醒了人的渴望，引导人们向善向上。

重视教科书研究，是为了提升教科书质量，其终极意义是这一特殊文本能使读者有更良善的发展。教科书对学生的影响是最直接、最深远的。所以，我们必须擦亮眼睛——孩子们的未来与此时此刻正在读的教科书息息相关！

重视教科书研究，是为了让这一独特文本繁荣。真正的教科书文本繁荣，应有强大的学术评论或学术批评作为支撑。我国教科书文化的不发达，与教科书评论的缺席或教科书研究的弱势息息相关。必须承认，目前教科书研究进展还是比较缓慢的，它在独立、自成系统方面并未取得突破性进展，没有产生有突破性意义的新方法，还不能圆满回答教科书实践中的许多重要问题。这或许可以归因于我们关注得太晚、努力得不够、研究角度不恰当，也或许可以归因于教科书太复杂、涉及的学科太多，等等。

重视教科书研究，就是要打造一个关于教科书、教科书史、教科书作者、教科书读者、教科书理论、教科书实践的对话场域，进而构建教科书评价体系，或直白地说——构建教科书学。教科书学的构建是一项相对独立的研究活动，在我国，这是几近原始的学术领域。近十余年，有赖于一批同道中人不离不弃地辛勤耕作，教科书学的构建具备了基础条件，时机正在逐步成熟。

教科书学建构时机趋于成熟有几个标志：一是基本完成了严格意义上的中国教科书发展历史的梳理，基本搭建了教科书主要理论视野的分支框架；二是逐步实现了教科书研究从编书经验、教书经验向教科书理论的转换，使教科书研究从教材编写论、教师备课论中走了出来，逐渐自立门户；三是形成了相对系统的知识话语体系和相对稳定的学科结构形态；四是初步实现了教科书理论的专业化转变，有稳定的研究领域、实体对象、结构规模、品牌作品，有广泛的社会、学术、教育和意识形态效应，具有其他学科所不可替代的价值；五是产生了一批有关教科书研究的书籍，有了自己相对稳定的研究平台。当然，根本标志是教科书已成为被高度重视的研究对象，教科书研究已成为一批学者终身的学术事业。

从教育科学的学术发展轨迹来看，21世纪以来，时代的变革与学术视野的拓宽，尤其是基础教育课程改革的推进，成就了课程教学理论研究的空前繁荣。学校课程及其主要载体——教科书的研究，开始由学术边缘向学术中心移动。近年来，教科书研究逐渐成为整个教育学领域生长最快、最受关注的热点领域之一。这一现象反映了教育科学学术共同体的变化轨迹。

教科书研究逐渐成为新时期教育科学研究的新天地，这意味着学界对教科书文本是学生成长最重要的文本材料的普遍认同。这是学界视野与思维得以拓宽的一种表现，是教育科学学术共同体的一大进步。

当然，对教科书的研究，很难完全归入教育学现有学科领域，虽然教育学在这里是主力。对教科书这个客体的研究，主要涉及教育学，同时也涉及历史学、文化学、社会学、政治学、语言文字学，还涉及物理学、化学、地理学、心理学、伦理学、出版学、传播学、管理学、美学、音乐、美术、体育学等各个学科。我们高兴地发现，有历史学家、文学家，甚至有科学史专家、美术领域的专家，都表现出对教科书研究的高度兴趣。这种跨学科研究的发展是21世纪以来中国社会科学特别是教育学领域最令人瞩目的地方，由此构建的教科书研究学术共同体，也值得学界高度关注。

教科书研究是无尽的，教科书文本和教科书现象，永远都有可供研究之处。教科书研究进入学术殿堂并成为严谨的省思决断对象，是学术界可圈可点的事。虽然以前有零散的研究，但对教科书真正系统地、有规模意义地研究，还是21世纪以来的事。在20世纪90年代末关于教科书研究的硕博士论文只有寥寥几篇，到最近几年，每年与教科书研究相关的硕博士论文已经超过千篇，试问哪个学术领域有这么快的跃升？不那么谦虚地说，我们团队在推动这一进展方面发挥了积极的引领作用，和全国同人一道，兢兢业业，不彷徨，不犹豫，执着往前走，终于迎来了可喜的局面——教科书研究领域已日渐开辟出一片新天地，教科书研究的理论特色日渐凸显，以中国话语说中国教育，具有中国特色、中国气派、中国风格的教科书学的新时代正在到来。

二

教科书是有使命的！从事教科书研究也是有使命、有担当的。因为从一定意义上说，有什么样的教科书，就有什么样的年轻人，就有什么样的国家和民族的未来。

教科书学是有责任的！从某种意义上说，它是经世之学。它必须为学生的学习承担责任，这种责任基于两种重要的考虑：一是为了学生的当下，即每日每时的学习自觉和身心成长；二是为了学生的未来，同时也是民族和人类的未来。

基于这一使命和担当，也基于构建教科书学的目的，多年来，我们借助教科书丰富的藏品，在对教科书的近现代发展史进行了系统而卓有成效的梳理后，一刻也没有停歇地把精力转向对教科书现实问题的系统理论探究上，旨在为教科书的重大现实问题提供理论解析，同时为教科书学的建构提供基本的分支理论体系和重要的学术基础。

"中国教科书理论研究丛书"站在新的学术起点上，通过加强教科书研究共同体建设来深化教科书研究，借鉴政治学、经济学、社会学、历史学、文化学、美学、哲学、管理学、传播学、生态学、语言学等学科理论精华，打破不同学科理论的界限，自觉构建教科书研究的本体论、认识论、方法论体系，力求从基础上推动教科书研究的发展和创新，为教科书学的建立构建基本框架。

该理论丛书分两辑，第一辑包括《教科书概论》《教科书美学》《教科书语言学》《教科书生态学》和《教科书研究方法论》，已经于2019年底出版。其一经面世就产生了良好的社会影响，已获得多个重要奖项。即将出版的第二辑包括《教科书文化学》《教科书心理学》《教科书管理学》《教科书编辑学》《教科书传播学》《教科书评价学》《教科书技术学》。

《教科书文化学》借鉴文化学的原理与方法，结合教科书文化的研究与实践，揭示了教科书与文化的关系，阐述了教科书的文化传承与创新功能，以及文化冲突对教科书产生的影响，从多个维度探讨了教科书编写过程中的文化观念、教科书内容确定过程中的文化优选和重组、教科书使用过程中的文化意识，旨在拓展教科书研究领域，促进教科书文化研究的深化以及教科书理论的创新与发展。

教科书引领学生培养健全人格，养成核心素养，追求真、善、美。教科书应该也必须考虑学生的心理发展因素。从心理学视角剖析教科书，教科书是不断契合学生心理发展规律的文本存在。《教科书心理学》主要审视教科书文本中的心理学要素，并探析这些心理要素被设计编写进教科书的原因及方式，通过对教科书的深入分析，将暗含于其中的心理学理论或规律挖掘出来，阐释教科书知识的心理学价值，促进教科书质量的提升。

《教科书管理学》一书旨在通过全面、系统地探讨教科书管理的理论和方法，推进教科书管理的科学化和规范化，提升我国教科书管理的水平，以期促进教科书研究（教科书学）成为一门独立学科。

编辑活动是教科书质量保障的生命线。《教科书编辑学》围绕教科书编辑的历史、原理、政策、编辑方式、编辑素养等方面的基础问题，初步建构了教科书编辑学的基本框架，系统呈现了教科书编辑活动的发展过程和具体要求。教科书编辑合理吸纳教学智慧、充分符合教学特性，是推动教科书育人价值更好地转化为立德树人实际成效的必然路径。信息时代，万物互联，教科书编辑应主动拥抱科学技术创新成果，及早布局教科书数字化和数字教科书发展。

《教科书传播学》将教科书视为一种传播媒介。学生不仅是教科书传播的对象，也是教科书传播的主体，更是衡量教科书传播效果的标尺。随着网络新媒体时代的到来，新时代教科书建设需要新的舆论支持，依据传播规律，运用融媒体，整合多种社会因素说服人、打动人、感染人。

什么是高质量的教科书？什么是好的教科书？教科书评价是按照特定目标和程序，对教科书进行价值判断的过程。教科书评价对于提高教科书建设质量具有非常重要的意义和价值。《教科书评价学》聚焦教科书评价的基本理论和实践探索，在分析基本概念的基础上，从视角与分类、过程与方法、实践与应用以及反思与展望等方面深入阐释了对教科书评价的研究。

现代技术是一种特殊的生命系统，具有自身的进化规律。《教科书技术学》意在运用技术思维解析教科书的技术组成元素，探索教科书的技术元素及其演变规律，进而发现教科书未来的可能形态。面向变幻莫测的未来，秉持"为了智能社会生活，为了学生素养发展，为了教师专业发展和为了学校经营"原则，探讨信息时代数字教科书的理想形态，并审慎对待数字教科书应用过程所涉及的多样化主体，释放技术在教科书创制中的功能，使教科书进一步充满能量和生命力。

"中国教科书理论研究丛书"主要提供给这样的读者——他（她）对本丛书的意图以及丛书本身怀有足够深厚的情怀和道义上的支持，进而不苛求它们的绝对完美。我先在这里感谢他们的宽容，毕竟这套书中不少是填补空白的研究，许多系统探索在国内尚属首次，片面和肤浅是不可避免的。我相信，如果我们要等一批高水平、没有瑕疵的教科书研究的理论著作，我们将会等待很长时间。但我们不能等。

我们的研究犹如手电筒，只能照亮黑暗中的一部分，没有办法看到整个黑暗中的所有事物与事件。我们知道，一套放之四海而皆准的教科书研究通则或分析模式并不存在。没有固定不变的教科书研究模式，也没有作为终极真理的教科书理论体系。真正具有生命力的教科书研究是随着思考和实践的不断推进而发展的。

这套丛书是对教科书理论的学术探讨，各书作者都有自己的研究思路与表达风格，更有自己的研究心得。为遵从作者的学术追求，我仅仅对形式方面作了一些粗略的规整。

这套"中国教科书理论研究丛书"的顺利出版，首先要感谢广东教育出版社朱文清社长，感谢李朝明总编辑、卞晓琰副总编辑和夏丰副社长的大力支持，尤其要感谢项目负责人林蔺女士，她的敬业精神令人感动，她的沟通能力让一切困难迎刃而解，没有她的精心呵护，很难想象这套书目前的进展。

当然，最需要感谢的是各位作者，在他们和出版社的共同努力下，这套书第一辑、第二辑两次成功入选国家出版基金项目。

最后，我要感谢时任教育部教材局局长田慧生和时任首都师范大学党委书记孟繁华的支持和关心。我知道，他们的支持与关心既是一种鼓励，更是一种期望和鞭策。

石鸥

2024 年 3 月　于北京学堂书斋

目
录

导言

_____

一、心理学的研究为教科书质量提升提供了可能

中国古代的教材中已蕴含心理学思想。如，明清时期的学者编写了一批蒙学教材，从儿童的认知规律和兴趣爱好，以及汉语音节特点出发，采用浅显的文字、对偶押韵的句式、简单而有趣的故事等形式来编写教材。

在独立形态的教育学产生之前，教育学家与心理学家谈及教科书均考虑到教科书的编排与内容选择应关注学生的心理因素，并将此作为重要的理论依据。现代意义上的教科书产生之后，心理学逐渐在教科书编写中占据重要地位，通过把心理学研究成果更广泛地运用在教科书的编写中，以提高教科书质量，增强教科书的科学性与适切性。换言之，心理学为教科书编写提供了理论依据，同时，心理学特别是教育心理学的主要落脚点在学生发展，与教科书的落脚点有不谋而合之处，这就为心理学"进驻"教科书提供了诸多可能。

（一）心理学为教科书编写提供了理论依据

夸美纽斯（Johann Amos Comenius 或 Jan Amos Komensky，1592—1670）在《大教学论》中提及"教科书知识排列应使学生先知道最靠近他们心眼的事物，然后去知道不大靠近的，随后去知道相去较远的，最后去知道隔得最远的。而对于学生第一次学习的内容，应从学生的日常生活采用一些事例或材料。"①《大教学论》是科学教育学的代表性著作，在教育史上具有不可替代的地位与作用。夸美纽斯提出儿童认知由感知到思维、从具体到抽象的发展规律，教科书知识的呈现应遵循"感知—运用记忆—理解—判断推理"的认知过程。依据心理学原理

---

① 夸美纽斯. 大教学论 [M]. 傅任敢，译. 北京：教育科学出版社，1999：97.

与理论，教科书编写便有章可循，教科书的设计原则、体例和插图等均有了心理学理论支撑。教科书既要激发学生的学习兴趣，又要形成学科知识的逻辑体系，更要遵循学生心理发展规律，使知识的安排呈现螺旋式上升的态势。

首先，学生的认知发展特点为教科书编写提供了理论参考。学生认知发展具有由表及里、由浅入深、由笼统到分化等特性，这为教科书编写提供了理论参考，如依据小学低年段学生认知中具体形象思维占据主导的特点，这一年段的教科书中插图较多且颜色鲜亮，以吸引学生注意力，使学生在掌握生字不多的情况下，根据插图也可理解教科书内容；根据学生眼动频率，小学低年段教科书字体的字号较大，行间距较大，减轻学生的用眼负担；根据学生注意力相对较弱的特点，低年级教科书的篇幅一般较短，语言较为简单。其次，心理学因素在教科书编写中贯穿始终。课程标准对学生心理发展规律有明确规定，即坚持"以学生为本"的课程理念，遵循学生身心发展规律，根据学生认知发展规律与特点，编写适合学生年龄特征的教科书，因此，教科书编写中会将学生的接受度、理解度等心理性指标作为重要的参考。教科书审定标准之一也是教科书是否符合学生的心理发展规律，能否被学生理解。教科书的使用则将教师的教与学生的学紧密结合起来，其中的心理学因素在师生互动中则更加凸显。

（二）心理学与教科书的落脚点有不谋而合之处

心理学，特别是教育心理学的落脚点在学生发展，教科书的落脚点也在学生发展，两者都在以自己特有的方式提升学生核心素养，促进学生健康、全面发展。

首先，心理学与教科书在不谋而合之处寻求契合点。教育心理学研究学生的心理发展规律，提出教育应遵循学生的认知发展特点和心理发展规律。教科书编写目的之一是让学生更好地理解与掌握教科书中的知识，形成关于知识的整体结构与逻辑体系。教科书中的知识如何编写才能更有利于学生理解与掌握呢？对这一问题的回答，需结合心理学关于学生身心发展规律与认知发展特点等理论知识，在教科书编写之前深入开展实践研究。这样一来，心理学上关于学生心理发展规律的研究与教科书编写之间就有了契合点，这一契合点为教科书编写提供了理论依据，有利于提升教科书编写质量，提高教科书使用的成效。其次，教科书中的知识编排逻辑遵循学生身心发展规律。教科书中的知识编排有着内在逻辑，教科书编写者通过对学生身心发展规律的深入研究，对教科书知识进行了人为的排列组合，使得知识呈现出由易到难、由简到繁的螺旋式上升态势。在确定学生心理发展规律与教科书编写有着契合点的基础上，教科书编写者进行教科书知识编排时遵循学生心理发展规律，在教科书体例设计、板块设计、内容编排、习题设计、插图设计等诸多方面均需做到有据可依、有理可循。这里的"据"与"理"便包括心理学理论依据与原理准则。

由此可见，心理学对于教科书有理论指导意义，在教科书编写中以心理学为依据和参考在一定程度上保障了教科书编写的科学性与适切性，为教科书质量提升提供了可能。

二、教科书编写运用心理学研究的现实

随着学科的分化，自心理学从哲学的母体中独立后，心理学以其极具应用性的理论与原理为教育、管理、经济等各个领域提供理论指导与参考，以提升人们行为的科学性。具体到教科书领域，教科书理论研究与实践应用均需以心理学作理论依据，从而提升教科书编写的质量，让教师的教与学生的学实现更加科学的碰撞。

（一）教科书编写以心理学为依据实现知识内容的智慧化整合

教科书编写是编写者们将各组成要素依据一定的标准、规律与要求进行合理排列组合的过程。关于教科书的组成要素，形成了关于教科书"两要素""三要素"与"多要素"等多种观点。关于"两要素"说，有学者认为教科书的构成要素为课文系统和课文辅助系统[①]；也有研究将教科书组成要素分为教科书正文系统与辅助系统，其中教科书正文系统是教科书的主体内容，往往由单元—课、章—节等形式组成，包括课题、插图、表格等；辅助系统由助教和助学两部分组成，助教部分包括各种编辑说明（前言或导读）、目录、单元、小结、作者简介、课文图表、教学目标、教学步骤、教学提示、课文附录和注解等；助学部分包括各种编辑说明（前言或导读）、课文目录、单元、小结、作者简介、课文图

---

① 郭晓明. 整体性课程结构观与优化课程结构的新思路 [J]. 教育理论与实践，2001 (5)：38–42.

表、课（单元）前预习、课（单元）后各种活动和问题练习、课文附录和注解、参考答案、相关链接等①。关于"三要素"说，有学者把教科书要素分为课题系统、图像系统和作业系统②。曾天山在《教材论》一书中认为，按信息传递分类，教材包括三大系统，即课题系统、图像系统和作业系统。③ 教科书"两因素""三因素"甚至"多因素"说更多时候是研究者从自己的研究旨趣出发进行的划分，可以肯定的是，任何一种分类，均包含封面、扉页、编辑说明、目录、课文、插图（表）、活动或练习、附录、注解等基本要素。教科书每一要素的编写均依据一定的标准、规律与要求，其中学生的已有发展水平、认知发展特点、身心发展规律等是教科书编写的重要参考依据。如果教科书编写未能周全考虑学生的心理发展规律，便可能会造成编写出来的教科书出现难度较大（或难度不足）、图文不符、脱离实际等情况，这都将不利于教师的教和学生的学，导致教学的低效。因此，教科书编写以心理学为依据实现知识内容的智慧化整合，教科书是经过各方编写专家团队进行反复调研、论证后所形成的文本，是集体智慧的结晶。

（二）教科书编写落脚于教师的教与学生的学

教科书编写最终落脚于教师的教与学生的学。为了确保教师教与学生学的质量，在进行教科书编写前需要结合教学实践了解教师与学生对教科书的想法和期待，设计兼具科学性、适切性、教育性与思想性等特性的教科书。

首先，教科书编写应考量教师的教。对于教师而言，教科书的可教性、可理解性是教师开展教学的前提，教师依据教科书进行备课，将教科书中的知识转化为自己感悟的知识，通过教学实施，以便于理解的方式讲解给学生。教师备好课的前提之一是教科书能被教师理解，在划定知识教学范围的基础上，能在很大程度上发挥教师的主观能动性与教学创造性，使教师将教科书中的知识与教学经验结合起来进行理解与领悟。如果教科书中的知识在教学的灵活性与可理解性上有所欠缺的话，教师的教学将会大打折扣。其次，教科书编写以学生的学为主要依据。学生的学不仅是关注当下的学习过程、指向未来的学习结果，也应关注学生

---

① 石鸥. 教科书概论 [M]. 广州：广东教育出版社，2019：29.

② 吴也显. 教学论新编 [M]. 北京：教育科学出版社，1991：299-300.

③ 曾天山. 教材论 [M]. 南昌：江西教育出版社，1997：19-20.

已有的知识水平与经验及学生的认知发展规律。教科书必须立足于学生的已有水平进行科学编写，在学生认知的"最近发展区"内设计合理的内容。落脚于学生学的教科书编写，需慎重地考量教科书的装帧设计、目录设计、知识内容的广度与难度、插图效果、图文配合等各要素，在求真的同时引领学生粹美、向善，提升学生核心素养，促进学生德智体美劳全面发展，这是基于心理学理论依据进行教科书编写期望达到的教育效果。

第一章

教科书心理学的内涵、意义
与学科性质

教科书作为教学文本，有其独有的特性和内涵，其独特性在于教科书是连接教师和学生的中介与桥梁。桥梁两端的主体作用发挥得如何，除了要看教师的专业水平高低这一因素外，还需关注教科书文本与学生心理的契合度、教科书文本与教师教学的契合度等因素。这些因素应在教科书编写时便被有意识地加以考虑和研究。教科书心理学赋予教科书研究更多的学科内涵。呈现在教师与学生面前的教科书，其心理学内涵是什么呢？教科书心理学的学科性质如何？除了探讨教科书的政治价值、审美价值、育人价值等价值，其心理学价值又是什么呢？其发挥着何种作用？本章从理论层面对教科书心理学进行探讨。

第一节 教科书心理学的内涵

自心理学从哲学母体中独立出来后，心理学逐渐被广泛地应用于管理、教育、社会生产等各行各业，产生了心理学基础理论研究与心理学实践应用探索两条发展路径。就教科书心理学而言，教科书心理学具有哪些内涵？其特征有哪些？这是需要进一步明晰的话题。

一、教科书的内涵

从词源上看，中西方"教科书"的概念因社会文化、教育制度等因素的不同，存在着较大的差异。

在中国，"教科书"与通俗意义上所说的"教材"意义接近，《教育大词典》

认为，教科书是根据各科教学大纲（或课程标准）编写的教学用书，教科书不等于教材，它是教材的重要组成部分，在教材中使用最广、内容最成熟、比重最大①。"四书五经"、三字经、百家姓、千字文等教学材料在中国古代学校教育中占据极其重要的地位，但仍不能被认为是现代意义上的教科书。在中国，现代意义的教科书是根据学制，依学年、学期、学科而分级、分册、分科的，并且一般会有与之配套的教授书（教授法、教学法）等教学参考书，这些教学参考书对教师教学有具体的建议②。

在西方，与"教科书"相关的三个英语单词分别是"text book"　"school-book""textbook"。最早使用的是"text book"，捷克教育学家夸美纽斯的《大教学论》以"泛智主义"理想论述了教材编写的原则与要求。1658 年，他出版了《世界图解》，该书是用最简短的故事叙述和图片编写的拉丁文的小学教科书。"schoolbook"是与学制、学期这种教育序列没有紧密关系的教学用书，最早出现在 18 世纪 50 年代，在 18 世纪 70 年代后广泛使用。"textbook"是专门为教学而编写、设计和出版的书籍，直到 19 世纪 30 年代，各国政府和新兴资产阶级倡导由新学科组成的学校课程体制，这种基于新学制和新学科出版的教学用书便成为人们公认的"教科书"。可见，"textbook"更接近于现代意义上的教科书。

作为一种教学用书，教科书具有以下特征：

1. 教科书知识内容的可教性

随着学科分类的日渐细化，学科教学在国际教育发展历程中逐渐占据相对主流的地位，大部分教科书按学科来编写知识内容，形成这一学科的知识体系框架。教科书知识内容于教学而言具有可教性，具体体现为：

第一，教科书知识体现思想性与时代性。教科书是读者群最广泛、对读者影响最为深远的读物，任何国家总是通过教科书传递国家思想与理念，并且将之内化到学生内心，使学生在日常生活中得以外化践行。借助教科书，将学生培养为符合国家要求的合格公民。学生以教科书为媒介进行学习时，收获文本内容的文学思想、科学精神，养成真、善、美的品质。教科书知识的思想性对学生产生影

---

① 顾明远. 教育大词典：第 1 卷［M］. 上海：上海教育出版社，1990：282－283.
② 王攀峰. 教科书研究方法论［M］. 广州：广东教育出版社，2019：9.

响的方式有显性的，也有隐性的。如：部编本小学语文教科书中的《升国旗》《吃水不忘挖井人》《朱德的扁担》等选文有显性的文字表达，学生在阅读教科书文本后，便可懂得其中的浅表层道理；也有隐性的表达方式，借助文字，培养学生热爱祖国的品质，培养崇高的思想和道德情操。随着时代的变迁，教科书中的知识有所增加，也有所删减，其中重要标准之一便是教科书知识内容是否符合社会时代的需求。教科书编写者会根据课程标准与培养目标将不符合时代需求的内容删除，增加带有时代气息的新内容，体现教科书知识的时代性。

第二，教科书知识体现科学性与逻辑性。教科书是在浩瀚的人类文化中撷选最精华的部分，经反复研讨后组成的知识文本。在选择知识时，需要考虑知识的思想性与时代性，还需考虑知识的科学性与逻辑性。知识的科学性有助于培养学生求真的品质，引导学生使用较短时间获得经过科学验证的正确知识，引发学生深层次思考，提升学生的思维能力，提高学习的效率。各学科教科书的知识都具有科学性。同时，学生所学习的教科书中的知识不是零散的碎片化知识，而是具有一定内在逻辑体系的知识网络，如何使得内容设置从低年级到高年级形成成体系的逻辑系统，这就需要教科书编写者在教科书知识选择与编写时进行统筹规划，设计出符合学生认知发展规律与学科知识特点的教科书内容，促进学生对知识的理解、记忆、应用与迁移，在内化与外化的多重转化中拓展认知结构、锻炼综合能力、提升思想修养。

第三，教科书知识符合学生身心发展规律。教科书知识的选择不能随心所欲，而是需要依据学生的身心发展规律展开。在具有现代意义的教科书出现之前，教科书编写就遵循儿童心理发展规律进行，并以此作为选择教科书知识的重要依据。如果说德国哲学家、心理学家赫尔巴特（Johann Friedrich Herbart，1776—1841）所代表的传统教育学强调以教材为中心，注重知识的完整性、体系化的话，那么以杜威（John Dewey，1859—1952）为代表的现代教育学，则更加关注儿童的生活经验，强调教科书编写应遵循儿童身心发展规律和特点，抽象的、体系化的知识可被转化为儿童的经验与活动。学生的心理因素包括认知要素和非认知要素，认知要素包括感觉、知觉、记忆、思维、想象等，非认知要素包括情感、态度、价值观、需要、动机、意志等，心理发展规律包括心理发展的顺序性、阶段性、不均衡性、差异性等。教科书知识需遵循学生的身心发展规律来表现认知要素和非认知要素的具体内容。因此，教科书知识需要遵循学生心理发展规律，不陵节而施，循序渐进地促进学生的发展，培养其核心素养。

2. 对于学习者而言的"可读性"

最早的教科书研究始于19世纪80年代的美国，其中，教科书的可读性是一个重要的研究主题。所谓可读性就是学习者阅读和理解教科书文本的难易程度，它影响和决定着学习者实际学习效果的差异①。"可读性"在进行教科书编写时就需要被考虑到，如内容是否具有可读性，各板块如何设计才能增强可读性等现实问题。

第一，可读性强的教科书有利于学生对知识的理解与掌握。这里的"可读性"不同于日常生活中说的"可读性"。教科书编写时考虑"可读性"的目的在于对知识的理解与掌握，布鲁姆（Benjamin Bloom, 1913—1999）的认知目标分类中，提到知识、领会、应用、分析、综合、评价六个维度，学生通过对教科书文本的"读"至少可达到知识和领会两个层面的目标。这里需要提及的是，教科书文本与一般文本有一个较大的不同，即"读"的方式上的不同，对教科书文本有不发声的默读和发声朗读两种方式，前者为日常说的"看"，后者为日常说的"读"，而学生读一般文本更多时候是"看"，通过"看"了解其中的梗概即可。教科书的"看"更多的是与声音相连接的，所以界定为"读"，"读"是有声的看，"看"是无声的读。"看"起来好的教科书并不一定"读"起来也好，这一特殊性决定了把教科书作为一般文本来"看"和把它作为课本来"读"，两者是大不一样的②。教科书的"读"是带有认知活动的看或读，因此，教科书的"读"比一般文本的"读"在促进学生理解上更深化，这样便更利于知识的掌握与迁移。

第二，可读性强的教科书利于学生的思维训练和提升。从知识难易程度上看，教科书知识的编排设计带有强烈的目的性与计划性，知识难度呈螺旋式上升。从知识难易程度上审视"可读性"，"读"的方式就有泛读和精读，这里的泛读与精读涵盖所有学科，更加倾向于知识的思维加工。泛读是对知识内容进行

① 王攀峰. 教科书研究方法论 ［M］. 广州：广东教育出版社，2019：77.
② 石鸥，石玉. 论教科书的基本特征 ［J］. 教育研究，2012（4）：92－97.

表浅化的了解，便于识别、说明和描述；精读是指深入地对知识内容进行识别、定义、重述、比较、分析、归纳、列举、论证等过程，涉及较为复杂的思维加工过程。教科书的"可读性"有助于学生对知识内容的思维加工，学生的"读"不是单纯的出声思维，更是内在的认知活动过程，学生会将在"读"中获得的信息在头脑中转化与加工，以"登录—编码—解码—输出"的信息加工过程实现对知识的理解、记忆，在反复的思维训练中学会运用和迁移。

3. 对于编写者而言的有限创新性

与其他的学术研究不同，教科书编写者被称为是"戴着镣铐在跳舞"，可以看出教科书创新是有限度的创新，编写者要在符合学生的身心发展规律与社会发展要求的前提下，遵循课程标准，开展教科书编写。

第一，教科书内容的显性创新（有痕创新）①。有痕创新是肉眼可以看得见的、与原来知识的不同之处。为了更好地实现课程目标，达成编写者的意图，在教科书的版式设计上，在教科书的知识内容呈现上并不是千篇一律的。颜色、字体、排版有差异，插图摆放的位置也有所不同，为什么这种看似不起眼的做法，却能让人眼前一亮？比如加粗字体能在第一时间抓住学生的注意力，使其了解到加粗字体可能是需要重点掌握的知识。在教科书知识内容的编排上，教科书内容文本的选择、文本的编排次序、文本排放的位置、习题的设计等无不呈现编者的意图。这种设计是一种显见于外的创新，很大程度上是为了更好地发挥文本价值。吸引人的外观设计利于师生对教科书的理解与把握，也能激发学生使用教科书的兴趣。

第二，教科书内容的无痕创新②。无痕创新是肉眼看不见的，但背后确实暗含着编者的价值倾向。由于教科书知识的限定性与学习主体的规定性，教科书编写者在保持教科书知识原貌的同时，也可能作出一些调整。如，为了使知识更加符合学生的心理发展规律、契合时代发展的要求等，教科书编者有时会对知识内容进行"人为的"摘选或修改。摘选或修改的依据有编辑旨趣，有社会发展要求，有学生身心发展规律，也有课程标准。教科书作为对学生影响最深远的知识

---

① 石鸥，张美静. 被低估的创新：试论教科书研制的主体性特征 [J]. 课程·教材·教法，2019（11）：59-66.
② 同①61.

载体，我们学生时代的大多知识来源于此，教科书对知识的删减、增加、修改等并不易被读者发现。教科书的无痕创新能更好地发挥教科书的育人价值，实现教科书价值观引领的作用，引导学生培养积极的情感、向上的态度和正确的价值观。

二、教科书心理学的内涵

心理学是关注人的学科，教科书心理学是通过教科书关注人的学科，教科书从编写研制开始，编写团队就需将心理学思想和理念贯穿于教科书编写的始终，以保障和提升教科书质量，为教科书更好地发挥其育人价值奠定基础。基于此，教科书心理学的内涵主要有三个层面：教科书中的知识、学生与教师。教科书中的知识包含知识内容、排版设计、知识体系，处于教科书使用两端的教师与学生的心理则被灵活地渗透到教科书的知识内容、排版设计及知识体系当中。教科书内涵是从宏观层面阐释教科书所具备的特征，其中也暗含了心理学特征，教科书心理学的内涵则主要从心理学视角论述教科书具备的特征。

（一）编写理念的主体性与内容的生活性的有机整合

教科书编写理念是教科书编写工作的指导思想，决定了教科书知识内容的选择、编排体例、呈现方式、知识框架等。我国教科书编写理念在课程改革的时代变迁中发生了转向，教科书编写理念逐渐由"教本中心"转向"学生为本"，这与课程理念直接相关。编写理念发生转向的同时，教科书内在知识也发生了较为显著的变化，其中最直观的变化是进一步强化知识内容的生活性，与学生生活经验紧密结合。这样一来，教科书内容编写与习题设计均要考虑学生的生活经验。

1. 教科书编写理念强调"以学生为本"

学生是教科书心理学的落脚点与归宿，"以学生为本"逐渐成为教科书编写的主流理念。"以学生为本"主要表现为面向全体学生，尊重学生个性，知识设计体现出学生是发展中的个体的课程理念。受传统教育学的影响，我国的教科书在很长的一段时期都强调以教材为本的知识中心论，学生的需求较少受到关注。随着素质教育与基础教育课程改革的逐渐深入，核心素养的日渐落地，强调以学生为本的教科书编写理念日益在教材建设中受到重视。我国各个学段、各门学科的课程标准中均明确提出以学生为本的理念，如：小学科学课程理念为面向全体学生、倡导探究式学习、保护学生的好奇心和求知欲、突出学生的主体地位。^①义务教育数学课程标准的基本理念提到：数学课程应致力于实现义务教育阶段的培养目标，要面向全体学生，适应学生个性发展的需要，使得人人都能获得良好的数学教学，不同的人在数学上得到不同的发展；课程内容要反映社会的需要、数学的特点，要符合学生的认知规律，课程内容应注意层次性和多样性。^②高中数学课程理念提出，高中数学课程以学生发展为本，落实立德树人根本任务，培养科学精神和创新意识，提升数学学科核心素养。^③课程理念的"以学生为本"反映在教科书编写上，就是教科书知识既要考虑同一学龄段全体学生的认知发展水平，体现共同性，也要体现出学生个体的差异性，如在课后练习中设置选做题，学生便可根据自己的认知水平进行灵活的选择。

2. 教科书内容知识强调与学生生活经验相关联

"生活经验"是杜威教育思想的关键词，以杜威为代表的现代教育学更加强调学生的经历体验，即生活经验。从教科书本身的视角来看，杜威认为，学校的教材把需要传递的当前社会生活的意义转化为具体的详细的术语，儿童经验的组织和他的直接的实际兴趣中心有联系^④。教科书需要关注儿童的生活经验，深入研究儿童的生活世界是前提和基础，美国心理学学者杜·舒尔茨（Schneider）认为生活世界有三个维度：其一是情感、本能、动觉和想象，是一些不言而喻的经验；其二，生活世界是整体的、复杂的和多重结构的；其三，当生活世界成为知识的主题时，总是包含着由研究者和被研究的参与者共同组成的结构，其中研究者能意识到他是被研究对象的一部分^⑤。因此，根据生活世界的三个维度，课程内容的选择要贴近学生的实际，有利于学生体验与理解、思考与探索，课程内容

---

① 中华人民共和国教育部. 义务教育小学科学课程标准：2011 年版［S］. 北京：北京师范大学出版社，2017：3.

② 中华人民共和国教育部. 义务教育数学课程标准：2011 年版［S］. 北京：北京师范大学出版社，2011：2.

③ 中华人民共和国教育部. 普通高中数学课程标准：2017 年版，2020 年修订［S］. 北京：人民教育出版社，2020：3.

④ 约翰·杜威. 民主主义与教育［M］. 王承绪，译. 北京：人民教育出版社，1990：200 – 202.

⑤ 杜·舒尔茨. 现代心理学史［M］. 杨立能，译. 北京：人民教育出版社，1981：404.

的组织要重视过程，处理好过程与结果的关系；要重视直观性原则，处理好直观与抽象的关系；要重视直接经验，处理好直接经验与间接经验的关系。① 教科书知识内容会根据学生生活实际设计情境，学生以情境体验的方式学习知识、培养情感、发展思维、解决问题。

（二）教科书目标立体性与渐进性的统一

目标是在活动开展前所进行的对活动结果的主观预想，有一定的预期目的性，也为活动指明方向，具有方向引领的作用。任何活动都是在目标引领下开展的，具有目的性和指向性，教科书编写这一活动也是如此。教科书编写目标与教科书使用目标存在不一致的情况。教科书编写的目标是需要编写出符合社会价值观与学生心理发展规律、契合学科知识逻辑的质量高的教科书，其着眼点在于通过心理学视角的分析，对静态的知识文本进行组织、重组与加工；教科书使用目标更多的是与教学目标相契合，借助教科书达成教学成效。但两者都以课程标准为依据，课程目标则是课程标准中的核心内容。教科书心理学的目标设定具有立体性与多面性的统一，即目标不是仅关注学生的心理层面，还需关注其他方面，如美感的培养、文化的表达与素养的提升等。

1. 教科书目标设置的立体性

教科书编写以课程标准为依据，课程标准对学科课程目标、指导思想、框架等有着明确而详细的框定，从课程目标上可以看出教科书目标的立体性特征。以普通高中语文课程标准为例，课程目标为"学生通过阅读与鉴赏、表达与交流、梳理与探究等语文学习活动，在语言建构与运用、思维发展与提升、审美鉴赏与创造、文化传承与理解几个方面都获得进一步的发展；坚定文化自信，自觉弘扬社会主义核心价值观，树立积极向上的人生理想，为全面发展和终身发展奠定基础"②。这一课程目标中，涉及语文学科本身的知识目标，心理学目标、美学目标、文化目标等，形成了既相互独立又相互交叉融合的立体目标群。在语文学科本身的知识目标上有诸如语言积累与建构、语言表达与交流、语言梳理与整合等

---

① 中华人民共和国教育部. 义务教育数学课程标准：2011 年版 ［S］. 北京：北京师范大学出版社，2011：2.

② 中华人民共和国教育部. 普通高中语文课程标准：2017 年版，2020 年修订 ［S］. 北京：人民教育出版社，2020：5.

目标，强调通过学习积累语言材料和语言知识，促使知识的结构化，但又不是独立的学科知识目标，还要求将言语活动经验逐渐转化为具体的学习方法和策略，并能在实践中自觉地灵活运用。心理学目标主要有增强形象思维能力、发展逻辑思维、提升思维品质等，立足于语文知识的学习，使学生在语文理论知识学习中提升语言的运用能力，掌握语言规律与规则，增强思维的深刻性、敏捷性、灵活性、批判性和独创性。美学目标有鉴赏文学作品、美的表达与创造。美学目标与心理学目标紧密相连，如培养学生正确的价值观，通过语言文字表达自己的审美体验，表达自己的情感、态度和观念，具有创新意识等。文化目标有诸如传承中华文化、理解多样文化、关注和参与当代文化等。强调增强文化自信，理解、认同、热爱中华文化，尊重、包容和初步理解与借鉴不同民族、不同区域、不同国家的优秀文化。这里的理解、认同、热爱、尊重、包容等均是心理学中的观念，需要开展一系列的心理活动。由此可见，课程标准中的课程目标会直观地体现在教科书中，表现为目标的立体性，这也是培养学生核心素养、促进学生全面发展所必需的。

2. 教科书目标设置的渐进性

相互交融而形成的立体的目标群是总目标，在有机整合的总目标下，依据学生心理发展的顺序性、阶段性、连续性等规律，设置学段、学期教科书心理学目标，体现为教科书心理学目标设置的渐进性与可操作性。如义务教育数学课程标准中，设置了义务教育数学课程的总目标，具体包括知识技能、数学思考、问题解决和情感态度。有机关联的四个总体目标必须在教科书内容中得以体现，并通过教师的教育教学有效实施。这四个方面的总目标为义务教育数学教育提出了相对宏大的方向性指引，如何更好地实现这些目标呢？将义务教育学段分为三个学段：1～3年级、4～6年级、7～9年级，每一学段均从知识技能、数学思考、问题解决和情感态度等角度列出细致的可操作性的目标。比如1～3年级的"问题解决"目标提出：能在教师的指导下从日常生活中发现和提出简单的数学问题，并尝试解决；了解分析问题和解决问题的一些基本方法，知道同一个问题可以有不同的解决方法；体验与他人合作交流解决问题的过程；尝试回顾解决问题的过程①。4~6年级的"问题解决"目标提出：尝试从日常生活中发现和提出简单的数学问题，并运用一些知识加以解决；能探索分析和解决简单问题的有效方法，了解解决问题方法的多样性；经历与他人合作交流解决问题的过程，尝试解释自己的思考过程；能回顾解决问题的过程，初步判断结果的合理性②。7~9年级的"问题解决"目标提出：初步学会在具体的情境中从数学的角度发现问题和提出问题，并综合运用数学知识和方法等解决简单的实际问题，增强应用意识，提高实践能力；经历从不同角度寻求分析问题和解决问题的方法的过程，体验解决问题方法的多样性，掌握分析问题和解决问题的一些基本方法；在与他人合作和交流过程中，能较好地理解他人的思考方法和结论；能针对他人所提的问题进行反思，初步形成评价与反思的意识③。由此可见，教科书心理学目标设置体现渐进性的特征，为了一步步达成这样的目标，每学期的教科书会结合课程标准与学生心理发展规律在知识内容设计上有所侧重，体现学生从形象思维到抽象思维的发展，解决问题的方式由成人引导到自主独立的转变过程。

（三）知识呈现的系统性与多模块化的统一

教科书心理学目标的立体性与渐进性在教科书内容上表现为教科书知识呈现方式的系统性、整合性与编排体例上的多元性。一方面，教科书内容遵循学科知识本身的逻辑来选编知识内容；另一方面，学生身心发展规律与社会发展要求也是教科书编写的重要参考因素，因此，知识内容的连贯系统与心理发展规律须紧密契合。

1. 教科书知识呈现方式的系统性与整合性

系统性是依照系统论的观点，注重知识在学段内的紧密联系与学段间的有效衔接，形成相互关联的、逻辑严密的知识体系。知识的外在呈现方式、结构与内在逻辑有着天然的紧密联系，在观照学生心理发展规律与课程标准的基础上，遵循学科知识逻辑设计教科书知识内容结构，使其呈现出系统性。学科知识逻辑是教科书编写的主要依据，其对人才培养起到了重要作用。遵循学科知识逻辑，一

---

①　中华人民共和国教育部. 义务教育数学课程标准：2011 年版［S］. 北京师范大学出版社，2011：11.

②　同①12.

③　同①14.

定程度上降低了教科书编写的难度，同时保证了教科书编写的逻辑清晰和循序渐进。遵循学科知识逻辑的教科书，也容易匹配学生的认知规律，有利于学科知识体系的建构，有助于教师的教和学生的学①。2001 年人民教育出版社出版的《义务教育课程标准试验教科书 地理》内容构成符合义务教育阶段的学生特点，各部分既自成体系，又相互关联。这套初中地理教科书内容由"地球与地图""世界地理""中国地理"和"乡土地理"四部分组成，具体而言，考虑到初中学生的心理特点，"地球与地图"内容贴近学生生活实际，由浅入深，仅选择了地球的形状大小和运动、地球仪、地图的基本知识等，为后续内容的学习奠定基础。"世界地理"部分首先对世界自然地理和人文地理内容进行介绍，再分别选取了一个大洲（亚洲）、五个地区（东南亚、中东、欧洲西部、撒哈拉以南的非洲、南极地区）和六个国家（日本、印度、俄罗斯、美国、巴西、澳大利亚）进行讲述，使学生初步掌握区域地理学习的一般方法。"中国地理"部分首先由"从世界看中国"开始，再依次介绍中国的自然环境、自然资源、经济发展、地理差异等，在此基础上，选择五个省级行政区域、两个省内区域、两个跨省区域进行介绍，最后以"走向世界的中国"作结，前后照应，符合初中学生的心理特点。"乡土地理"部分纳入地方课程开发之中，由各地根据实际情况进行②。教科书编者对教科书进行知识设计时，力求确保知识的体系性与逻辑性，同时还考虑知识的整合性。如果说知识的体系性是从纵向上审视教科书知识结构，那么知识的整合性则是在横向上把握知识结构。知识的整合包括学科内部的知识整合和学科间知识整合，学科内部知识整合是知识迁移的体现，如小学二年级数学混合运算的学习，是在学习了加法、减法、乘法、除法运算后进行的更高层次的解决问题的知识学习，这时候就将加法、减法、乘法、除法各自的计算规则与混合运算的计算规则整合起来了。学科间的知识整合体现了知识的相互关联性，语文教科书中有数学、历史等学科的知识，数学教科书中有语文、音乐、历史等学科的知识，实现知识在广度上的联合，有助于学生在掌握学科知识的基础上在更大范围

---

① 彭寿清，张增田. 从学科知识到核心素养：教科书编写理念的时代转换 [J]. 教育研究，2016（12）：106–111

② 教育部基础教育司地理课程标准研制组. 全日制义务教育地理课程标准（实验稿）解读 [M]. 武汉：湖北教育出版社，2002：237

内实现知识迁移，促进认知结构的互联与完善。

2. 教科书编排体例上的多模块化

教科书编写体例是教科书编写过程中的文本设计格式与规范要求，在教科书编写过程中占据重要地位。教科书的体例结构是教科书的"经脉"和"骨骼"，是支撑教科书存在的基础，教科书体例结构的合理性关乎整套教科书的质量。随着教科书属性的愈来愈多元，教科书就不可能只具有传递知识的教学属性，促进学生认知发展、能力提升、情操培养等心理学属性也越来越受到重视。合理优化教科书编写体例有助于学生在第一时间理解教科书，静态的知识以可视化的方式呈现，引导学生更直观地理解与领悟教科书知识。以部编本义务教育语文教科书一年级下册①为例，总体上语文教科书由目录、课文、课后练习、口语交际、语文园地、快乐读书吧、识字表、写字表、常用偏旁名称表等组成。通过目录能非常清晰地获知该册语文教科书的概貌，目录意在说明书刊结构状态、文章标题以及对应页码等，查阅目录可以了解书刊内容。此外，目录具有趣味性，每一单元目录旁边对应有一幅插图，图片主旨与单元主题密切相关。教科书编排体例上的多模块化设计使学生对知识形成概要化的认知图式，帮助学生理解与建构知识。

第二节　教科书心理学的意义与学科性质

一、教科书心理学的意义

教科书心理学主要研究两大方面的内容，一是如何适应学生主体的心理发展规律，侧重于理论探究；二是如何兼顾教师主体的教学心理，侧重于实践应用。因此，教科书心理学的意义就包括理论价值与实践意义。

（一）教科书心理学的理论价值

1. 有助于为教科书研究提供新的视角

以往关于教科书的研究主要从教育学视角展开，深入探讨教科书编审、教科

---

① 编者注：除特别说明外，本书讨论的教科书主要以 2023 年重印的版本为准。

书使用、教科书制度、教科书评价、教科书体系建设等相关问题，形成了具有相对严密体系的研究范畴。随着教科书研究的纵深发展，学界构建教科书学的呼声愈来愈高，在这一背景下，教科书研究逐渐突破单一的教育学视角，开始展开多视角的研究，其中，心理学是一个重要研究视角。当然，心理学在教科书编写中的地位从来没有被轻视，但真正运用心理学视角对教科书编写展开系统研究却是近年来的事情。从心理学视角进行教科书研究，有利于增强教科书知识内容编排的科学性，使编写者在很大程度上摆脱主观经验判断；有利于不同学段学科知识的有序衔接，使学科知识内容在排列上体现学生认知发展的连续性与阶段性，形成螺旋式上升的知识排列。

2. 有助于促进教科书研究理论体系的进一步发展完善

大量国外教育理论与方法的涌入，影响着我国课程与教学的理论研究与实践探索，引发了人们对教科书功能与价值的重新审视与定位。一定程度上，教科书研究有力地推动了新课改的实施，同时在课改的过程中教科书研究主题逐渐丰富，研究领域进一步细分与多样化，逐渐形成了教科书研究的理论体系。教科书研究从教育学领域拓展开来，教科书美学、教科书生态学、教科书语言学、教科书研究方法论、教科书心理学等逐渐成为了重要的研究领域，这进一步发展与完善了教科书研究理论体系，使教科书研究日渐丰富与饱满。

（二）教科书心理学的实践意义

1. 有助于提高教育主管部门教材建设的科学性

2023 年 5 月 29 日，习近平在中共中央政治局第五次集体学习时强调，加强教材建设和管理，牢牢把握正确政治方向和价值导向，用心打造培根铸魂、启智增慧的精品教材。国家教育主管部门从顶层设计上给予教科书编写团队以理念指导与理论引领，"哪些内容可以进入教科书"不是仅凭教科书编写者的个人经验和意志，更需结合学生的身心发展特点与规律、适应教师对教材的理解与把握水平，同时兼顾编辑的旨趣，体现教科书编写的科学性，使教科书可读、可教、可学。因此，国家教育主管部门研制科学合理的课程标准，并将心理学理论融入教科书编写之中，这有助于在无形之中提高国家教材建设的科学性，使我国教科书编写朝着更加科学化的道路发展。

2. 有助于进一步提升教师科学使用教科书的能力

教科书心理学在教科书编写时就已被关注，编写时编写者会将教学实践中师生使用教科书的现实情况进行经验性分析，并对调研情况进行理论思考。进入教学情境的教科书不再是静态文本，而是动态呈现。静态的教科书文本关注"教什么"的问题，而动态地使用文本更多关注"怎么教"的问题，"可教性"是检验动态使用文本质量高低的重要指标。教科书以通俗易懂的语言将师生主体连接起来，教师在对教科书的认知与理解的基础上传神地达成教学目标。对教师而言，可教性是在对教科书内容自我解读的基础上，还有进行自主教学的空间。教科书的可教性是一种教学留白，为教学艺术与智慧留下足够的发挥空间，为教师对教学的深刻理解、智慧表达与合理转化提供了自主空间，为教学创新提供了可能性，展现了教师的教学能力，彰显了教师的教学风格，从而使教师更加有效地引导学生深入地体验、理解与感悟教科书。因此，教科书的价值引领、语言表达、文本设计等均应具有可教性，为教师教学提供足够的参考空间，在促进学生全面发展的同时促进每个个体的个性发展。总而言之，教科书心理学有助于教师科学有效地使用教科书，为教学质量提升起到了基础性的保障作用。

3. 有助于促进学生全面而有个性的发展

教科书心理学强调应依照学生的身心发展规律组织教科书知识内容，知识体系的编排设置不仅遵循学科知识逻辑，更需要关注学生心理发展规律，关注学生认知活动的心理过程。从工具价值上来看，教科书是承载知识、引导学生学习所编制的结构化的文本工具，传递知识成为教科书的首要功能，但不应该是唯一功能。教科书编写不仅关注教科书文本的信息传递、帮助学生建构和梳理自身的知识结构体系等功能的发挥，也关注学生使用教科书习得知识和技能的方法及学生情感、态度、价值观的发展，期望引导学生全面而有个性的发展。教科书在发挥工具价值的同时，以多元化的编写设计与知识内容体现对学生学习中的思维活动过程的重视，激发学生的想象力。

二、教科书心理学的学科性质

讨论教科书心理学的学科性质，是以教科书学已经是独立学科为基础的。结合理论研究与实践探索来看，教科书学是一门基础研究与应用研究并重的学科，强调基础理论研究，也重视实践应用；心理学同样是一门基础研究与应用研究并重的学科，从心理学的研究对象可以看出，心理学是研究人类的心理现象、揭示人类心理规律的科学。从这一层面来看，心理学通过对个体心理现象的观察与研究，总结提炼出心理发展规律，同时，又将总结的心理发展规律运用于现实中。教科书心理学既有教科书学的学科特质，又有心理学的学科特质，可见，教科书心理学是一门交叉学科。交叉主要体现为教科书学学科与心理学学科的交叉、基础理论研究与实践应用的交叉。

（一）教科书心理学是教科书学学科与心理学学科的交叉学科

心理学在从哲学母体中分离出来之后，明确了自身的研究对象是探索个体心理现象，揭示心理规律的科学。经过长期的探索与努力，研究体系逐渐建立，研究内容不断丰富，研究分支领域越来越多。在教科书研究方面，越来越多的学者已认识到教科书不仅仅是教学文本与研究成果，从最初的构思编写到审定、发行与使用，都需要严谨的教育研究作指导与支撑，如此一来，教科书研究愈来愈受到重视，特别是进入 21 世纪后，教科书研究有力地推动了基础教育课程改革，基础教育课程改革又将教科书研究推上更高的位置，使得教科书研究主题日益丰富；除了传统的立足于教科书本身的研究外，教科书编审、教科书评价、教科书制度等也成了重要的研究主题，在此基础上研究领域也在不断拓展。教科书研究为教科书学的发展、独立奠定了基础，促成了教科书研究的进一步学科化。从研究内容上看，教科书心理学是以心理学研究的视角审视教科书研究，具有教科书学与心理学学科交叉的性质，这一交叉为教科书研究提供了新的研究视角与研究生长点。

（二）教科书心理学是基础理论研究与实践应用的交叉学科

从研究类型上看，教科书心理学主要研究两大方面的内容，即如何适应学生主体的心理发展规律与如何兼顾教师主体的教学心理。一方面，教科书心理学注重以心理学为研究视角对教科书展开研究。教科书心理学关注在教科书编写中学科知识的编排设计如何更好地适应学生主体的心理发展规律，如学科知识的难度、不同学段或年级学科知识的选编等无不渗透着心理学理论与规律。从某一知识点的编排方式与顺序中，不仅能看出编写者对知识结构的安排，更能看出该知识点与学生认知发展水平的匹配度。以心理学为研究视角对教科书展开研究，更多的是通过理论研究将心理学相关理论灵活地运用于教科书研究当中来。另一方面，教科书心理学也注重从心理学视角观照教育教学实践。教科书心理学也在关注教科书使用中教师可能遇到的教学困惑，在教科书编写时，通过调研、研讨等形式广泛收集一线教师意见、课程专家等编写团队的思考与建议，全面兼顾教科书使用过程中的教师主体的教学心理，使教科书为教师教育教学留下足够的空间。这方面的研究内容是以理论研究的途径实现实践应用的目的，最终的落脚点是教师教学实践的顺利开展。

教科书心理学不是教科书与心理学的简单叠加，而是以心理学视角进行教科书理论研究与实践探索，这样一来，教科书心理学就具有交叉学科的性质。教科书心理学从内容上是教科书研究与心理学研究的交叉，从研究类型上既有基础理论学科的性质又有实践应用学科的性质，体现为基础理论学科与实践应用学科的交叉。

第二章

教科书心理学的研究价值、
对象、 原则与方法

1903 年，美国心理学家桑戴克（Edward Lee Thorndike，1874—1949）《教育心理学》的出版标志着教育心理学成为一门独立的学科，并逐渐形成了教育心理学的完整体系。随着教育心理学的发展，其研究范围越来越广，分支也越来越细。具体到教科书领域，教科书心理学是伴随着教科书理论研究与实践探索的不断推进而发展起来的，但教科书编写过程中所渗透的心理学思想却是自古有之的。作为教科书学与心理学的交叉学科，教科书心理学研究的价值是什么？研究对象是什么？具体研究哪些内容？教科书心理学研究的基本原则与方法有哪些？教科书心理学与相关学科有着怎样的关系？这些问题都是值得研究和探讨的。

第一节　教科书心理学研究的价值

科学研究是开展教科书编写的前提和基础，是提升教科书质量的重要保障。在探讨教科书的政治价值、审美价值、育人价值等价值的同时，其心理学价值又是什么呢？高质量的教科书能发挥其心理学价值，彰显心理学理论与思想。教科书心理学有助于国家宏观层面的教材建设的科学化，能进一步促进教科书制度的完善、提升教科书质量、深化与拓展教科书研究领域。教科书心理学的理论应用与彰显有助于促进学生全面健康发展，使学生达到启智求真、粹美向善、强身健心、人格完善的境界，并提升其核心素养。教科书心理学有助于推动教师的教与学生的学，促进有效教学的真正达成。

一、教科书心理学研究促进教科书建设的科学化

新中国成立 70 多年来，党中央从培养德智体美劳全面发展的社会主义事业建设者和接班人的教育目的出发，向来高度重视教材建设。教科书作为教材的重要组成部分，被重点研究与关注。从我国教材建设的发展历程可以看出，心理学理论或理念为教科书编写提供了充足的理论依据，很大程度上保证教科书质量，推动教科书建设的科学化进程，积极构建富有中国智慧的教科书学。

（一）促进教科书制度的完善

教科书制度建设属于教材建设的重要组成部分，包括教科书的编写制度、审定制度、选用制度、供应制度等，构成了多元一体的综合性制度。随着教科书制度建设的逐步深入，心理学视角的教科书研究越来越受到关注。梳理新中国成立至今的教科书发展历程，心理学因素逐渐成为教科书编写中从课程理念到教科书内容选择、编排设计等环节不可缺少的参考理论依据，教科书的科学性日渐增强。

首先，教科书团队建设在教科书制度建设中发挥了积极作用。研究团队建设是促进学科专业发展的人力保障，在教科书制度建设中，教科书团队建设逐渐形成了相对独立且相互依赖的编写团队、审定团队、研究团队、供应团队等。1977年，邓小平同志在科学和教育工作座谈会上做了《关于科学和教育工作的几点意见》，提出"教育制度中有很多具体问题。……关键是教材。教材要反映出现代科学文化的先进水平，同时要符合我国的实际情况"。1985 年 1 月，教育部颁布《全国中小学教材审定委员会工作条例（试行）》指出："今后，把中小学教材编写和审查分开，人民教育出版社负责编，省、自治区、直辖市教育部门可以编，有关学校、教师和专家也可以编，教育部成立全国中小学教材审定委员会负责审。审定后的教材，由教育部推荐给各地选用。"[①] 1986 年，全国中小学教材审定委员会在北京成立，委员会由顾问委员会、审定委员会和 20 个学科审查委员会组成，审定委员会和顾问各 20 人，各学科审查委员会共 114 人。[②] 人民教育出

---

① 课程教材研究所. 课程教材改革之路 [M]. 北京：人民教育出版社，2000：142.
② 曾天山，田慧生. 中小学课程教材改革与实验 [M]. 成都：四川教育出版社，1997：163.

版社领衔的编写团队也组织了学科教师、课程与教学论专家、学科教学论专家、心理学专家等人员组成编写团队，负责教科书的编写工作，同时肩负起教科书的研究工作。作为编写团队，专家们立足于社会和时代发展、学科自身的逻辑，坚持教科书知识要尊重学生的心理发展规律的原则，编写了数套教科书。在此过程中，编写团队的研究意识愈来愈强，其一，编写团队在编写前、编写中、编写后都加大对教科书的研究力度，研究内容与学生认知的匹配度，知识的选编、内容的编排次序等都遵循心理学原则；其二，基于实践探索经验，从事教科书理论研究，且近几年教科书研究团队逐渐形成了相对稳定的队伍。有研究以作者单位为检索词使用 BICOMB2.0（书目共现分析系统，一款文献计量学工具）统计发文量较大的作者单位（论文数量百分比均达到 1% 以上），我国教科书研究文献的作者大多分布在高校与出版社，而且院校多为师范类高校。交叉对比论文作者分析，以石鸥教授领衔的教科书研究团队在学科带头人的带领下以星星之火，形成燎原之势①。

教科书编写团队、审定团队、研究团队等团队的形成，进一步促进了教科书制度建设的完善。各团队的工作在科学理论的指导下有序开展，其中，教科书编写团队关于教科书内容的选择与取舍、编排设计、内容体系的建构等的思考不是毫无依据的，其重要的理论依据便是心理学理论，立足于教师教的心理与学生学的心理，落脚于学生学的心理开展深入而科学的教科书编写研究。

其次，凸显心理学在教科书建设中的作用。我国各学科的教科书基本上经历了全国通用教材、"一纲多本"教材与统编通用教材三个大的发展阶段。教科书作为教学文本，每一个阶段有着不同的任务与目标，但均将心理学因素作为重要的理论依据，如在新中国成立之初，百废待兴，政治功能在教科书中占据了极其重要的地位，《高级小学国语课本》（人民教育出版社）适当增加常识性的选篇，为适应社会时代发展的要求选编了爱国、爱党、爱领袖等内容，增强了文本的可读性。1950 年教育部颁布《小学语文课程暂行标准（草案)》从阅读、写话、写字等三个方面，对各个学年的教学内容和教学目标做了具体规定。这一草案有两

---

① 张文，陈文新. 新世纪以来的教科书研究：现状、热点与展望：基于文献和高频词的分析［J］. 首都师范大学学报（社会科学版），2017（6）：153 – 162.

个重要特点：一是教材内容丰富，重视思想教育内容安排的思想性；二是编排形式多样，重视读、说、作、写训练，体现科学性和启发性，注意引导儿童通过对儿童文学的学习和实际生活的体验，加强对文学的认知、欣赏，培养丰富的想象力。1961 年经试用后改编的十二年制教科书，在内容编排上以培养学生阅读能力和写作能力的顺序为主要线索，组成由浅入深、循序渐进的体系。教科书重视基础知识的传授和基本技能的训练，注重知识的系统性。1963 年教育部颁布了《全日制小学语文教学大纲（草案）》，这一草案规定的教学要求较高，致使依据该草案编写的教材存在要求高、内容多、程度深等问题①。从新中国成立到"文化大革命"前，我国主要使用全国通用教科书，结合国情，各科教科书在注重培养社会主义劳动者的同时，也关注教科书内容与学生发展的契合度，但由于对教科书的研究未能较好地结合学生发展的实际水平，出现了教科书难度较大的情况。1988 年，国家教育委员会制定了在教科书发展历史上具有重要地位的《九年制义务教育教材编写规划方案》，根据该方案，在国家教育委员会的统筹安排下，产生了义务教育"八套半"教科书。这一系列教科书编写的主要依据之一是 1987 年全国中小学教材审定委员会制订的《中小学教材审定标准》，其中提到：减轻学生课业负担，促进学生全面发展，摆脱片面追求升学率的倾向；加强双基，培养能力；坚持理论联系实际的原则，不仅要联系生产生活的实际，还要联系学生生活的实际。进入 21 世纪，教科书的编写理念更加鲜明地指向"以学生为本"；加强对教科书的研究，提升教科书的适用性与科学性，迫在眉睫。在针对"什么样的教科书是好的教科书""如何编写好的教科书"等问题的实践探索中，面向全体学生、考虑学生的个体差异、尊重学生的认知发展规律等成为教科书编写的重要依据。教科书编写、审定、选用等都有意识地寻找心理学的理论依据，这使得心理学对教科书的理论参考与实践指导作用日渐凸显。

最后，教科书编写、审定与选用均须立足于学生实际水平。教科书是读者群最广、影响面最大、目的性最强、价值最多元的文化资源，肩负着立德树人根本任务的实现、人类优秀传统文化的传承与创新，具有育人价值、政治价值、文化

---

① 陈先云. 新中国成立以来小学语文课程教材的发展历程与思考 [J]. 课程·教材·教法，2019（12）：13 – 15.

价值、审美价值等。所以，教材不能只作为知识的文本去学习，还要从深入理解知识背后的思想价值观及社会政治制度和社会结构的权力关系以及学生的心理发展规律等去把握①。因此，应谨慎对待教科书编写、审定、选用等各个环节，课程标准的制定、教材的编写与审核、教材的选用与使用以及评价等，都要在正当的、合法的制度中运作实施。

对教科书编写而言，编写工作开展前就应加强对教科书各相关主体的全面调研，全方位地获取信息，为科学编写奠定基础；在编写过程中，也应针对编写存在的问题，深入学校教育实地，了解教科书使用主体对教科书的期待；编写后在教科书通过审定进入教育实践时，收集师生关于教科书使用的反馈信息，以期为教科书的修订完善打好基础。教科书审定不仅要审查教科书是否传承中华优秀传统文化、符合国家主流价值观和契合国家的教育目的，还要看教科书是否符合学生的身心发展规律，是否坚持育人为本与学生的发展为本的理念，是否能将学生培养为德智体美劳全面发展的社会主义建设者和接班人。对教科书选用而言，选用者要将学生的心理发展水平放在重要位置，如果教科书内容过于简单或难度过大都可能不会被选用。因此，学生发展特点与认知需求是教科书编写、审定、选用等各环节的重要依据，只有强调结合学生心理发展实际与规律，才能增强教科书的育人功能，夯实学生健康成长的基础。教科书编写、审定、选用等制度的完善是提升教科书质量的政策保障。

（二）提升教科书质量

教科书作为学校人才培养目标实现的直接载体，是国家意志和民族文化的集中体现，具有不可替代的作用。教科书的质量直接关系到人才培养质量，以心理学为理论依据开展教科书编写工作，可优化教科书设计，使教科书更具引导性，使教师、学生一目了然地知晓知识内容安排；可提升教科书的可理解性，使教师与学生更好地理解教科书，增强教科书的可教性与可读性；可优化教科书的结构，使教师与学生通过教科书了解有关知识的联系与全貌，形成整体的知识结构。

首先，以心理学为理论依据，可优化教科书设计。一方面，教科书设计不同

---

① 郝志军. 教材建设作为国家事权的政策意蕴 [J]. 教育研究，2020（3）：22－25.

于教科书编写。"编写"是将现成的材料加以整理，写成书籍或文章。"设计"则是在正式做某项工作之前，根据一定的目的或要求，预先制订方法、图样等；设计的方案或规划的蓝图等①。"教科书设计"是将教科书编制的计划、规划和设想传达出来的活动过程，强调整体性的安排。"设计者要根据课程标准的要求，从人类知识文化宝库中选择适合于教育对象、能够达到预期教育目标的经验要素，然后依据一定的逻辑形式对各种经验要素进行组织，再以可见的形式如文字、图等表达出来，最终转化为具体的教科书。"② 教科书设计是教科书编写的前期工作，是在一定的目标、理念指导下开展的，教科书设计又会将教科书编写者的理念与意图显性或隐性地表达在教科书上，从教科书各个板块的构成、比重、字体大小、插图设计等均可以看出编写者的设计理念与意图。通常情况下，教科书设计意图与理念涵盖从宏观的国家教育均衡到微观的学生学习方法等方面，设计中将心理学理论作为理论依据，进一步提升教科书的科学性与质量。其一，教科书设计应关注区域教育均衡。我国幅员辽阔，区域教育还存在发展不均衡的现实情况，教科书的地域适切性是评价教科书质量的一个重要因素。其二，依照课程标准，重视知识与能力的整合，促进学生全面发展。不管是"双基""三维目标"还是"核心素养"，在教科书设计中均强调知识的体系化与整合，并将学生发展所需的各种能力融入其中，注重知识与能力、情感的整合。其三，关注学生学习兴趣和经验。坚持以学生为本的课程理念，着眼于学生的终身发展，教科书知识内容与问题设计多与学生生活经验结合，培养学生学习学科知识的兴趣。另一方面，注重学生学习过程与方法。教科书由浅入深、由形象到抽象的知识内容设计，引入情境化的体验内容，强调学生在学习过程中的所学、所获与所感。在此过程中，学生不仅学习了知识，更获得学习方法，养成自主学习的能力和良好的学习习惯，学会学习。因此，以心理学为理论指导，关注学生认知发展规律、学生生活经验与能力生成的逻辑而形成的教科书是科学设计的教科书。科学性是教科书质量的重要评价指标之一。

---

① 中国社会科学院语言研究所词典编辑室. 现代汉语词典：第 7 版 [M]. 北京：商务印书馆，2016：1153.

② 石鸥，吴驰. 教科书设计意图及其实现之研究：以 X 版小学英语教科书为例 [J]. 中国教育学刊，2010（11）：42－46.

其次，教科书编写以心理学为理论依据，可提升教科书的可理解性。教科书编写的可理解性指向教师的教和学生的学，即教科书既要有助于教师的教，又要有助于学生的学。因此，教科书的可理解性对于教师与学生有着不同的内涵。一方面，教科书是开展教育教学活动的主要资料，对教科书的编写质量，教师最有发言权，也能提出诸多的建议与意见。从学科专家和教育理论专家的视角看，教科书的可理解性，主要看教科书知识的目标设计是否符合学生的心理发展规律，教科书知识内容的选择是否符合学生的认知发展特点，知识体系与结构编排是否符合知识本身的特性逻辑与学生心理发展的规律、特点，以及教科书知识体系所彰显的育人性是否能促进学生全面发展。当教科书在目标设计、内容编排、体系组织等知识维度方面符合课程标准、学科自身的逻辑、学生的心理发展规律和社会发展要求，教科书内容在情感、态度、价值观维度上积极向上，能促进学生健康人格的养成；在过程与方法维度上，能帮助教师通过合理的方法引导学生学习。如果做到这些，那么在专家看来，这样的教科书是可被理解的教科书。站在教师用教材教的角度，教科书的可理解性主要体现为：教科书的排版、插图、文字等的匹配性能为教师的教学提供更多的参考，能引发教师更多的表达，同时能给予教师教学更大的自由度与空间，使教师能更好地引导学生思考与解决问题；教科书的知识内容能激发教师的感悟与表达，使其更好地帮助学生更深层次地理解教科书。另一方面，从学科专家和教育理论专家的视角看，对学生而言，教科书的可理解性主要有以下几个方面：一是教科书中知识概念的阐释清晰且充分，能让学生了解知识概念的内涵，并抓住这一概念的关键特征。如：关于三角形的定义，某版本教科书写道"三角形是同一平面上三条边组成的闭合图形"，在这一概念中，"同一平面"是前提条件，"三条边""闭合图形"是必要信息，三者缺一不可，这样富有清晰度和充分性的概念能帮助学生把握"三角形"的真正内涵。二是教科书的内容对概念进行深入的、充足的分析与比较。如：在了解"三角形"的概念后，教科书上罗列了各种各样的三角形，便于学生进一步类比分析，在比较中掌握三角形的关键特性，并通过让学生找寻生活中的三角形来进一步加强知识与生活的关联。三是教科书的内容体现知识的重点，教科书知识的设计有目的性，重点知识的设置与以后的学习内容紧密相关。另外，教科书知识内容符合学生心理发展特点与规律，难度适中，学生经过学习与思考能顺利解决问题；教科书知识关注全体学生的全面发展，注重培养学生的个性发展，有一些个性化的问题设置；教科书的组织方式便于学生掌握知识，学生通过查看目录，便能捕捉到每一单元的主题内容；教科书知识在体例、插图、字体等设计上可吸引学生的注意力；等等。具备这些可说明该教科书于学生而言是可理解的。

最后，富有心理学理论依据的教科书可优化教科书的结构。教科书的知识不是简单地罗列，而是依据心理学原理对知识进行有目的、有计划地排列组合。教科书的结构性主要体现为纵向上的整体关联与横向上的联系融合。（1）教科书知识在纵向上的整体关联。这在教学单元—学期—学年—学段的知识编排上体现得淋漓尽致。教科书知识从纵向上遵循学生心理发展的顺序性、阶段性、连续性等发展规律与特征，使知识呈现出螺旋式上升的态势，知识容量由少到多、难度由易到难、思维特征由具体的形象思维到抽象的逻辑思维发展等。这种知识编排连贯一致而又螺旋上升的教科书遵循了学生的认知规律与心理发展特征，使学生了解关于知识的联系与全貌。（2）教科书知识在横向上相互联系与融合。在主题单元内部，知识之间具有较大的相似性；在不同学科之间，为了减少知识因人为学科划分造成的学科边界，加强学科知识间的融合成为必然，相近学科间能较大程度上实现知识的融合，如语文学科与历史、政治等学科间可关联融合的内容相对较多，数学学科与物理、化学、生物等学科间可关联融合的内容相对较多。（但这并不是说异质性较大的学科不可融合，只是从知识结构上说明不同学科知识的总体概况）

（三）深化与拓展教科书研究领域

随着教科书研究的日渐深入，教科书研究视角不断拓展，除了教科书本体研究外，一些学者从美学、生态学、语言学、心理学等学科视角对教科书进行了深入而广泛的研究。就教科书心理学领域的研究而言，研究内容逐渐扩展，研究学科门类呈现多元化等趋势。

首先，在研究内容上逐渐扩展。研究内容包括针对总体的研究设计，以及对教科书插图、教科书体例、教科书语言表达、教科书字体等开展教科书心理学领域的研究，为教科书编写的进一步科学化提供建议。以教科书插图为例，教科书插图借助图片传达信息，具有一定的认知价值，发挥着鲜明的教育功能。有学者就初中物理教科书"欧姆定律"中的插图进行分析，提出物理教科书插图选择和编制要紧扣教学要求，注意图片的科学性与适用性；要符合学生年龄特征，注意图片的趣味性；要以图配文，注意图文并茂等基本原则。在此基础上，分析了现行各版本（人教版、粤教沪科版、北师大版、苏教版等）在"欧姆定律"插图的可优化之处，如指出各版本都注意到物理学史料图的教育功能，但实验插图都有需改进之处。有学者通过对人教版高中语文必修教科书插图的色彩、形状、留白、透视、意象等构图方式进行分析，认为插图存在大量视觉隐喻，主要有色彩隐喻、形状隐喻、留白隐喻、透视隐喻和意象隐喻等，在忠实文本内容的基础上，有意识地组织各种视觉元素，借助有神秘感、吸引力的插图画面，在图像、心理、文化表征之间建立起联系，吸引主体的读图兴趣，激发主体的心理感受，达到形成概念、加深理解的目的[①]。教科书插图的色彩配比、插图在文本中的位置等无不体现着心理学理论，近年来对教科书插图的研究，呈现出多学科、多视角的研究态势。

其次，在研究学科门类上呈多元化趋势。从心理学学科视角展开教科书心理学研究有四条路径。一是针对我国某一学科教科书的心理学研究，这一路径呈现多学科的发展态势，从此前主要关注语文、数学、物理等学科拓展到对地理、生物、化学等学科的研究，通过量化内容统计法或质性内容分析法得出科学性结论，为各学科教科书编写进一步完善提供对策建议。二是对国内不同版本教科书体例、插图、难度等方面的比较研究。20 世纪 80 年代，中小学教科书实行"一纲多本"，相关研究主要针对不同出版社的不同版本教科书的插图、体例、难度等方面展开比较研究，提出有建设性的对策建议。三是区域间、国际学科教科书关于心理学领域的比较研究。区域间的研究如内地与香港教科书在插图、封面设计、体例设计、知识难度等方面的比较研究，国际的研究较多聚焦于教科书难度比较研究，如中国与日本、美国、新加坡等的教科书在例题难度、内容难度等方面的比较研究。四是部编本教科书心理学研究或比较研究。以中小学教育部统编三科教科书——语文、历史、道德与法治（思想政治）为对象，对其导读系统、选文、单元导语等进行系统研究，或将部编本教科书与其他版本教科书在插图、

---

① 郑新丽. 高中语文教科书插图构图的视觉隐喻研究 [J]. 内蒙古师范大学学报（教育科学版），2019 (11)：51 - 56.

难度、导学助学系统等方面展开比较，得出有启发性的建议。

二、教科书心理学研究促进学生健康成长

学生是教科书编写的出发点与落脚点，教科书编写以学生心理发展为主要依据之一，目的是提升师生对教科书的正向接纳与理解，使学生在教师引导下，有目的地学习教科书，促使学生德智体美劳全面发展。科学的、高质量的教科书能引导学生学习知识，启智求真，能促进学生健康成长、全面发展。

（一）提升认知，启智求真

心理学研究有助于推动教科书编写的科学化，提升教科书编写质量，最终让学生受益，使学生学习正确的科学文化知识，开启智慧，养成求真的科学意识与求索精神。

首先，科学设计的教科书有助于学生学习正确的科学文化知识，提升认知水平。科学设计的教科书指教科书整体设计应以学生的认知发展水平和身心发展规律为依据，紧密联系学生生活经验选择素材，知识的广度与难度不能超越学生已有认知发展水平，根据"最近发展区"原理设计不同学段的教学内容。如果教科书某一方面的设计欠缺科学性与适用性，就会影响学生的认知发展，不利于学生获取科学的知识。以教科书插图设计为例，教科书插图不仅是为了审美，还是作为文本的重要补充，兼具阅读性、知识性、引导性等特性。一幅具有科学性的插图能引导学生理解与掌握知识，反之则会影响学生的理解，不能发挥引导作用。如有学者发现了某版本教科书中有一幅关于夏风的图，画有西瓜、月亮、荷叶、青蛙等，将夏天的特点很好地展示了出来，然而，图中没有画土壤，且将西瓜和荷叶放在一起，可能会让学生误以为西瓜是长在水里的[①]。不严谨的插图对于小学低年段的学生的知识建构可能会产生不良影响，因此，教科书应结合学生认知水平增强插图的适切性和严谨性。例如，在一幅展现"声音是什么"的图中，展示的是让学生将耳朵贴在盛水的鱼缸上，通过在水中敲击石头得出声音是否能在液体中传播的结论，插图的设计意图在于让学生直观形象地理解和掌握其中所包含的原理，但是，在这张插图中不仅有水（液体），还有鱼缸（固体），

---

① 刘婧,李宝庆.小学语文教科书中插图的问题与对策[J].教学与管理,2012(2):62-64.

而这节课是初中物理的开篇，这对于刚刚接触物理的初中生来说有些超前，导致学生在分析图片时产生困惑①。正确的科学文化知识是帮助学生建构认知结构的基础，这依赖于教科书的科学化设计与编写，而科学化设计与编写的主要理论依据之一便是心理学。

其次，科学设计的教科书有助于学生养成求真的科学精神。学生通过教科书学习科学知识，是求真的表现。教科书中的"真"表现的是一种倾向性，与"假"或"虚假"对立，主要指教科书的客观性、真理性、科学性②具备客观性、真理性与科学性的教科书可引导学生养成求真的科学精神，科学精神是科学本性所要求的各种价值观念、思想观念、行为准则以及道德与意志品质的总和。③ 探求真理在任何时代都是值得肯定和追求的，对于以学习间接经验为主的学生而言，探求真理与科学家的探求真理有着区别与联系，区别在于学生主要探求间接经验，发现知识间的紧密联系，寻求解决问题的最佳方案；而科学家探求真理则是在具备充足知识储备的基础上，向着人类科学空白领域不断进发，提出问题并尝试寻求合适方案努力解决问题。两者间的联系则是有着相似的发展路径，最终指向完满地解决问题；而学生求真探究与科学家的探究内在所关注的求真务实的科学精神和求索意志是共通的。科学精神包括求真精神、理性精神、探索精神、创新精神等，求真精神主要指执着地探索真理，是教科书科学精神的逻辑起点。教科书非常注重学生求真精神的培养，通过知识内容学习、简单习题或复杂习题等多种形式培养学生的求真精神。理性精神指学生通过教科书知识学会辨别真伪，进而形成理性判断的能力，并将这一能力迁移到生活中。探索精神指学生经过努力认真探索解决教科书上提出的各种问题，实现目标。科学的本质是创新，教科书的助学系统可引导学生开展独立思考，多样化的习题可培养学生打破陈规、勇于开拓进取的精神，如数学练习以一题多解的形式培养学生的创新精神。

（二）完善人格，粹美向善

教科书心理学通过提升教科书编写质量不仅能让学生获取知识，还能扩充学

① 沈菁. 试论苏科版初中物理新课程教材中插图的得失 [J]. 数理化解题研究，2015 (11)：70.

② 石鸥. 教科书概论 [M]. 广州：广东教育出版社，2019：123.

③ 梁树森. 论科学精神的培养 [J]. 教育研究，2000 (6)：51-53.

生人生发展的深度与宽度，使得学生在获取新知、求真探索的过程中形成健康完善的人格，粹美向善。

首先，粹美彰显教科书的艺术价值。"生活中从不缺少美，只是缺少发现美的眼睛"，美总能带给人以愉悦的精神体验与快乐的心理感受，对美的追求便成了提升自身愉悦感、增添生活艺术气息的目标，具有极强的艺术价值。教科书从外观美、形式美与内容美等方面彰显其艺术价值，促进学生获得知识、探求真理的同时，激发学习兴趣、满足好奇心，培养学生热爱自然、关心社会、享受艺术的美好情操。教科书的美和其他美的事物或现象一样，是一个多层面、多向量的复杂统一体，它包含着多样性的美的因素，这些因素只有按照一定的秩序协调一致，形成整体和谐感，才有审美价值。① 教科书美是从外观、整体结构及意蕴等层面组成的形式美与内容美的统一。第一，在教科书外观美上，教科书封面图案选择、色彩、开本大小、纸张材质等各部分组成关于教科书外观美的整体形态，教科书外观是带给学生的第一视觉刺激和观感，外观的和谐之美具有积极的心理启示作用，引发学生开启学习的行动。第二，在教科书整体结构美上，不仅需要关注教科书的整体体系结构，更需关注教科书的助读系统、课文系统与习题系统等各部分间的关联与衔接，形成浑然天成的整体，有利于学生由点及面形成完整的认知结构，部编本语文教科书一年级上册第一单元是"我上学了"，开篇为"我是中国人"，展现了各民族小朋友背着书包、手拉手、相聚一堂的愉快画面，培养小学生的中华民族认同感。图画的背景是雄伟的天安门广场，整体画面感是艳丽红火、充满生机的，能让小学生情不自禁地生出热爱祖国的自豪之感。部编本小学语文教科书尤为反对"贴标签""喊口号"式的教育，把社会主义核心价值观和"两大传统"化为语文的"血肉"，采取"集中编排"与"分散渗透"相结合的方式编排教科书。② 第三，在教科书的意蕴美上，教科书借助知识、插图等传达文学之美、自然之美、科学之美等，增强学生的精神体验，强化感知美、发现美、创造美的意识和能力。部编本语文教科书一年级下册《端午粽》，这篇课文用儿童的口吻，以家庭过端午节吃端午粽的事由，向学生介绍了端午粽

---

① 刘景超. 教科书美学 [M]. 广州：广东教育出版社，2019：43.
② 周来祥. 文艺美学 [M]. 北京：人民文学出版社，2003：57.

的做法、味道、样式以及由来，实际是一篇说明文。课文贴近生活，唤起了学生的学习兴趣，有利于学生学习并且了解中华民族的传统习俗。① 因此，教科书美的艺术价值不仅在于对学生进行着美感教育，具有美的形式和美的内容的教科书还能给学生带来美的心理体验，激发学生学习的兴趣，培养学生的积极情感与正向价值观。

其次，向善体现教科书的道德价值。人类追求一切善的东西，善的出发点是对美好、积极向上的事物或状态的追求。教科书中的"善"与"真"一样，也是一种倾向性，相对于"恶"，它是不同于真实、客观、事实的状态，是在真实、客观维度之外的品质考量。"善"的品质总体上类似于常识意义上的"友爱""关怀""美好""民主""自由""奉献""高尚道德""爱国主义""人类大同"……等正面的积极品质。② 由于"善"与"真"相比，有着较大的主观性，因此在不同的时期，教科书编写者与专家持续进行着关于教科书"善"的话题的探讨，认为要增强教科书对学生的思想引领与行为指导的价值。科学的教科书在坚持以学生为本、遵循学生身心发展规律、促进学生"求真"的同时，也指引人向善。教科书在内容选择上有"善"的诉求，力求在学生心中扎下"善"根，引导学生在道德认知、道德情感与道德行为等层面的发展与统一，使学生形成助人为乐、诚实守信、爱国爱党等认知，并内化为自己的情感态度、价值观，在特定的情境外化为具体的行为。教科书以符合学生认知发展规律的形式选编内容，彰显着善的道德价值引领作用，培养学生良好的道德品质。部编本义务教育语文教科书一年级上册《升国旗》，内容简短，朗朗上口，以儿歌的形式，通俗易懂地表达了升国旗时学生该如何做，对于即将成为少先队员的一年级小学生而言，学生在诵读这首儿歌时不仅仅形成了关于升国旗的正确认知，明白升国旗时应庄严肃穆，需要面向国旗立正并敬礼；更重要的是形成爱国情感，升腾起爱祖国、爱人民的爱国之情；进而庄严肃穆地参与升国旗仪式。就这样，爱国情感在学生内心慢慢扎根，在学生成长中，明白国旗的意义与价值后，看到国旗心中爱国之情便油然而生。

---

① 王艳. "部编本"语文教科书的和谐美阐释：以一年级语文教科书为例 [J]. 现代中小学教育，2020（1）：33－36.

② 石鸥. 教科书概论 [M]. 广州：广东教育出版社，2019：123.

在具有现代意义的教科书产生之前，教科书编写已将学生心理发展规律作为参考依据，时至今日，教科书编写有了课程标准的明确指导，课程标准中将学生心理发展规律、学科知识特点与社会发展需求等整合起来全盘考虑，给教科书编写质量提升以标准性引领。科学的有质量的教科书着眼于学生全面发展与个性发展的协调统一，在培养学生核心素养中促进学生养成追求真善美的优良品质。

三、教科书心理学研究促进学校文化氛围和谐

心理学理论在教科书编写中的运用提升了教科书的科学性，科学的教科书则有利于教科书建设、有助于学生健康成长，也致力于促进学校文化氛围的和谐共生。学校文化氛围和谐具体表现为教师的教和学生的学在有效互动中形成的宽松、有智慧的课堂氛围和学校管理层以教科书为基点积极营造的校园文化氛围。

（一）营造智慧的课堂文化氛围

科学化的教科书编写最终落脚到教科书使用上，教师与学生的教学主体将静态教科书文本转化为动态教科书文本。借助教科书，师生间互动有了更多的素材，教师以学生的生活经验为基础，围绕教科书扩充教学资源，使课堂教学彰显趣味性与知识性、思想性与时代性的高度结合与统一。例如，教师在营造智慧的数学课堂文化氛围上，可以从数学史、数学与生活、数学与科技、数学与美学、数学与思维等方面开展一系列的教学活动，教科书设计了关于数学史的内容，旨在增强学生的数学文化底蕴，发扬中华优秀传统文化。在生活中发现数学，是与学生生活经验紧密连接、提高学生知识应用能力的途径之一。如，认识克、千克等质量单位。对于小学一年级的学生而言，他们对质量并没有清晰的认识和感知，这个时候，教师以布置课外作业、数学游戏等形式带领学生走进生活，观察家中相关物品的质量标识，用手掂一掂，到课堂上讨论交流，便可使学生对常用的质量单位形成初步的感知。《道德与法治》围绕某一主题展开讨论，引导学生树立正确的道德认知与遵纪守法的意识，各种主题活动促使学生的道德认知与法治认知内化，同化进入自己的认知结构，指导自己的言行，并在实践中外化为合乎社会道德伦理与法律规范的言语与行为。教师的教应基于学生的学习水平与基础，并能对学生课堂学习行为给予及时反馈，能围绕教科书内容开拓教学内

容、丰富教学形式，促进学生在丰富多样的教学活动中获得知识、训练思维、锻炼能力与陶冶情操。充满智慧的课堂文化氛围有助于师生间情感的深层次交流，促进教师更全面地认识学生，引导学生更健康地成长。

（二）营造以教科书为基点的校园文化氛围

校园文化属于微观领域的文化，校园文化是身在其中的每一位教师与学生长期努力创造的集体智慧，以弥散的氛围对个体产生影响。积极、健康、向上的校园文化氛围是学校努力创设的方向，以沁润的方式影响着学校中的个体。以教科书为基点营造校园文化氛围，是对学生学习内容的扩充，也是一种重要的教育途径，能很好地将国家教育、文化等政策与学校教育实施紧密结合起来，促进育人目标的立体化。如，针对语文教科书中的诗词，开展校园诗歌诵读活动，一方面，促进学生在复习巩固教科书诗词的基础上，拓展其诗词学习的范围与渠道，开阔眼界，感悟古人诗词的魅力与意境，提升自身的语文学科素养；另一方面，诗词活动也有利于弘扬中华优秀传统文化，使学生在活动中感悟中华优秀传统文化中的和而不同、海纳百川等文化内涵，体验诗词带来的绵长韵律与意境悠长，感受不同时代诗词的内在精神和所蕴含的传统美德，以此培养学生的社会责任感与时代担当，增强对中华文化的认同感，树立坚定的文化自信[1]，培养学生的国家使命感与审美情操，在学生心中播种中华优秀传统文化的种子，培植学生的文化底蕴，增强学生的文化自信。当下，很多中小学通过开展校园数学文化节、书法艺术节、体育运动节等活动营造宽松、乐学、积极向上的校园文化氛围。

---

① 刘桂珍. 论中华诗乐中的心声相应 [J]. 东北师大学报（哲学社会科学版），2018（6）：37 –41.

第二节　教科书心理学的研究对象与内容

一、教科书心理学的研究对象

任何一门学科都有其特定的研究对象，并以此作为该门学科独立的重要标志。那么，教科书心理学的研究对象是什么呢？

改革开放以来，特别是近十年，教科书研究日渐深入，成为教育研究领域的热点。教科书的研究对象主要是与教科书密切相关的文本、政策与主体等，研究内容涉及教科书编写研究、教科书评价研究、教科书使用研究、教科书制度研究、教科书方法论研究等领域；教科书研究突破了传统的教育学，还从心理学、文化学、历史学、社会学等学科视角展开多学科、多视角研究。"尽管已有国际认可的阐述教科书开发和生产技术过程的文本，但是教科书研究至今仍没有作为一门独立学科建立相应的理论体系"①，正因为如此，教科书相关研究者仍在不断努力促成学科的独立与发展。

心理学是研究人的心理现象、揭示心理规律的科学。从研究内容上看，主要包括心理过程、心理状态与个性心理。处于社会中的个体所产生的一系列的心理现象与心理发展规律构成了社会心理。具体而言，心理过程是心理现象的动态变化过程，从性质和功能角度可分为认知过程、情感过程和意志过程。心理状态是从心理过程到个性心理过渡阶段的一种相对持续的状态，如：伴随着心理过程的注意状态，在创造性思维过程中出现的灵感状态，在情绪过程中出现的心境状态、激情状态，在意志过程中表现出来的信心、决心和犹豫状态等②。从研究状态来看，心理学的研究对象包括对动态心理活动过程的研究、对处于动、静态过程的心理状态的研究，也包括对静态个性心理的研究，通过对多层次相互关联的

---

① JOHNSEN，E．B．．Textbooks in the Kaleidoscope：A Critical Survey of Literature and Research on Education Texts［M］．Oslo：Scandinavian University Press，1993：21．

② 曾玲娟，李红云．心理学基础［M］．北京：北京师范大学出版社，2015：3．

心理现象的剖析，探究个体的心理规律。

围绕教科书而展开的各环节主要有教科书编写、教科书审定、教科书使用等。教科书编写环节中，编写者需要将课程标准、学科知识与学生心理发展规律相整合，在静态呈现的教科书文本中融入心理学要素；教科书审定环节关注教科书知识内容的"合法性"与合理性，为教科书提供有效性评价①；教科书使用是教师与学生在课堂教学过程中以教科书为中介基于一定的目标而展开的育人活动，是动态的教科书呈现形态，涉及教师教的心理与学生学的心理，这两方面也是教育心理学重点研究的内容。考虑到教科书各环节的不同任务与责任，本书主要从生成静态教科书文本的教科书编写环节展开教科书心理学的研究。

首先，教科书编写以教科书使用主体的心理水平与发展规律为基础。教科书编写是编写团队依据社会发展需求、学生身心发展需求并结合学科知识特点而组织教科书内容与逻辑体系的过程。站在教科书心理学的角度，教科书设计、编排、内容呈现、插图设计等方面均需考虑学生的心理发展水平、规律与知识基础，也需兼顾知识的整体性、体系性、阶段性与衔接性，便于教师更好地结合教学实践进行合理的、科学的教学设计。教科书编写是源头工作，其质量直接影响教育教学质量与学生全面发展，基于此，本书将主要以这部分内容为切入点，形成研究框架，展开详细论述。

其次，相关机构与人员需依据一定的标准，在一定程序下审定教科书知识的"合法性"。这一程序一方面在于保障教科书知识内容的系统性、科学性、合理性，另一方面在于确保教科书知识内容的思想性、时代性与适应性。教科书编写与审定是不可分割的统一整体，因此本书研究框架将教科书审定归并至教科书编写中进行整合论述。

再次，教学实践是检验教科书质量的重要途径。教科书经编写、审定、发行进入市场，教科书便可以被使用了。教师与学生在教育实践场域中如何理解教科书、如何对教科书进行加工与内化，编写团队在教科书编写时就已有预设性的设计。然而，在教育教学实践中，教师的个性化教学、学生的个性化学习均可能遇到其他的问题，而这些问题更多的是涉及课堂教学过程中的心理现象与规律，因

---

① 王攀峰. 教科书研究方法论 [M]. 广州：广东教育出版社，2019：21.

此，这部分内容不列入本书讨论范围。

最后，教科书是多方主体协同合作而形成的综合性文本。教科书编写团队由教育主管部门、学科专家、（学科）课程与教学论专家、教育学与心理学专家、学科中小学教师等相关主体组成，不同主体因工作任务不同在内容的选择上有差异，最终以课程标准为基础相互协商而达成一致，形成"三位一体"的编写团队。在宏观层面，教育主管部门从顶层把握教科书知识内容的"合法性"与合理性，使教材体现国家意志，以社会发展需求为依据，使知识内容体现"合法性"；同时，教科书也是学生的学习读本，其编写以学生心理发展规律为依据，使知识内容彰显合理性。在中观层面，教育学、心理学及（学科）课程与教学论专家在一定程度上协商教科书编写的科学性、合理性与思想性等方面的问题，如：教科书知识是否自成体系？知识内容设计是否合理？内容编排是否符合学生的用眼习惯？是否有利于培养学生的审美情趣？知识难易程度能否为学生所接受？……这些问题需要专家给出建议与意见。在微观层面，学科课程与教学论专家、学科专家、学科中小学教师从更细微处把握教科书的编写内容与质量，包括字体大小的设置、句子表达的推敲、问题的反复斟酌、插图的色调与摆放等细节问题。

综上所述，教科书心理学是围绕教科书文本，揭示和研究与其紧密相关的心理现象与心理规律的科学，包括静态教科书与动态教科书的心理现象与规律。

二、教科书心理学的研究内容

基于对教科书心理学研究对象的理解与分析，教科书心理学的研究内容包括教科书本体研究、教科书设计中的心理学、教科书插图中的心理学、教科书中的认知要素、教科书中的情感态度与价值观、教科书内容的广度与难度、指向教科书使用的心理学化教学等内容。具体展开如下：

1. 教科书心理学的内涵、意义与学科性质。

2. 教科书心理学研究价值、对象、原则与方法。主要包括教科书心理学的研究价值、研究对象与研究内容，教科书心理学研究的基本原则与方法，教科书与邻近心理学学科的关系、与相关教科书学学科的关系。从理论宏观层面阐释教科书心理学的总体概况。

3. 教科书编写中的心理学。即从理论层面分析教科书编写中的心理学。教科书编写视角不是单一的，而是从知识、学科、教学实践等多视角展开的，并以此形成教科书编写的学科逻辑、心理逻辑和实践逻辑；教科书编写主体应基于编写逻辑做出不同的行动策略。本书的研究内容主要是选取认知学习理论、建构主义学习理论和目标学习理论分析相关理论对教科书编写提出的不同要求。

4. 教科书编写体例与插图中的心理学。不同学科教科书有着不同的编写体例，教科书体例设计遵循思想性、科学性与系统性等设计原则，举例展开教科书编写体例的实证分析，探究其中隐含的心理学要素。教科书作为学生获得知识的主要渠道和进行学习的基本工具，无论是文本还是插图，都需做到科学性与思想性的统一。教科书插图在促进学生知识学习、能力发展及情感态度价值的养成等方面发挥作用，本书以部编本义务教育小学语文教科书为例对插图展开深入探究。

5. 教科书中的先行组织者。分析论述先行组织者的心理学价值、教科书中的先行组织者的类型，再立足教科书文本展开实证分析，探究教科书前言、目录、单元导引等类型的先行组织者。

6. 教科书中的认知要素。认知要素主要包括感觉、知觉、记忆、思维、想象等，教科书中的知识类型主要有陈述性知识、程序性知识和策略性知识。本书的研究内容包括：分析教科书中不同类型知识的认知要素，从字体与字号、行间距、版面、插图、纸张亮白度、印刷墨色、明暗色调、纸张紧度、材质等方面分析教科书不同知识类型中的感知觉要素；从文字表述、学习要求与任务、方法指导等方面探析教科书不同知识类型中的记忆要素；从直观动作思维、形象思维、抽象思维等方面分析教科书不同知识类型中的思维要素。

7. 教科书中的情感、态度、价值观。教科书知识中显性或隐性地含有如情感、态度、价值观、动机、需要、兴趣等非认知要素，与认知要素一并发挥着重要的教育价值。本书主要选取情感、态度、价值观三个非认知要素进行教科书的文本分析，探析情感、态度、价值观在语文教科书与数学教科书内容中的呈现样态。对教科书中的情感要素分析主要从对物之情、对人之情、对己之情、对特殊事物之情这四个层面展开，会涉及基础性情感与高级情感；对教科书中的态度要素分析主要从理性求真的态度、崇德向善的态度、颂扬淬美的态度三个方面展开；对教科书中的价值观要素分析主要从价值观体系中的世界观、社会观和个人观等三个维度展开探究。

8. 教科书内容的广度与难度。教科书内容的广度与难度是判断教科书编写是否合乎学生身心发展规律的指标之一，在一定程度上代表了教科书文本的质量与科学性。静态教科书内容的广度与难度直接影响着教科书使用效果。本书对静态的数学教科书从广度与难度上进行科学分析，据此为提升教科书编写质量提供理论依据与参考。

9. 指向教科书使用的心理学化教学。本书从研究层面厘清教科书编写中的问题，目的是促进教科书使用的科学性和合理性。教科书心理学有助于推进教科书使用的科学化、心理学化，促进教科书使用的心理学化教学，促使教科书使用主体树立更为合理的教材观。

第三节　教科书心理学研究的基本原则与方法

随着教科书研究的日渐深入与拓展，教科书心理学研究逐渐引起学界关注，学者们运用一定的原则与方法开展教科书心理学研究，分析教科书知识内容的广度与难度、教科书编排设计等对学生的影响等。由此可见，教科书心理学研究是有章可循的，需要遵循一些基本原则，运用合适的研究方法开展研究。

一、教科书心理学研究的基本原则

（一）科学性原则

科学性原则是教育科学研究必须遵守的重要原则之一，是运用科学的研究方法，以科学的态度开展研究，得出相对客观、科学的结论。贯彻客观性原则需注意：

第一，教科书心理学研究应确保研究方法的科学性。一方面，研究方法的科学性决定了研究过程的科学性，教科书心理学研究运用量化研究、质性研究等多种研究方法，在不同的情况下可能会使用不同的研究方法。如关于教科书编写现状的描述性研究多采用调查研究方法，而关于教科书文本内容的难度与知识容量的研究则多采取文本分析的方法；另一方面，研究方法的科学性还与研究方法使用程序相关，在进行教科书心理学研究过程中，是否准确运用了某一研究方法相对应的操作程序直接关系研究的效果，影响研究的科学性、客观性。

第二，教科书心理学研究应避免主观臆断。在进行教科书心理学研究时，应在调查研究的基础上，对研究结果进行充分研讨，得出相对客观、科学的结论。就论证教科书知识的选择上，哪些知识能够被选入教科书，不仅要考虑社会发展的需要，考虑课程标准，还需要考虑是否符合学生心理发展规律。因此，需要教科书编写团队中的多个主体共同讨论，实事求是地得出客观的结论。

（二）整体性原则

整体性原则又称为系统性原则，是坚持系统整体的观点对教科书进行多层次、多方位的研究，而不是孤立、片面地对其进行单一、割裂的研究。整体性原则应坚持整体大于部分之和的理念，以系统整体目标的优化为准绳，协调教科书心理学各研究对象间的相互关系，使其趋于平衡。运用整体性原则需要注意：

第一，整体性原则应对教科书各环节进行不同层次的研究和多方位的考量。教科书心理学不仅需要研究教科书编写过程中的心理现象与规律，从知识点分布、插图设计、知识广度与难度等方面分析与探究如何更好地实现教科书知识与学生认知发展规律的契合；还需要运用系统论的方法对教科书审定、使用过程中可能涉及的心理学理论与问题展开系统研究，这样才能实现教科书编写与使用的适配，避免理论与实践的脱节。

第二，整体性原则还应关注各学科教科书间的整体一致性。学生认知发展规律符合心理学理论，这在各学科教科书中得以淋漓尽致地体现，但由于各学科知识的差异性，反映在知识学习上的认知思维特点也必然会有所不同，这就要求不同学科在保持学科知识特点的同时，需从总体上遵循学生心理发展规律与思维特点，符合学生各学段学习的心理特点，也能兼顾教师对教育教学的理解与体验，做到在整体中保持学科差异性，在差异中彰显整体特性。

（三）教育性原则

教科书心理学应秉承教育性原则开展相关研究，即开展教科书心理学研究应遵循学生身心发展规律，体现教育意义与价值，从宏观层面上实现国家的教育目的，中观层面上实现学校的培训目标，微观层面上促进学生全面、健康发展。教科书心理学研究不能做有违学生身心发展规律的研究，不能与教育性原则相悖。运用教育性原则需要注意：

第一，教育性原则应贯穿教科书心理学研究的全过程。教科书心理学研究是以为学校教育研制出科学、合适的教科书为目标导向的，对教科书的研究是显性的，而教科书背后的主体作为一条自始至终的研究暗线发挥着重要作用。在进行教科书心理学研究时，这条研究暗线是心理学理论联系实践的内在引力；依据这条暗线，教科书心理学研究需遵循学生身心发展规律，内容选择与编写需考虑学生认知发展特点，插图颜色及布局需关注学生的美学心理等，每一个环节都彰显着关注学生个体健康发展的教育魅力。教科书的出发点与落脚点都是为了让教科书使用主体更有效地使用教科书，发挥教科书的教育价值，因此，应将教育性原则贯穿于教科书心理学研究的全过程，体现于教科书心理学研究的各个环节。

第二，教育学原则不仅是研究的基本原则，也是从事教科书心理学研究的理念指导。教科书心理学研究的目的是为教育实践提供更加科学的教科书文本。一方面，下一代借助教科书获得知识。各学科教科书是经过反复研究而形成的文本，知识内容具有科学性、系统性，有利于学生全面、科学地学习知识，形成科学思维，开阔眼界。另一方面，教科书可陶冶学生的情操，提升其思想境界。教科书心理学研究不仅着眼于启智，更关注通过教科书养成学生未来生活必备的良好品格与思想道德，以研究促进教科书思想性与时代性的彰显与表达。以教育性原则为理念指导，为教科书心理学研究拓宽研究路径。

（四）理论联系实际原则

理论联系实际原则指教科书心理学研究中必须兼顾理论与实践，努力实现理论与实践的结合，既不能脱离实践闭门造车，也不能完全囿于经验，使教育研究失去超越现实的指导性。① 运用理论联系实际原则需要注意：

第一，教科书心理学研究需要在观照实践的基础上进行理论研究。教科书心理学研究按照社会发展要求与个体心理发展规律开展理论研究，由此可见，教科书心理学研究不可能是空中楼阁式的理论研究，不是依照个人直觉或经验得出结

---

① 陈向明. 教育研究方法 ［M］. 北京：教育科学出版社，2013：19.

论，而是在结合社会实践需要的基础上进行理论研究，在这一过程中，促成了理论指导实践、实践提升理论的良性循环。

第二，教科书心理学研究的最终目的是服务于实践。教科书心理学是一门理论研究与应用研究并重的交叉学科，因此，教科书心理学研究不是为了研究而研究，研究的最终目的在于研制出更加科学的教科书，更好地服务于教育教学实践。服务于实践的理论是鲜活的理论，有理论指导的实践是有深度的实践。教科书心理学研究在立足实践、服务实践、引领实践的理论研究中更好地发挥着自身的社会价值。以理论指导并服务于实践，引领实践向着更高、更远的方向发展，这是教科书心理学研究的追求。

二、教科书心理学研究的方法

任何一门学科都有其特定的研究方法，教科书心理学研究也不例外。从教育科学、心理科学研究方法的发展历程来看，研究方法从依赖经验总结的思辨研究到自然科学的实证研究到人类文化学的质性研究，再到研究方法逐渐多元融合。在这一发展历程中，教科书心理学的研究内容不断分化，研究主题逐渐多样，研究方法逐渐多样化，信息技术的广泛应用与理论研究，进一步促进了研究方法的丰富与多元。

有研究指出，多元互补的跨学科研究方法将成为主要的教科书研究方法，现代教科书研究方法应遵循"质""量"并重（即量化研究与质性研究相结合）、"纵""横"贯通（即横向研究与纵向研究相结合）、"动""静"结合（即静态分析与动态分析相统一）的主要原则。[①] 从研究范式来看，量化研究与质性研究是教科书心理学研究常用的两大研究范式，量化研究与质性研究又有相应的研究方法；同时，计算机统计分析等相关研究方法也被灵活地运用到量化研究与质性研究中。与教科书心理学研究密切相关的几种方法如下：

（一）量化研究

量化研究是科学实证主义研究范式，采用标准化的调查、实验、测量、统计

---

① 王攀峰，陈洋. 教科书研究的内涵、价值与方法 [J]. 首都师范大学学报（社会科学版），2018（1）：173–174.

等量化手段收集和分析数据，研究过程凸显科学性、规范性、精确性等特征。教科书心理学在量化研究方面涉及的研究方法主要有问卷调查法、文本统计法。

1. 问卷调查法

教科书心理学研究的问卷调查法是指在教科书心理学相关理论指导下，研究者根据问卷设计的原理，统一设计问卷来收集研究对象（编写者、教师、学生等）关于教科书编写、排版设计、使用情况等方面的信息和数据的一种研究方法。根据不同的分类标准，问卷调查法有不同的类型，依据研究主题可分为教科书问卷调查表法和教科书德尔菲调查法，依据调查对象可分为以学生为对象的问卷调查、以教师或编辑为对象的问卷调查，依据研究阶段可分为用前调查、用中调查和用后调查。[①]

需要强调的是，不管是哪种类型的问卷调查方法，在问卷设计时都需要注意问卷设计的合理性与科学性问题。首先，要确保问卷设计与调查目标的一致性。问卷调查是为了获取充足的研究数据用以论证研究目标，如果问卷设计与调查目标存在较大的出入，则会影响研究的信度和效度。其次，要确保问卷内容设计与调查对象相契合。教科书心理学研究是从学生角度设计调查问卷内容，在进行问卷设计时，需要考虑学生的年龄、理解能力及认知水平等因素，同时，要站在学生角度设计问卷。这样一来，针对学生特别是小学低年段的学生，问题表述应尽量通俗易懂，必要时调查者需要帮助学生读出题目。最后，尽量保证问卷设计的科学性。教科书心理学问卷调查法是通过问卷调查的方式，了解教科书编写与使用过程中是否充分地考虑了学生的心理发展水平与教师的教学心理，从而达到提升和改进的目的。因此，在进行问卷问题设计时，需要紧扣教科书心理学的相关知识，符合课程标准的相关要求，遵循问卷设计的原则与步骤，确定明确的研究维度，设计出适合教科书心理学研究的调查问卷，进而按照试测、修订、前测、正式施测的程序展开问卷调查，并完成数据整理统计与分析。

虽然问卷调查法可以作为一种研究方法，但教科书心理学研究中使用问卷调查法的还不是很多。教科书心理学研究的问卷调查法有其优点与不足，其优点在于：内容设计科学合理的问卷能使研究者在短时间内获得大量的数据，研究省时

---

① 王攀峰. 教科书研究方法论［M］. 广州：广东教育出版社，2019：225 – 229.

省力；因问卷调查经过了反复测试与修订完善，在信度和效度得以保证的前提下，能使研究者获得较为客观、科学的研究数据；问卷中的问题特别是结构性问题，被调查者在进行作答时较少受到主观因素的干扰，研究者进行统计分析时也能在很大程度上摆脱主观因素的干扰；通过调查获得了大量的数据，便于数理整理统计与分析，使得研究相对高效。其不足在于：问卷调查设计的问题主要是可以进行操作化定义的问题，而对于较深层次的"为什么这样""怎么会这样"等相关问题则较难深入了解，需要借助访谈法、观察法等研究方法作为补充以获得更深层次的调查数据；为了保证获得科学有效的研究数据，问卷设计就显得尤为重要，问卷设计不是问题的简单堆砌，而是需要在文献研究、调查研究的基础上明确研究维度，根据研究维度细化研究指标和问题，这就对研究者提出很高的要求，从另一个层面来看，研究者的能力水平影响着研究的信度和效度；量化研究得出的结果用于推广到总体研究中，如果量化研究出现取样不合理、问卷设计有偏差或研究对象年龄较小等多种因素都可能会影响统计结果，使得统计结果不如预想那么可靠、科学。

2．文本统计法

文本统计法是对教科书文本相关内容，如价值倾向、内容难度、内容广度等层面展开数理性统计，得出一定结论的一种研究方法。文本统计法是教科书研究领域使用较多的一种研究方法，我国学者立足于教科书文本内容，进行了深入的统计分析，有学者设置了课程难度模型，运用这一模型，对改革开放以来我国高中地理教科书课程难度进行统计分析[①]。有学者从内容广度（C1）、内容深度（C2）、习题难度（E）三个维度构建了小学数学教科书难易程度的数学模型 $N = 0.2C1 + 0.5C2 + 0.3E$，并应用该模型对中国、日本、韩国、新加坡、美国、英国、法国、德国、俄罗斯、澳大利亚等 10 国中具有代表性的 12 套小学数学教科书的难度进行了定量分析[②]。

文本统计法需要注意的问题有以下几点：第一，对研究主题划分明确的研究

---

① 李文田，李家清．改革开放以来我国高中地理教科书课程难度变化的定量分析：以"宇宙中的地球"为例［J］．课程·教材·教法，2011（5）：65－69．

② 邝孔秀，姚纯青，蔡庆有，等．中国小学数学教科书的难度分析：国际比较的视角［J］．比较教育研究，2015（9）：73－78．

维度。不管是研究教科书知识内容的难度，还是研究教科书插图，任何一个研究主题均需要明确研究维度，在研究维度的范围内设置统计分析框架或数学模型。科学设置研究维度能保障研究的科学性与客观性。第二，文本统计遵循量化研究范式的要求，在对教科书文本从心理学视角展开统计分析时，应在符合量化研究规范的路径下开展研究。文本统计法是在科学实证主义范式下，采取标准化的统计方式收集和分析数据的研究方法，这里的标准化主要体现为：一方面，在科学论证的基础上，确定科学的研究维度，并以此明确各维度与指标的权重，体现研究的科学性与精确性。另一方面，将研究维度各指标转化为可操作的定义。定义的可操作性是量化研究的重要特性，可操作的定义便于统计与分析，提高了研究的规范性与科学性。

　　教科书心理学研究的文本统计法有其优点与不足，其优点在于：清晰的数据能一目了然地发现教科书文本的优势与不足，便于为教科书编写提出有针对性的指导意见与建议；文本统计所得数据较为客观、科学，客观、科学的统计数据能避免不同个体在分析同一文本时因主观偏差而带来的失衡现象，提高了研究的科学性与客观性。其不足之处在于：文本统计法对研究者的研究能力提出更高的要求。文本统计法中研究维度划分、权重赋值、分析框架或数理模型的设计等都与研究者的研究能力紧密相关，这就要求研究者有较高的数理统计能力与教科书文本分析能力，才可能灵活运用此种研究方法；文本统计法要求研究者具备一定的教科书理论知识，文本统计分析的目的是发现教科书存在的问题，提出改进对策与建议，如果研究者的教科书理论知识相对欠缺，这方面的分析将较为表浅，不能发现更深层次的问题。

（二）质性研究

　　质性研究是解释主义的范式，强调立足于研究问题所发生的现场，采用非标准化的、具有自然主义特征的方法进行研究。质性研究是以研究者本人作为研究工具，在自然情境下采用多种资料收集方法对社会现象进行整体性探究，使用归纳法分析资料和形成理论，通过与研究对象互动对其行为和意义建构获得解释性理解的一种活动[1]。与教科书心理学研究密切相关的方法主要有访谈法和内容分析法。

―――――――――――

　　[1]　陈向明. 教育研究方法 ［M］. 北京：教育科学出版社，2013：19.

1. 访谈法

教科书心理学研究的访谈法是研究者通过与研究对象（编辑、教师、学生等）进行口头交谈的方式来收集有关教科书心理学相关的数据资料的一种研究方法。这种方法在教科书编写前期被广泛使用，教科书编写前期，编者们通过访谈的形式了解教师、学生对教科书的期待与建议，将访谈资料进行整理分析，便于吸取有益意见与建议。专访也是访谈法的其中一种形式，专访中的访谈者可能是某期刊社或出版社的编辑、某高校或机构的研究者等某一领域内的研究者，被访者大多是某一研究领域的专家，访谈者根据提前设计好的访谈提纲与被访者交谈，从交谈内容中获取数据资料。如有学者就统编教材的相关议题接受了专访，形成了《勇敢而理性地拥抱技术，为统编教材教学赋能——专访首都师范大学石鸥教授》① 一文，在这场专访中教科书研究领域的专家石鸥教授是被访者，《中小学数字化教学》期刊社的记者是访谈者，双方就提纲问题展开深入交谈，达成关于数字技术对统编教材教学的价值与意义的共识与理解。

教科书心理学研究运用访谈法需要注意以下问题：首先，做好访谈前期的准备工作，在访谈开始之前，访谈者需要与被访者确定访谈的时间和地点，在确定时间与地点方面尽量以方便被调查者为宜；设计访谈提纲，访谈提纲能起到提示访谈内容与思路引领的作用，要简洁明了地列出所访谈的主要问题或内容范围，对于刚开始使用访谈法开展研究的访谈者而言，详细的访谈提纲有助于提高访谈的成效；确定访谈记录的方式，在访谈即将开始之时，访谈者与被访者协商记录方式，征得被访者同意后可采取现场录音或录像的方式进行访谈，如果被访者不同意，则需要进行详细的笔录。其次，访谈者需掌握提问的技巧，访谈时注意提问的顺序，访谈的问题应由浅入深，由简入繁，提问一般从开放型结构逐步过渡到半开放型结构，一步步对关注问题进行聚焦；访谈提问时要注意问题间的过渡，问题过渡是否顺畅决定着访谈能否顺畅地进行下去，问题间的过渡应尽量自然、流畅，以过渡性问题作为铺垫，将正在进行的话题与将要访谈的话题联系起来。同时，访谈者应就某些感兴趣的话题或被访者有意无意抛出的话题进行适时

---

① 孙建辉. 勇敢而理性地拥抱技术，为统编教材教学赋能：专访首都师范大学石鸥教授 [J]. 中小学数字化教学，2019 (4): 5-8.

地追问。最后，访谈者需掌握倾听的技术。访谈者应掌握倾听技术，懂得以何种方式倾听，并在必要的时候给予反馈，不轻易打断被访者的话语，同时，也能容忍被访者的沉默，给予对方足够的尊重和时间。

教科书心理学研究的访谈法有其优点与不足，优点在于：精心设计的访谈提纲针对性强，访谈者可针对某一问题与受访者展开深入的交谈，从而获得丰富的访谈资料，便于研究问题的澄清与明确；便于获得全面而丰富的访谈资料。与问卷调查相比，访谈法灵活性强，在较为开放的问题下双方深入交流，在获得全面丰富访谈资料的同时，可能还会获得意外的研究资料，这对后期的研究可能是有帮助的。不足在于：访谈法对研究者提出更高的要求，访谈者需要注意问题切入点是否合适，熟练掌握倾听、提问的技巧，还需要具备对研究资料进行质性分析的能力；研究资料的整理分析费时费力。

2. 内容分析法

内容分析法可以用于量化研究，也可以用于质性研究，为了便于区别，在量化研究中称为"文本统计法"，在质性研究中称为"内容分析法"。质性研究中的"内容分析法"是对文本内在结构和各部分之间的关系进行描述、阐释和分析，它适合于分析文本的潜在内容，注重结合情境资料，从整体上把握文本中蕴含的意义①。探讨文本内在结构和各部分之间的关系使得定性的内容分析法在研究路径和范式上带有量化研究的色彩，尝试在借鉴中实现创新与研究技术的突破。有学者以教科书内容体系编写为研究视角，运用内容分析法分析了统编版初中历史教科书内容体系特点②。

20 世纪 80 年代，梅瑞英（Mayring）大力倡导质性内容分析的方法，内容分析法包括确定文本材料、分析文本产生的情境、正式描述文本材料、确定分析领域、从理论上对有待解决的问题进行区分、选择分析技巧（概括、说明、结构化）、界定分析单元、分析文本材料（概括、说明、结构化）、解释等九个步骤③，其中概括、说明与结构化是内容分析法的三大技巧，运用此方法开展研

---

① 王攀峰. 教科书研究方法论 ［M］. 广州：广东教育出版社，2019：119.

② 林珊. 统编版初中历史教科书内容体系特点分析 ［J］. 中学历史教学参考，2019（6）：41 –44.

③ 王攀峰. 教科书内容分析的类型学研究 ［J］. 教育科学，2020（1）：15 –21.

究，需要注意三种技巧的灵活运用。首先，概括技巧。概括主要是对文本材料进行归纳、提炼，剔除不相关的材料，同时在保持原始材料的原意基础上进行抽象与总结。其次，说明技巧。借助语境资料对那些模糊、矛盾、松散的内容进行解释、阐述和分析。最后，结构化技巧。其目的是从资料中筛选出特定的内在结构。文本可以根据内容、形式和比例来进行构造，依据特定的研究问题，这三个技巧既可单独使用，也可以全部使用①。

教科书心理学研究的内容分析法有其优点与不足，其优点在于：便于获得对文本内容更深层次的阐释与理解。通过描述、阐释和分析等方式把握文本内在结构和各部分之间的关系，探析文本的潜在内容，从整体上把握文本中蕴含的意义。其缺点在于：对研究者的研究能力提出更高的要求，研究者能否在文本内在结构和各部分之间的关系中探寻到更深层次的内容与意义，取决于研究者的研究能力，这在一定程度上影响着研究的效度。

第四节　教科书心理学与相关学科的关系

教科书心理学是以心理学的视角审视教科书，以教科书为对象进行心理学研究的学科。教科书心理学研究主要立足于静态层面的教科书文本研究，动态层面的教科书使用会作为教科书编写的重要依据。教科书心理学与邻近心理学学科有一定的关联，也存在诸多差异。作为立足于教科书文本的研究，教科书心理学也与相关教科书学学科有着密切的关系，彰显着教科书的固有特性，又因研究学科视角的不同，表现出诸多不同。

一、教科书心理学与邻近心理学学科的关系

（一）教科书心理学与普通心理学

如果将心理学学科视作一棵大树，教科书心理学与普通心理学的关系是心理

---

① TITSCHER, MEYER, WODAK, et al. Methods of Text and Discourse Analysis ［M］. London：Sage，2000：62－64.

学学科分支谱系中的两个分支，普通心理学属于基础类心理学，处于心理学学科分支谱系的主干部位，而教科书心理学则处于心理学学科分支谱系的枝丫部位。从关系上看，两者是主干与分支的关系。

普通心理学的研究对象是分析心理现象，揭示心理规律。心理现象包括心理过程（认知过程、情感过程、意志过程）、心理状态（注意、灵感等）和个性心理（个性倾向性、个性心理特征）。教科书心理学的研究对象则是围绕教科书而展开的分析教科书文本中所体现出的心理现象与心理发展规律。研究对象的不同，使其在研究内容上也有较大的差异。以认知发展中的思维能力为例，普通心理学重点关注思维的发展规律与特点、教学中如何提升学生的思维能力等内容；而教科书心理学则将研究聚焦于教科书知识内容设计应遵循学生的思维发展特点和规律，借助教科书如何更好地培养学生的思维能力等问题。

（二）教科书心理学与教育心理学

教科书心理学与教育心理学均属于心理学学科分支中的不同领域心理学，同处于心理学学科分支谱系的同一枝丫部位，两者间存在着相互交叉、相互依赖的关系。教科书心理学的研究最终要用于教育教学实践，在这一过程中，教育心理学发挥着重要作用，从严格意义上说，教科书心理学更加关注静态文本的教科书研究，而动态的以教科书为媒介的师生互动则是教育心理学的研究任务，但以静态文本为主要研究对象的教科书心理学的理论基础和研究依据则是以动态的教科书为媒介的注重师生互动的教育心理学。

教育心理学的研究对象是教育过程中的心理现象与规律，包括受教育者的各种心理现象及其变化和发展规律。以及教育者如何通过这些规律对受教育者进行有效的教育①。从狭义的教育来看，教育心理学关注学校教育过程中学生如何学、教师如何教的心理现象及其变化发展规律。学校教育三要素包括教师、学生和教育影响，其中教育影响包括教育内容、教育方法、教育手段等，教科书属于教育内容范畴。在教育过程中，教师的教与学生的学构成了相互影响的双边活动，教师根据学生对教科书的记忆和理解来把握学生掌握知识的情况，同时向出版社编辑或教科书编写专家反馈学生在使用教科书过程中的心理过程与状态，诸

---

① 莫雷. 教育心理学 ［M］. 北京：教育科学出版社，2007：5.

如：教科书插图能否激发学生的学习兴趣、教科书知识内容的广度与难度是否符合该年龄段学生的心理发展特点和规律、教科书习题设计与知识内容的内在关系是否有利于学生知识的理解与掌握等问题。解决这些问题将有利于教科书编写，也将进一步丰富教科书心理学的研究内涵。

教科书心理学将进一步推动教育心理学的理论完善与实践提升。从心理学视角审视静态的教科书文本，诸如：教科书文本的编排设计、教科书文本内容的心理学要素分析、教科书知识体系的心理学逻辑等，这样的审视与研究有利于教育教学活动的心理学化与科学化，提升教学质量。因此，教科书文本内容在点与面上均应符合学生心理发展规律与特点，以此带动动态层面的教科书让师生互动更加富有成效，教育实践的改进将进一步提升教育心理学理论研究的丰富与完善。

（三）教科书心理学与儿童心理学

教科书心理学处于心理学学科分支中不同领域心理学这一枝丫，儿童心理学则处于心理学学科分支中不同主体心理学这一枝丫，两者属于同一棵大树的不同枝丫，彼此独立，又相互依存。

教科书心理学与儿童心理学有着不同的研究对象与研究内容，也有着不同的研究任务和研究目的。教科书心理学的研究对象是在教科书编写中的心理现象与心理发展规律，主要体现为将编者、学科知识、学生心理、教师心理有机融合为教科书文本的过程。儿童心理学揭示儿童心理发展过程的特征与动态，不仅研究儿童各年龄阶段的发展特征，也研究心理发展的动力以及遗传、环境等因素对心理发展的影响，从儿童生活的各个方面去概括儿童心理发展的理论。[①] 教科书心理学主要关注与教科书编写相关的心理现象与心理规律，而儿童心理学则关注与儿童成长发展密切相关的心理发展规律、动力、影响因素与心理理论，由此可见，教科书心理学与儿童心理学因研究对象不同，便有着不同的研究内容、研究目的与研究任务，构成了彼此独立的研究范畴。

同时，教科书心理学与儿童心理学又存在着相互依存的关系。教科书心理学是从心理学视角，通过学生认知、思维、情感等心理的发展规律与特点审视教科书。学生有着怎样的心理发展规律决定了教科书内容如何呈现，而不是教科书内

---

① 莫雷. 教育心理学［M］. 北京：教育科学出版社，2007：9.

容呈现决定学生心理发展规律。这样一来，教科书心理学与儿童心理学在关注主体上就有很大程度的重合，因此儿童心理学的相关理论可以作为教科书心理学的理论基础，比如皮亚杰的认知发展阶段理论能为教科书心理学在内容设计上提供理论支撑。同时，教科书心理学的相关理论也可以作为儿童心理学理论研究与实践探索的依据，比如教科书知识内容的创新设计会推动学者们开展关于儿童知识内容创新性理解的相关研究。由此可见，教科书心理学与儿童心理学因关注主体的重合使得两者间形成相互依存、相互促进的关系，共同推动理论研究与实践探索。

二、教科书心理学与相关教科书学学科的关系

（一）教科书心理学与教科书语言学

教科书心理学与教科书语言学是教科书研究领域的两个不同学科视角，从心理学视角与语言学视角，剖析同一事物——教科书，有着不同的研究对象、研究内容，也会得出不同的研究结论。

从心理学视角剖析教科书，教科书心理学主要从教科书中窥探心理学要素，并审视这些要素是如何被编写进教科书的。首先是对教科书文本的分析，要追溯到教科书编写时的心理学探讨，这是探求教科书编写是否符合学生心理发展规律的过程；其次是调查分析教科书使用中师生对教科书的理解与把握，这是探析教师的教与学生的学如何更好地推动心理化教学的过程。通过对教科书文本的深入分析，将暗含于其中的心理学理论或规律总结提炼出来，有助于进一步提升教科书的编写质量。

从语言学视角剖析教科书，教科书语言学主要借助语用学，特别是借助系统功能语言学理论进行语篇分析。在说明语言概念的基础上，对教科书语音、识字、词汇、意义、结构、功能、文类特征等方面进行客观描述和阐释，力求揭示教科书语言的特色或规律，从而为教科书内容分析提供新的研究思路[①]。

（二）教科书心理学与教科书美学

教科书心理学与教科书美学分属于教科书研究领域的不同主题，从不同的学科视角论述共同的教科书话题。两者是同一研究事物的不同方面，从不同的视角，窥见不一样的研究内容。

---

① 张燕华. 教科书语言学 ［M］. 广州：广东教育出版社，2019：序二9.

在心理学的视角下，教科书是不断契合学生心理发展规律的文本，教科书的编写是严格审视学生认知要素和非认知要素与知识内容有机整合的过程，教科书的使用是促进教科书在教学中心理学化的过程。教科书心理学着重探讨"什么样的教科书符合心理科学规律""如何促进教科书的心理学化使用"等一系列问题，旨在提升教科书的科学性。

在美学视角下，教科书文本是一种审美对象的存在，教科书的编写是一种审美创造的过程。教师与学生对教科书的阅读、使用则是一种审美创造和审美接受交叉融合的过程。因而，《教科书美学》一书着重探讨"什么样的教科书是美的""如何对教科书进行审美使用""如何建设美的教科书"等一系列问题，旨在促进美的教科书的建设①。

（三）教科书心理学与教科书生态学

教科书心理学与教科书生态学也是同属于教科书研究领域的不同主题，从不同的视角观察同一事物，会得到不一样的观察结果，研究亦是如此。站在心理学视角与生态学视角，审视同一事物——教科书，会有不同的研究对象、研究内容，也会得出不同的研究结论。

站在心理学的视角，教科书心理学主要剖析教科书编写中的体例、知识内容选择、排版设计、插图等方面涉及的认知因素与非认知因素，这些因素在教科书编写中是如何被融入教科书当中的。以学生身心发展规律、课程标准等为参照，通过教科书文本审视教科书编写者与使用者可能会有的心理反应，以此阐释教科书知识的心理学价值，进而提升教科书的编写质量。

站在生态学的视角，教科书生态学运用生态学的原理和方法，结合教科书的研究和实践，描述了教科书生态系统的定义和特征，重点剖析了教科书生态系统的构成要素、环境因子，深入分析了教科书生态系统的一般结构、组织结构，从生态、教育、社会三个层面系统地介绍了教科书生态系统的功能，探讨了教科书生态系统的调控机制及危机应对方法，初步构建了教科书生态系统的理论框架，并提出了教科书可持续发展的策略②。

---

① 刘景超. 教科书美学［M］. 广州：广东教育出版社，2019：序二9.
② 方成智. 教科书生态学［M］. 广州：广东教育出版社，2019：序二9.

第三章

教科书编写中的心理学

教科书编写是教材建设的重要组成部分，立足社会发展需要与学生身心发展需要，在守正创新的时代传承中担负文化启智职责，彰显国家意志与民族精神。教科书编写是综合立体的逻辑视角，是将学科、学生、教学等逻辑有机整合的过程。在这些逻辑中可站在学生逻辑视角审视教科书设计中的心理学要素，探析教科书设计的心理学原则与思路。

第一节　教科书编写的逻辑

教科书编写是教材建设的重要环节，关系到教科书的质量与教育教学效果。教科书的编写视角是什么？是单一的还是多元的？如果是多元的，又包含哪些层面？审视教科书编写应该立足于何种逻辑展开？教科书编写主体基于教科书编写逻辑应该有什么样的行动策略？对这一系列问题的理性探讨，是明晰教科书编写理论来源的基础，也是引导教科书合理使用的前提。

一、教科书编写的视角

教科书编写是一个系统工程，涉及由教研专家、学科专家、一线教学名师等相关主体组成的编写团队在综合考量学科知识、学生发展、教师教学等各方面因素后对知识内容所进行的理性取舍与合理编排。因此，教科书编写不应从单一视角出发，而应从知识、学生、教学等多视角进行统揽教育全局的多维审视。

（一）知识视角是教科书编写的学科基础

以学科为界进行知识的选择、编写与设计，不是随意地容纳所有知识，那么，哪些知识可以被编写进入教科书呢？从知识的视角来看，教科书知识内容的编写实际上包含了教科书知识的选择过程。

首先，教科书中选取的知识内容需与学科知识有一定的自洽性。面对浩如烟海的知识，教科书编写团队以课程标准为依据，择取精华的内容，这些内容能否被编写进入教科书在一定程度上取决于知识内容与学科的契合度。契合度表现为知识的学科性与拓展性，知识的学科性主要指所择取的知识具有明确的学科特质，能直观地看出这一知识属于某一特定的学科，这在一定程度上降低了知识选择的难度；知识的拓展性主要指知识本身的开放特质，某一知识不仅适用于物理，也可能适用于生物、化学等，表现为跨学科的拓展特质，这就需要对学科知识结合问题引导及习题设计等方式加以明确。纵观学科发展史，学科发展愈来愈分化，择取的知识内容不一定完全对应着某一学科，这就需要在编写的过程中对知识内容进行改组，使其与学科相融，体现出浑然天成的连贯性。其次，任一被编写进入教科书的知识内容均需考虑学科范式。正如库恩所言："任何人想要描述或分析一种特殊科学传统的进化，都必须找出这类公认的原则和规则"①，就学科而言，学科范式就为学科发展提供了一套公认的原则和规则，一门学科不管是分科知识还是全科知识，都需要在该学科的历史发展脉络中找到基点，知识的表达与呈现需符合该学科的方法论与逻辑体系，彰显富有逻辑的结构性。特别是对于具有跨学科性质的拓展性知识，在不同的学科下，其知识表达的方式、呈现特点、方法论、逻辑体系都表现出较大的不同。从知识视角分析教科书编写，是将教科书作为一种教学文本，考虑教科书编写的学科基础，从学科知识的习得中促进学生认知提升与掌握学科学习方法，并培养学生的情感、态度、价值观。

（二）学生视角是教科书编写的心理依据

教科书编写一方面需遵循社会发展规律，另一方面还需遵循学生身心发展规律，可见，学生是教科书编写团队在进行教科书编写时必须考虑的一个重要因

---

① 托马斯·库恩. 科学革命的结构：第四版［M］. 金吾伦，胡新和，译. 北京：北京大学出版社，2012：36.

素。如果说知识视角使教科书编写时注重考量学科知识体系的话，那么学生视角则使教科书编写依据学生身心发展考虑不同学段的知识设置。哪些学科知识应该放在小学学段？哪些应该放在初中学段？不同学段的知识设置要有知识的内在逻辑，但更多的是站在学生视角从学生的身心发展规律进行考量的。

首先，学生年龄特征是教科书编写的心理依据。发展心理学理论表明，学生的年龄特征是学生身心发展规律的一个重要参考指标，学生所在的学段愈低，年龄特征在教育中的表现愈明显。因此，教材编写应多维多面地考虑学生的年龄特征，如教科书容量与学生注意力保持时间、教科书内容难度与学生的思维发展水平、教科书插图与学生理解水平、某一学段学生整体的认知接受度等，这些是教科书编写需要深入研究的议题，直接关系到教科书的整体质量。换言之，学生的年龄特征对应着学生的发展水平，虽然生理年龄与心理年龄不完全对等，但在心理学研究中，一般情况下是以学生年龄作为划分学生发展阶段性的指标来进行学段的划分，因此，学生的年龄特征是教科书编写中不容忽视的心理学因素。其次，学生的思维发展是教科书内容深入展开的基础。不同的学科对思维逻辑能力的要求是不同的，如语文、政治、历史、地理等文科进行教科书编写时需要运用形象的逻辑思维；数学、物理、化学、生物等理科教科书编写时，就需要运用抽象逻辑思维，即核心素养中的理性思维[1]。学生的思维发展水平由具体的习惯性思维到抽象的逻辑思维的发展使得教科书内容呈现出由易到难、由简到繁的螺旋式上升的态势。同时，教科书内容呈现力求培养学生的创造性思维，立足文本而富有想象力的插图、忠于知识而有所跨越的习题设计等均体现出教科书对学生创造性思维的引导与训练。从遵循学生心理发展规律的角度考虑教科书编写，能促进学生在掌握知识的过程中实现认知螺旋式发展与能力的渐进式提升，推动学生核心素养的发展。

（三）教学视角是教科书编写的实践参考

教科书编写研究旨在使教科书更好地用于教学实践，在动态的教学互动中更大程度地发挥教科书的育人功能。作为教学的两大主体，教科书编写落脚于教师的教和学生的学，除了立足于学生心理发展的纵向历程上审视教科书编写外，教

---

[1]　林崇德. 中小学教材编写心理化设计的建议 [J]. 课程·教材·教法，2019 (9)：9–11.

学中的重要主体——教师也是教材编写必须考虑的因素。

首先，教科书编写应考虑教师对文本的理解与体验。教师是不可或缺的教育要素，教科书编写虽然以静态的文本呈现，但在编写设计上不应将"教师"排除在外，相反，教科书编写团队不仅需站在学生视角考虑教科书的科学性，也应站在教师视角审视教科书的可理解性，即教科书知识的表达是否能被教师理解和领悟。因此，教师对教科书文本内容的理解与体验需要通过教科书编写被灵活地"渗透"到教科书当中。教师对文本内容的理解与体验直接影响着教师的教学表达以及对教学内容的深度开发，可见，教科书编写为教师的教学留有宽松余地就显得尤为必要。例如，部编本义务教育语文教科书一年级上册，关于生字的写法，编者按字的笔画顺序进行红色标注，这在一定程度上增强了教师对于生字的理解，便于教师结合学生认知水平进行备课。其次，教科书编写需要考虑师生间的知识转化。教科书为师生之间的有效交互搭建了桥梁，具有中介连接的作用，教科书编写应从教学的视角思考教师在教学实践中要如何教，才能更好地促进师生借助教科书知识实现知识转化，帮助学生掌握知识与提升能力。教科书的可理解性能够帮助教师更好地领悟教科书的内容，将知识与学生实际水平、生活实践紧密联系，推动学生将教科书中的知识内化。教师与学生以教科书为媒介，开展课堂教学活动，教师将领悟内化的知识，以学生易于理解的方式表达出来，教科书的可理解性帮助学生更好地认知教科书，在教师的教学引导下结合自己实际对教科书知识做出自己独有的经验诠释。从教学视角审视教科书编写，是将静态的教学文本转为动态的使用文本，站在如何更好地促进教学实践的角度，增强教师对文本的理解能力与师生利用教科书进行知识转化的能力，在师生主体交互中实现学生德智体美劳全面发展。

二、教科书编写的逻辑

从知识视角、学生视角与教学视角来看，教科书编写不可能是单一视角，同理，在编写的逻辑思路上也不可能是单一逻辑，而是多重逻辑。教科书的三个编写视角，为教科书编写提供了三种逻辑思路，即学科逻辑、心理逻辑与实践逻辑。

（一）学科逻辑是教科书编写的内容依据

如何选择合适的学科知识？教科书知识如何编排？如何更好地实现学科内容

与国家意志、中华优秀传统文化等的有机融合？这些问题是编写团队在编写任一学科教科书时均需深入思考和研究的议题。

首先，学科知识的科学性。学科知识的科学性主要体现为：一方面，学科知识符合宏观层面上学科知识运作规则与原理即学科范式的逻辑规范。不同学科有不同的学科范式，就有着各异的学科编写逻辑。叶圣陶先生认为："编辑旨趣最重要的一点就是……给予国文科以科学性，一扫从来玄妙笼统的观念。文字形式上应该相当的完整，所选文篇如有疏漏之处，必须加上修润的工夫。"① 另一方面，学科知识在微观层面的知识表述方面应科学正确，避免出现知识点上的错误。教科书编写时不仅需要考虑知识点的表述是否正确，还需考查知识点与插图之间是否匹配与合理对应，插图的合理性与科学性应引起足够的重视。某版高中英语教材必修第一册中介绍 Colloquialism（俗语），为了帮助学生了解"all ears"（洗耳恭听）这个词组的意思，旁边附有一位全身长满耳朵的男生的配图②。这样的插图并没有与知识点实现完好对接，更可能会对知识的理解与转化造成干扰。

其次，学科知识的思想性。科学正确的知识还需要有思想的沁润，将国家意志、中华优秀传统文化与现代精神等融入教科书知识当中。教科书知识内容的选择需要考虑社会发展需要，将国家意志以显性或隐性的方式融入教科书知识当中，教科书知识本质上是意识形态问题，涉及"谁的知识最有价值"③，教科书编写需要考虑如何通过教科书传递社会主流意识形态和国家意志，以培养符合国家意志的合格公民。同时，教科书编写团队还担负着重要的文化使命，借助教科书实现中华优秀传统文化的创新性发展与创造性转化，"爱国""诚信""友善"等内容既是我国优秀传统文化的价值理念，也是当今时代所需要的价值导向。教科书编写团队应当更加具有思想性地将宏大的文化叙事以具体入微的形式体现在教科书知识内容中，从而在一定程度上彰显教科书编写的时代价值与文化作为。

最后，学科知识的系统性。认知学习理论认为完整的知识系统有助于形成知

① 刘国正. 叶圣陶教育文集：第四卷［M］. 北京：人民教育出版社，1994：43.
② 吴驰，李姣，奉卉青. 新课标背景下普通高中英语教材编写的问题与对策［J］. 课程·教材·教法，2019（8）：79 - 84.
③ 阿普尔. 意识形态与课程［M］. 黄忠敬，译. 上海：华东师范大学出版社，2001：1.

识网络，便于学生理解、记忆与应用。一方面，学科知识的系统性表现为知识点的螺旋式关联，是知识结构的逐步完善，体现为学期、学年、学段间知识的有效衔接，遵循学生的认知发展特点与身心发展规律，循序渐进地呈现知识，帮助学生形成关于知识的系统结构与框架体系，建立完善的认知结构。另一方面，学科知识的系统性表现为学科知识与其他相关学科的融合，是知识体系的整合完善，体现为知识内容在学科内部的整合、知识内容与其他学科知识的跨界融合、知识内容与学生生活经验的紧密关联，帮助学生运用所学知识解决学科内、学科间的问题，并迁移到生活实践中去，实现认知结构的有意义迁移。

（二）心理逻辑是教科书编写的理论依据

教科书编写在科学系统完整的知识内容的基础上，还需要考虑这些知识如何与学生认知发展水平相匹配，如何通过知识促进学生思维发展等问题，依照学生的身心发展规律组织知识内容，这样一来就形成了站在学生视角的心理逻辑。

首先，教科书设计立足学生认知发展规律。教科书从课题内容、系统、插图、表格、体例、用语表达等多个方面均需符合学生的认知发展规律，学生的认知发展具有阶段性的特点，皮亚杰将个体认知发展分为了四个阶段：感知运算阶段、前运算阶段、具体运算阶段与形式运算阶段，以第二个发展阶段的前运算阶段（2~7岁）为例，在这一发展阶段个体思维发展的特点之一是自我中心。学生如何走出自我中心的思维困局呢？可通过知识学习、游戏等方式的训练得以修正与完善。就借助知识学习改进学生思维发展的自我中心而言，教科书内容设计上做出了较大的改进与尝试，内容设计秉持阶段性与趣味性等原则，在人教版义务教育数学教科书二年级上册"观察物体"单元，引导学生从不同角度观察物体，从不同的角度将会看到不同的形状物体，通过不同角度的观察可认识某一物体的全貌，进而推导是从哪个角度观察的。这一内容设计与改进学生自我中心的思维发展相契合，通过多角度观察物体，对学生进行思维训练，逐步走出思维的自我中心。尊重学生认知发展规律还表现在教科书的用语表达上，学段越低，教科书的语言表达越通俗易懂，更与学生生活实际紧密相关。

其次，教科书知识内容关注学生认知活动的心理过程。从工具价值上来看，教科书是为了承载知识、引导学生学习所编制的结构化的文本工具，传递知识是教科书的首要功能，但不应该是唯一的功能，教科书编制者大多只注重信息传递、帮助学生建构和梳理自身的知识结构体系等功能的发挥，学生习得知识和技能的过程较少得到关注。"学本化"的语文教科书编制不仅要体现信息传递与知识体系建构，更要凸显引导学习的功能，即学生通过语文教科书知道学什么、想要学、如何学。① 义务教育数学教科书（2012）以思维可视化的方式将学生的认知活动过程外化出来，问题解决使用图形结合的方式、分步骤解决，使学生在学习数学知识、解决问题的同时，提升思维能力、想象力等思维品质。教科书在发挥工具价值的同时，需以多元化的编写设计与知识内容丰富学生学习中的思维活动过程，激发学生的想象力，有效发挥教科书的价值。

（三）实践逻辑是教科书编写的现实依据

教科书编写最终目的是用于教学实践，进入教学实践场域，静态的教学文本最终会转为动态的使用文本。在用于真实的教学实践之前的教科书编写初期，教科书编写团队就需站在教学视角论证教科书是否被师生所理解、是否为教学留有足够的发挥空间、教科书的可教性如何等问题。

首先，教科书设计能为师生所理解。用于实践的教科书被师生理解的程度直接影响教学的效果，从这一层面来看，教科书编写是至关重要的一环，因为编好教材是提高教学质量的关键，这是个关键要紧的事情②。教科书是经过多次"加工"而形成的结构化的教学文本，里面的知识内容、排版设计、练习设置等经过了反复讨论与研究。教科书中有些字词被特意加点或有些符号被有意加粗或标注、课后练习的提问总是透露出某种价值与意向，诸如此类的设计均是为了增强教师对教科书的理解力，当教师对教科书有了充足的理解与领悟后，才能更灵活地开展教学活动，才能激发学生的学习兴趣与注意力，引导学生理解与感悟教科书，实现知识融会贯通与灵活运用。

其次，教科书编写为教师教学留白。进入教学情境的教科书不再是静态文本，而是动态呈现。动态呈现不仅体现在教师对教科书文本的解读与体验，更表现为在师生互动中推动知识的创造性转化，达成教学目标，实现育人价值。这一动态呈现的过程，是师生互动的过程，师生互动是以教科书为主的教学内容为中

---

① 乔晖.语文教科书变革70年：演进、争议与构想[J].全球教育展望,2019(12):117－128.
② 郭戈.编好教材是提高教学质量的关键［N］.中国教育报,2018－12－26（9）.

介开展教学的，但教科书不是教师教学内容的全部，教师在教学中从传统的"教教材"转向"用教材教"。因此，为了更好地实现育人目标，教科书编写应为教师的教学实践留有足够的自主空间，从教学目标设置、内容选编、体例编排及图文设计等诸多方面进行科学设计与灵活把握，教科书编写为教师教学留白，并不意味着教师可以随心所欲地开展教学活动，因为教师教学是"戴着镣铐跳舞"，这个"镣铐"是由教育目的决定的，也是由教科书的知识特性决定的，在教科书编写之初便已铸成。

最后，关注教科书的可教性。静态的教科书文本关涉"教什么"的问题，而动态的教科书使用文本则更多关注"怎么教"的问题，可教性是检验教科书文本在动态的使用过程中质量高低的重要指标。教科书以通俗易懂的语言将教师与学生连接起来，教师在对教科书的认知与理解的基础上传神地表达出教学要求，达成教学目标。换言之，教科书所需要的不一定是最华丽的篇章，而是最有利于实现教学目标的文字，是既可读更可教的文字①。这里，可读性包含在可教性里面，对教师而言，可教性是在对教科书内容解读基础上，进行自主教学的把握程度。教科书的可教性是以教科书编写的教学留白为基础的，正是因为充足的教学留白，教科书为教师对教学的深刻理解、智慧表达与合理转化提供了自主空间，为教学创新提供了足够可能，进而显示教师教学能力，彰显教师教学风格，更加有效地引导学生深入地体验、理解与感悟教科书。因此，教科书的价值引领、语言表达、文本设计等均应具有可教性，为教师教学提供足够的参考空间，促进学生全面发展的同时促进个体的个性发展。

三、基于教科书编写逻辑的主体行动策略

教科书编写是不同主体协同开展的系统工程，不同主体有着各自独立的分工与任务，也有相互合作的目标与工作。教科书能否在教学实践中有效发挥功用，需要学科逻辑、心理逻辑与实践逻辑三个层面共同努力，三重逻辑涉及的相关主体应相互协同合作，积极地行动起来共同提升教科书的编写质量。

（一）编写团队应共同厘清三重逻辑间的关系

三重逻辑从不同的侧面促进教科书编写的完善，学科逻辑使得教科书内容体

---

① 石鸥，石玉. 论教科书的基本特征［J］. 教育研究，2012（4）：92 – 97.

系形成完整的知识系统以利于构建完整的认知结构，心理逻辑使得教科书知识顾及学生的心理发展规律以易于学生接受，实践逻辑使得教科书能更顺畅地用于教学实践，以更好地实现教学目标。然而，三者之间不是相互孤立、互不影响的，而是相互关联、相互交融的，教科书编写的三重逻辑缺一不可，如果缺少某一方就可能造成教科书编写的偏颇与不足。教科书编写团队厘清三重逻辑间的关系就显得尤为重要。

首先，学科逻辑是基础。按照学科编排的教科书文本，通过一册一册的教科书所呈现出的知识框架与体系，强调的知识重点与难点，明晰学期间、学年间、学段间直接的知识内在的连接点，知识内容要在最大程度上体现学科特色，彰显学科知识的体系与框架，促进知识在学科内部的整合，帮助学生形成较为完善的学科知识体系结构。学科教科书也注意兼顾学科之间知识的融合性，不同学科有着较大的学科差异，但知识之间并没有非常绝对的学科边界，这为学科知识间的融合提供了基础和前提。例如，数学教科书中融入了关于优秀传统文化、爱国主义教育、道德教育等内容便体现了学科知识的融合，拓展学生的学科视野，帮助学生养成跨学科思维，实现学科知识间的连接与融合。同时，学科知识还需考虑学生的生活经验，一、二年级的学生思维以具体形象思维为主，抽象的知识描述不利于学生的理解与掌握，加之认知结构中知识储备的不完善，对某些知识很难较快地在头脑中找到对应的知识并建立新旧知识的联系，这个时候借助学生已有的生活经验激发学生的学习兴趣，将有助于学生较快地将新知识与已有的生活经验联系起来，增强对知识的记忆与理解。依照学科逻辑，教科书编写团队在研读课程标准的基础上，遵循学科范式，选择并编排该学科的知识体系，学科体系的科学性、思想性、系统性等特性得以彰显。然而，在学科逻辑层面，学科知识是否适合某一学段学生的认知特点与思维水平，是较难被顾及的。因此，教科书编写的心理逻辑受到关注。

其次，心理逻辑是依据。心理发展具有顺序性、阶段性、连续性和不均衡性等规律，认知思维由具体直观向逻辑抽象发展，情感由初级情感向高级情感发展等内容都是学生身心发展规律的具体内容，教科书编写需全面考虑学生的身心发展规律。在内容选择上，遵循学生身心发展的顺序性、阶段性、连续性和不均衡等规律，循序渐进地设计知识内容，保障知识间的有效衔接，突出重点知识，注重在学生发展的关键期编排合理的知识内容。在内容整体编排设计上，注意先行组织者在学生知识学习中的作用与价值，借助前言、目录、单元导语等形式呈现出来，帮助学生建立新旧知识相互作用的心理准备，促进有意义学习；选用与设计色彩明亮、配图合理、思想性与教育性兼具的图片辅助学生加深对知识的记忆与理解；以字体加粗、字体颜色标注等形式引起学生注意，激发学习兴趣，帮助学生更好地记忆知识；不同学段的行间距设计、字体大小有所不同，避免视觉疲劳，引导学生科学用眼，保护视力。为了更好地体现教科书知识的心理学印记，编写团队不能也不应无视学生的身心发展规律进行教科书编写，教科书编写团队对教科书知识就进行了以年龄发展规律为标志的学段划分，而人为的学段划分又在一定程度上影响了知识的系统性与完整性。就这样，教科书编写的实践逻辑受到关注。

最后，实践逻辑是参照。教科书编写是为了促进科学的教科书使用，提高教科书使用的效率。在教学实践中，教师应立足于教科书形成自己关于教科书知识内容的理解与领悟，不仅要求教师从整体上把握知识体系与脉络，对知识教学做出明确的规划与设计，还要求教师明晰学生的身心发展规律和已有的知识水平，在教学设计中依照学生的已有知识水平和教科书的知识逻辑来确定知识的重点与难点。学生应在教师指导下结合教科书做好预习、学习和复习，预习使其能明晰知识学习的框架与要点，做好知识学习的准备；学习是教学实践中师生互动中学生主体的意义建构过程，促进学生认知结构的拓展与完善；复习是学生对知识内容在理解基础上的记忆、掌握的过程，以减少知识的遗忘。在教学实施中，教师和学生以教科书等文本为中介构成双边互动主体，作为教学活动的引导者，教师需根据学生对教科书知识的理解情况来调整教学进度，确保学生能接受和理解知识；学生根据教师的讲授和对教科书的理解，积极地对教师的教学做出反馈，确保教学活动的顺利开展。在教学视角中，教师是以教科书为媒介，与学生开展互动式教学，既要关注学科知识的系统性又要考虑学生的心理发展规律，经教师实现教科书知识的形态转化，促进特定学段的学生掌握相对系统的完整知识，实现教学目标。由此观之，如果说前面两种逻辑主要是处于静态的教科书文本的话，那么教学逻辑则是处于动态的教科书使用文本。

在三重逻辑中，学科逻辑是基础，提供教科书学科知识结构体系；心理逻辑是依据，依照学生心理发展规律设置不同学段的知识内容；实践逻辑是参照，教材需"直视"教学现场，参照教学实践场域中教师的教与学生的学，促进知识的动态转化，可见，实践逻辑不仅统摄着学科知识体系和学生心理发展，还起着调和并化解二者之间的基本矛盾的功能①。三重逻辑间相互影响、相互关联，缺一不可，共同构成了教科书编写的关联性依据与参考。

（二）教科书编写团队应进行立足实际的顶层设计

教科书编写质量在很大程度上依赖于教科书编写的顶层设计，教科书编写团队应立足于学科、学生与教学实际进行顶层设计，从理念上引领教科书编写，促进三重逻辑的有效整合，发挥教科书的多重价值与功能。

首先，对教科书编写理念进行顶层设计。哪些知识应被选入教科书？又以何种形式呈现这些知识？如何进行练习设计？这一系列问题说明教科书编写团队不是毫无章法地开展编写工作的，而是有一定的理念作为价值引领的。价值引领使得教科书彰显思想性与科学性，体现国家意志与时代发展需求，着眼于帮助学生习得知识，锻炼能力和培养情感、态度、价值观，促进学生德智体美劳全面发展。因此，"以生为本"的编写理念贯穿于教科书编写的始终，体现在教科书文本的各个部分与板块中。以部编本语文教科书为例，在以立德树人为目标，体现社会主义核心价值观，弘扬中华优秀传统文化的理念引领的基础上，创新性地剔除了一些教学内容，同时又增加了一些新的内容。如传统文化篇目的增加，强调阅读，注重让语文向课外阅读延伸，向学生的生活实践延伸。在小学一年级安排了"和大人一起读"栏目，初高中安排了"名著导读""古典诗文诵读"等栏目。② 这些栏目有助于语文知识的学习，让学生掌握字、词、句、篇；同时能锻炼学生的语言表达能力、文本分析能力、感悟能力；还能陶冶情感、确立正确的价值观，并引导学生体验教科书知识中的真、善、美，帮助学生达成情感、态度、价值观的教育目标。编写理念在坚持知识价值的基础上，体现出时代性与社会性的特色，正因如此，具有逻辑体系的教科书知识系统就需要遵循社会发展与

---

① 杜尚荣，李森. 中小学教材编写逻辑体系的反思与重构：兼论教材编写的教学逻辑体系 [J]. 课程·教材·教法，2014（10）：34 – 39.

② 温儒敏. "部编本"语文教材的编写理念、特色与使用建议 [J]. 课程·教材·教法，2016（11）：3 – 11.

个体身心发展两大规律。

其次，对学生发展目标进行顶层规划。教科书编写团队围绕教育目的，以课程标准为参考，结合学生身心发展规律，对学生的发展目标进行了规划与要求。课程标准关于学生发展有什么理念与要求？学科核心素养在教科书中应该如何体现？这些问题是教科书编写中需要厘清的问题。总体而言，教科书编写需要将国家层面的教育目的在参考课程标准的基础上进一步具体化。例如，学生发展目标上规划要培养学生热爱家乡、热爱祖国的爱国情怀，教科书内容选择上就需有意识地考虑融入爱国的要素，在不同学科以不同的方式呈现爱国内容，以达成对学生爱国之情的培养。语文、道德与法治、历史、政治等学科承担着培养学生爱国之情的使命，而数学、英语、地理、科学、物理、化学等学科也有意识地将中华优秀传统文化、风俗习惯、地标性建筑、国家标志等内容融入其中，引导学生树立文化自信，培养爱国之情。编写团队坚持在"以学生为本"的理念下和在把握学生心理发展的基础上对教科书的知识点与能力点进行明确规划，从教科书的正文系统与辅助系统都做出与之对应的调整，促进学生学科素养的实现，进而提升学生的核心素养。

最后，对教学目标进行顶层设计。目标具有行为导向的功能和作用，编写团队还需以国家教育目的、学科课程标准为指导依据，研究教学中应确立的教学目标是什么；立德树人是培养人才的根本任务，以此为指导，需研究教师的教学目标是什么。教育目的是从宏观层面对国家培养人才的总体规定，以国家层面的教育目的为依据，各级各类学校根据自身人才培养的定位与现实需要，确定学校的培养目标。学校培养目标的落实依赖于课程设置的合理性与具体教学活动的实效性，这里就需要确定课程目标与教学目标。课程目标是课程总体上需要达成的目标，教学目标则是课堂教学的目标，包括学时、单元、学期、学年、学段等类型的教学目标，教学目标是教师与学生双方以教科书为主要内容中介而展开的交互活动。学时教学需要达成什么教学目标，单元教学需要达成什么目标？学期、学年或学段又需要达成什么教学目标？教科书遵循学生的身心发展规律，做出科学的统筹规划，这样的顶层统筹规划有助于编写团队明晰教科书使用的实践困惑，参照教师的教学现实与学生的学习现状。虽然教学目标常出现在教学实践环节，但教科书编写需要有教学目标的体现。在教科书编写开始前的论证环节中，编写团队需要开展有效的论证，着眼于明确的教学目标，看到了教师、看到了学生，才可能保障教科书编写的质量，通过教科书的教学实践促进学生德智体美劳全面发展。

（三）教科书编写团队应合理对接教科书使用的教学实践

教科书编写与教科书使用是理论与实践的促进关系，教科书编写成果最终运用于教学实践，教学实践的成功又反过来指导教科书编写，可见，教科书编写是着眼于教学实践的教科书编写，是有主体互动的灵动的教科书编写。因此，教科书编写团队需要合理对接教科书使用的教学实践，以编研结合的方式促进教科书更加"接地气"，更具备实践参考性。

首先，教科书编写团队各方应协同合作。教科书编写团队涉及学科教研员、教育理论家、学科专家及中小学一线教师等相关主体，不同主体承担着不同的编写任务，有些主体主要是从理论层面进行宏观设计，有些主体主要是在教科书内容选择与编排上进行中观操作，有些主体则会结合自身的教学实践进行教科书文字表达、篇幅容量调整、内容选裁、图表插图设计等微观设计。不同主体所组建的编写团队在厘清三重逻辑关系的基础上需要协同合作，打通理论与实践之间的阻隔，在编写中沟通对话、互通有无，找到教科书理论与实践的连通路径，实现两者间的良性循环。教科书编写团队各方协同合作既有助于教科书编写结合教学实践，也有助于团队以教学实践为参考指导教科书编写，进一步提升教科书编写质量。

其次，教科书编写团队需要倾听来自教学实践的"声音"。教科书编写如何对接教学实践，除了编写团队各方主体的协同合作外，编写团队还需要倾听来自教学实践的"声音"。了解教师、学生和家长如何看待现行的教科书，了解现行教科书存在哪些不足，有哪些改进意见与建议等是尤为必要的。这样的工作能使教科书对于学生而言，更易于学生理解知识与发展能力、更利于学生身心健康发展、助力于学生全面发展；对于教师而言，更便于教师理解与表达教学文本、有助于教师彰显教学智慧、更利于教师思维的可视化。从这一层面上看，教科书编写达成从"教本"到"学本"、从"教教材"到"用教材教"的转变，最终实现教科书编写从静态文本到动态文本转化中的工具价值、育人价值与生命价值。

第二节　教科书编写与心理学理论

教科书编写有着充足的心理学理论基础，学习理论（如认知学习理论、建构主义学习理论等）、目标分类理论等心理学理论均为教科书编写提供了理论依据，在教科书中也可以找到这些理论的印记。教科书是经精心设计而编写成册的教学文本，教科书设计有诸多设计原则，诸如直观性原则、适应性原则、整体性原则、循序渐进原则、科学性原则等，从心理学视角出发，教科书设计便有了更加具体的心理学原则。教科书设计包括体例设计、内容设计、插图设计、习题设计等方面。教科书编写不是无源之水、无本之木，更不是任凭主观判断的知识堆砌，对于教科书编写的科学性问题是广受关注的话题。为了提升教科书编写的科学性，探究教科书的理论基础是开展教科书编写的前提。从认识、建构、目标的心理学视角来看，与教科书编写密切相关的心理学理论有认知学习理论（主要包括认知同化理论、认知发现理论、学习层次理论）、建构主义学习理论与目标分类理论，不同理论具有不同的理论视角，从不同方面与教科书编写相契合，也为教科书编写提供不同的理论参考。

一、认知学习理论与教科书编写

与教科书编写密切相关的认知学习理论主要有认知发现理论、认知同化理论和学习层次理论等理论，这三个理论从学生认知结构发展与完善的视角出发，阐释了教师教学、教科书编写设计、学生学习等方面的问题，对教科书编写具有理论指导意义。

（一）认知学习理论概述

1. 认知发现学习理论

美国认知心理学家布鲁纳（J. S. Bruner）提出了认知发现学习理论，认为学习的实质是学生主动地、自下而上地通过感知、领会和推理形成和发展认知结构，是认知结构的组织和重新组织。认知结构是由个体对过去的外界事物进行感

知、概括的一般方式或经验所组成的观念结构，是一组相互关联的、非具体性的
类别，它可以给经验中的规律性以意义和组织，从而形成一个模式，认知结构的
核心是一套类别及类别编码系统。布鲁纳致力于结构教学的实践改革，提出"任
何学科都可以用理智上忠实的形式教给任何年龄阶段的任何儿童"，学生的认知
发展是形成表征系统的过程，可以将学生认知发展划分为：动作表征、表象表征
和符号表征三个阶段，动作表征阶段（0～2岁）的主要特征是儿童通过对客体
的直接感受或操作来表现；表象表征阶段（2～7岁）的主要特征是儿童能使用
心理意象或表象代替或表现某些事物；符号表征阶段（7岁以后）的主要特征为
儿童通过抽象的符号再现世界，如语言、文字等。为了更好地促进学生表征系统
的发展与完善，布鲁纳提出教材的编写与课程设计均要依据学生表征系统发展的
方式进行，将学科的基本结构放在中心地位。教材的最佳编写方式是"螺旋式上
升"地呈现学科的基本结构，基本的学科结构包括基本概念、基本原理及其内部
规律。

2. 认知同化理论

美国著名认知心理学家奥苏贝尔（D. P. AuSubel）针对机械学习提出了"有
意义学习"的概念，即在学习知识过程中，符号所代表的新知识与学习者认知结
构中已有的适当观念建立实质性和非人为的联系的过程。实质性联系是指新符号
或符号所代表的新知识观念与学习者认知结构中已有的表象、有意义的符号、概
念或命题建立内在联系，而不仅仅是字面上的联系。非人为联系是指符号所代表
的新知识与认知结构中的有关观念表象建立的是符合人们所理解的逻辑关系上的
联系，而不是一种任意附加上去的联系[①]。促进有意义学习的条件有外部条件和
内部条件两种。外部条件是学习材料应具有内在的逻辑意义，这样才能促进建立
实质的非人为的联系；内部条件是学习者有进行知识联系的能力，能积极地促进
已有的旧知识与新知识发生相互作用，这就要求学习者认知结构中必须有适当的
知识，以便与新知识发生联系。认知结构是借助符号的表征学习、概念学习和命
题学习而逐渐形成层次并组织起来的众多概念或观念。有意义学习的内部心理机
制是同化，同化实质上是新知识通过与已有认知结构中起固定作用的知识或观

---

① 莫雷. 教育心理学［M］. 北京：教育科学出版社，2007：53.

念，建立起实质、非人为的联系，进而被同化到已有认知结构中。同化可能导致两种结果，第一种是新知识被理解，融入已有的认知结构中；第二种是新知识不能很好地、很顺利地被理解，就需要调整已有的认知结构。为了更好地促进同化，奥苏贝尔根据新旧观念的概括水平及联系方式，形成了三种模式的命题学习，分别是下位学习、上位学习和并列结合学习。为了更好地促进学生形成认知结构，他强调"先行组织者"作为学习资源的重要引导作用，提出以"渐进分化"原则呈现教科书知识，即先呈现最一般、包摄性最广的概念，然后根据具体细节对它们逐渐加以分化；在对知识辨别异同中促进知识的综合贯通。

3. 学习层次理论

受信息加工理论的影响，美国心理学家加涅（Robert Mills Gagne）提出了关于学习的信息加工理论，其中，在探讨学习条件时，加涅根据学习结果将学习分为言语信息的学习、智慧技能的学习、认知策略的学习、态度的学习和运动技能的学习，学习的目标不同，所需的内部和外部条件也不尽相同。内部条件一般存在于学习者自身，是学习者在学习前就具有的最初的能力、经验或已有的知识；外部条件是独立于学习者之外存在的因素，如教学环境、教学时提供的信息、教学媒体及其他因素。其中，智慧技能的学习是由简单到复杂、由低级到高级的过程，智慧技能要求学生理解和应用概念、规则进行逻辑推理，在各种不同水平的学习中都包含着不同的智慧技能①，他把智慧技能按照不同的层次水平及进行心理运算时的复杂程度分为：辨别、具体概念、定义概念（抽象概念）、规则和高级规则五个层次水平。五个学习层次具有一定的层次关系，具体概念学习以知觉辨别为基础，定义概念学习以具体概念学习为基础，高级规则学习以规则学习为基础，不同层次有着不同的学习任务与目标，这样一来便形成了由低到高递进式的学习层次。

（二）认知学习理论对教科书编写的要求

认知学习理论关于认知结构、同化、认知发展的表征系统、智慧技能的不同层次水平等内容为教科书编写提供了坚实的理论依据，也从心理学的知识论角度为教科书编写提供了理论支撑。

---

① 洪显利. 教育心理学的经典理论及其应用［M］. 北京：北京大学出版社，2011：281.

1. 教科书编写应符合学生认知发展特点

认知结构是认知学习理论的核心概念，教科书如何帮助学生形成较好的认知结构呢？从认知学习理论来看，教科书知识的编排应符合学生的认知发展规律，按照学生认知发展的表征系统由易到难地设计教科书内容。从教科书编写的整体知识框架上看，认知学习理论对学生认知结构发展进行了深入研究，指出学生认知发展的阶段性、层次性、连续性、顺序性等规律，因此，教科书编写须遵循这些规律，知识内容编排设计应从符合表征开始，在对各种符号性知识进行辨别比较分析后，进入具体概念知识，到抽象概念知识、规则知识，最后进入高级规则学习阶段。如数学教科书编写，小学一年级上册最先设计了关于 1~5 的认识和加减法，6~10 的认识和加减法，接下来是 11~20 两位数的认识，最后进行 20 以内的进位加法，知识设计呈现出渐渐上升的过程，符合学生的认知发展特点，使辨别、具体概念、定义概念（抽象概念）、规则和高级规则等智慧技能的思维操作过程得以彰显。可见，教科书知识编写呈现出学科知识"螺旋式上升"的基本结构，以便于学生掌握系统稳固的知识结构。语文教科书编写由字、词、句、篇组成，是由最基础的文字符号开始学习，由易到难，将能力锻炼与道德培养融入知识学习。教科书编写应致力于形成学习良好的认知结构，一方面，在内容选择上应重视学科的基本概念、原理，反映学科研究的方法、过程等；另一方面，教科书内容的组织要有层次性，体现知识内在的逻辑体系①。具有内在逻辑体系的知识，有利于帮助学生形成层次清晰、完整稳固、可利用的认知结构，而完整稳固的认知结构将对学生的学习大有裨益。

2. 重视学生已有的认知结构在教科书编写中的作用

在认知学习理论看来，学生认知结构的形成不是毫无根据的，也不是依赖于外在的行为强化，而是依赖于学生已有认知结构中的知识经验。奥苏贝尔在《意义学习新论——获得与保持知识的认知观》中写道"知识理应是有意义的。它是认知（认识）心理过程中的有意义的产物。在此过程中，'逻辑上'（文化上）有意义的观念、特定学习者认知结果（或'知识结构'）中的相关背景知识（或起固着作用的观念），以及学习者意义学习或者获得与保持知识的'心向'等之

---

① 陈志刚. 基于课程标准的历史教科书编写研究［D］. 上海：上海师范大学，2014：55.

间，会发生相互作用。"① 学生已有的知识结构在帮助学习理解新知识、促进新旧知识发生相互作用的过程中具有积极的作用，这是教科书编写与教师教学设计的现实依据，那么，教科书编写中，如何关注学生已有的认知结构呢？认知学习理论提出了"先行组织者"的概念，先行组织者是先于学习任务本身呈现的一种引导性材料，在学习者已有的认知结构和需要掌握的内容之间架起一座沟通它们的桥梁，帮助学生建立有意义学习的"心向"，如图 3-1 所示。简言之，先行组织者是联通学生已有的认知结构与将要学习的教科书知识内容间的桥梁，桥梁联通才能更好地促进学生有意义学习。因此，教科书编写应设计符合学生年龄特征的"先行组织者"，促进学生在已有知识经验基础上建立与新知识相互作用的心理准备，建立实质性的非人为的联系，促进新旧知识的同化，帮助学生对知识进行理解、记忆、应用等深层次的认知加工。先行组织者被灵活地运用到各学科教科书编写中，教科书中的先行组织者存在于封面、前言、目录、单元导引、（节）课导引等各个部分，且先行组织者符合学生的认知发展特点，对于低年级学段，先行组织者主要以图片、图片辅之以文字的方式呈现，到中高年级学段，先行组织者主要以符号表达的知识内容或启发式问题形式呈现。同时，考虑到学生新旧知识间的联系，先行组织者是与学生已有认知结构的知识经验密切相关的图片或文字内容，以引起学生学习的兴趣，促进学生将已有认知结构中的旧知识与将要学习的新知识有意识地关联起来，建立有意义学习的"心向"。

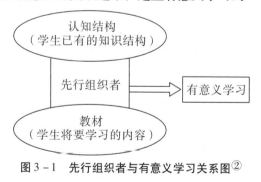

图 3-1　先行组织者与有意义学习关系图②

① 戴维·保罗·奥苏贝尔. 意义学习新论：获得与保持知识的认知观 [M]. 毛伟，译. 杭州：浙江教育出版社，2018：13.

② 黄显华，霍秉坤. 寻找课程论和教科书设计的理论基础 [M]. 北京：人民教育出版社，2005：131.

3. 注意引导学生掌握有利于学习的认知策略

布鲁纳提出认知发展过程的动作表征、表象表征和符号表征。奥苏贝尔提出关于命题学习的三种模式：上位学习、下位学习和并列结合学习。加涅提出关于智慧技能的五个层次。三位学者提出的概念均指向同一个核心问题，即认知结构的发展与完善有赖于合理的认知策略，他们分别提出了感知、领会和推理、同化、概念、规则、高级规则等认知学习策略。对于认知结构而言，需要明晰关于知识的分类，有关于"是什么"的陈述性知识，有关于"为什么"的程序性知识，还有关于"怎么做"的策略性知识，策略性知识主要是涉及方法、策略的认知技巧、方法的知识。教科书中不仅应设计关于"是什么"的陈述性知识，更应多设计有关于"为什么"的程序性知识和关于"怎么做"的策略性知识，因为这两类知识更有助于学生掌握良好的认知策略与智慧技能，使得学生在教师引导下，借助教科书学会学习。有效的认知学习策略有助于学生学会学习，促进其自主学习能力的提升，树立终身学习的意识与理念。教科书编写应有意识地培养学生的认知策略，利用类比、先行组织者、做标记等方式提升学生认知理解的效率，设计策略性的问题提升学生分析与解决问题的能力与迁移能力。教科书编写还应注重通过知识呈现引导学生学习自主学习的策略，通过富有逻辑的知识结构呈现，引导学生自主学习，这与课程标准中所倡导的自主学习理念相一致。富有认知策略的教科书，有助于加强对学生认知与智慧技能训练，提高学生思维能力，使学生掌握运用知识解决问题的策略，提升学生学习的效率。

二、建构主义学习理论与教科书编写

建构主义属于元认知的范畴，不仅是认知的方式也是关于认知的思维方式，是关于相互交流与提出对策建议的理论，学习者双方会无意识地以不同方式互动并调控交流的内容与过程。不同的建构主义者持不同的研究视角，在这诸多的视角里，其共同的整合性的观点是学习是积极主动的过程，而不是独立的，是在已有经验基础上，对概念关系与意义的持续建构过程。建构主义核心思想由杜威（John Dewey）最先提出，后经由众多心理学家、社会学家、文化学家发展，形成了建构主义理论的谱系群。

（一）建构主义学习理论概述

我国新一轮基础教育课程改革将建构主义学习理论作为改革的理论依据之

一，与学习紧密相关的有两个理论，即皮亚杰（Jean Piaget）认知建构主义与维果茨基（Lev Vygotsky）社会建构主义。建构主义学习理论有下列主要观点。在知识观上，质疑知识的客观性和确定性，认为知识不是对现实世界的准确表征，而是对客观世界的一种解释或假设，是基于个人的经验背景建构的，具有个体性、情境性及发展性。在学习观上，认为学习是学习者在一定的情境下借助他人的帮助，利用必要的学习资料，通过积极主动的意义建构的方式获得的。意义建构是学习过程的终极目标，意义是指知识或学习主题的意义，即事物的性质、规律以及事物之间的内在联系。建构主义认为，未来的教学主要是给学习者提供建构的知识框架、思维方式、学习情境和有关线索，而非知识内容本身。在学生观上，建构主义认为由于原有知识经验背景的差异，学生之间对问题的理解具有差异性，学生是在已有图式基础上进行主动的意义建构者，图式经过同化、顺应和平衡的相互作用，推动认知活动的发展，进而逐步构成更高一级的形式。儿童的认知结构就是通过同化与顺应过程逐步建构起来，并在"平衡—不平衡—新的平衡"的循环中得到不断的丰富提高和发展。建构主义的教师观认为教师是意义建构的帮助者和促进者，而不是知识的提供者和灌输者；教师通过设置合理的"最近发展区"，为学生创设良好的学习情境，让学生在这种环境中通过实验、探究、合作学习等方式学习。

（二）建构主义学习理论对教科书编写的要求

建构主义学习理论提出的情境、"最近发展区"、学生已有图式等理论观点为教科书编写提供了坚实的理论依据，也从学生发展的角度为教科书编写提出诸多要求。

1. 教科书编写应注重创设知识学习情境

传统知识观认为，知识是对客观世界的本质反映，客观知识就是真理，强调知识的客观正确性。有研究指出虽然课程改革理念趋向多元化，倡导人本思想，但科学主义工具理性在编写者意识中还占有很大比重。历史教科书编写仍然片面强调基础知识的掌握，文本抽象、简约，内容编写并未发生实质性的变革①，过于抽象、概括的知识并不利于学生知识的理解与迁移。而关于陈述性知识、程序

---

① 陈志刚. 基于课程标准的历史教科书编写研究 [D]. 上海：上海师范大学，2014：51 – 52.

性知识与策略性知识的知识类型划分也说明知识不可能存在统一的标准，与规则、高级规则、抽象概念相关的知识如果离开知识情境，对学生理解知识和灵活应用迁移知识是不利的。建构主义学习理论强调情境在学生知识学习中的重要性，与学习主题内容相似或相近的情境为学生提供理解知识的经验，便于学生进行意义建构。教科书编写应关注知识内容的情境设计，根据学生年龄特点与生活经验，设计符合学生认知发展的知识情境。如人教版义务教育数学一年级上册（2011 年版，2023 年重印）在"认识钟表"中设置了"小宇的一天"，这是与学生生活经验紧密相关的内容设计，具有较强的情境性，学生通过情境代入的方式与自己的生活经验紧密结合，在情境中增强学习的兴趣、加深对知识的理解、获得知识理解与运用的合理方法，并不断完善自己的认知图式。

2. **教科书编写应关注知识与学生生活经验的联系**

与传统知识传授相比，知识与生活经验联系更能激发学生学习的兴趣，更有利于学生进行主动的意义建构，促进认知图式的扩展与完善。杜威强调以儿童生活经验为中心的学习，他认为"心"和直接的作业隔离，就会强调事物而不顾事物间的关系或联结①。这里的"心"指思维，直接作业指经验。在杜威看来，经验有利于训练儿童的思维。教科书编写应注意知识内容与学生生活经验的联系，与学生生活经验紧密相连的知识更能激发学生学习的动机与兴趣，生活经验也是学生开展有意义建构的已有经验，具有基础性的奠基作用。与生活经验紧密相关的知识设计可以设计情境式的生活经验知识，如在问题设计上选择与学生生活经验紧密相关的图片或故事，学生根据自身的体验式建构回答问题，具有很强的情境代入性。部编本义务教育道德与法治教科书从学生生活经验出发设计知识内容，问题探究具有很强的情境性，例如，在三年级上册第 9 课《心中的"110"》中，在"我该怎么办"栏目中设计了两个情境：①如果你独自在家，陌生人或自称熟人的人来敲门，该怎么办？②在公交车上、路上、小区里、校门口碰到陌生人与我们交谈时，怎么办才更好？

3. **教科书编写应强调知识的开放性**

建构主义学习理论的知识观认为知识是对客观世界的一种解释或假设，是基

_____

① 约翰·杜威. 民主主义与教育 [M]. 王承绪，译. 北京：人民教育出版社，1990：157.

于个人生活经验进行意义建构的结果，具有个体性、情境性及发展性等特点。开放、建构、多元等理念为教科书编写带来了更多的机遇，同时也带来更多的挑战。首先，教科书编写应着眼于学生创新精神的培养。创新精神与实践能力是核心素养的关键能力，对于教科书而言，培养创新精神和实践能力应强调教科书设计的开放性。开放性的问题设计、富有想象力的插图设计、多元化的体例均能增强教科书知识呈现的灵活性，使学生运用合理的学习策略与技巧，在教师的有效指导下进行主动的意义建构。其次，教科书编写应为学生提供促进学习顺利开展的"脚手架"。为了促进学生更好地理解知识，教科书在设计时一般会在主题知识显现前，先以图片、故事、问题导语等形式呈现简明扼要、概念清晰的提要，为学生开展学习架构起支架，促进学生对已有经验与学习内容进行意义建构。教科书编写要考虑到知识产生的背景及未来可能的应用情境，利用文本故事情节，营造问题呈现与解决的环境，帮助学生建构知识，在学习的过程中活化知识，实现最优的学习效果①。最后，教科书编写应为教师的教与学生的学预留空间。合作、对话是建构主义学习理论的关键词，要实现师生间的有效合作与对话，教科书编写须打破知识过于封闭的呈现方式，以更加开放、灵活的形式呈现知识，增强知识学习的弹性，为教师的教与学生的学提供充足的可发挥的空间。

三、目标分类理论与教科书编写

美国教育学家布鲁姆（Benjamin S. Bloom）将教育目标划分为认知、情感、动作技能等三大领域，并确定了三大领域的具体指标，形成了目标分类理论。布鲁姆的目标分类理论对教育评价产生了积极的影响，教育评价又反过来促进教育理论研究与实践探索的进一步改进与提升，教科书编写受到该理论的影响便在情理之中了。

（一）目标分类理论概述

认知领域主要目标在于使学生参与智力活动，包括六个层次的认知水平，从最简单到最复杂依次为：（1）识记。主要是学生可回忆、再认或识别的信息，如识记乘法口诀表。（2）理解。学生领会知识，并能借助自己的语言进行转换、

---

① 陈月茹. 教科书内容属性改革研究 [D]. 上海：华东师范大学，2005：39.

推断，如能理解为什么4乘5等于5乘4。（3）应用。将学到的知识运用到新的情境，用于解决问题。如5个小朋友，每人发4本书，共发多少本书。（4）分析。学生能将复杂概念或信息分解成简单的、相互有关联的小部分。如将4×5分解为$2 \times 2 \times 5$。（5）综合。学生能将各要素组合成新的整体。如4乘5等于20，那么就能推算出5乘5是在20的基础上再加一个5。（6）评价。学生能够根据规则、方法等做出一定的判断，根据乘法运算规则，推算出以5为乘数的一系列乘法计算是否正确。情感领域与学生的情感、态度、价值观相关，包括五个层次：接受、反应、评价、组织与内化。动作技能领域包括感知、定向、指导下的反应、机制、复杂的或外显的反应、适应与创作①。每个主要层次目标包括若干依次排列的具体指标，由简单到复杂递进，后一层目标以前一层目标的达成为基础，以此形成目标的层次结构。

（二）目标分类理论对教科书编写的要求

认知领域、情感领域与动作技能领域是相互联系、不可分割的整体，在教科书知识内容上得以整体体现，目标分类理论对教科书编写提出诸多要求。

1. 教科书内容设计应有明确的目标层次

"三维目标"为教师开展教育教学活动提供了方向性指引，而"三维目标"的具体实现也依赖于明确的目标层次，学生对于知识的掌握应该到哪个层次，应该如何让学生感知对知识要求的程度差异，这些都需要以不同程度的语言进行书写表达，形成目标层次明确的知识序列。因此，教科书编写时应对知识内容所应达到的目标进行层次划分，以认知领域为例，这类知识是需要识记、理解、应用，还是需要进行更深层次的分析或综合，这在教科书上应该有明确的表述。语文教科书上关于生字的要求，一部分生字只要求识记，一部分生字不仅要求识记，还要求正确书写，这便体现了目标的层次性。而对于情感领域的目标，通过插图渲染、背诵、问题情境等增强学生对情感领域知识的认知、理解与内化，培养学生对祖国、对家乡、对师长、对朋友等的深厚情感，热爱大自然、爱护小动物，保护环境的环保情感与积极态度，树立正向的价值观。同时，教科书编写需

---

① 克里克山克，詹金斯，梅特卡夫. 教师指南：第四版［M］. 祝平，译. 南京：江苏教育出版社，2007：162 – 164.

秉承教科书知识系统观的理念，在富有逻辑结构的知识体系中形成目标层次，体现知识的单元、学期、学年等不同学习时段的目标层次。

2. 教科书目标设定应具有可操作性

目标分类理论不仅要求教科书内容编写具有明确的目标层次，同时也需注意所设计的具有目标层次的内容是否具有可操作性。目标的可操作性对于教科书编写而言，一方面是指教科书知识呈现要尽量做到思维可视化与具体化。思维可视化是通过引导词让学生清晰理解解决问题的方法、程序或步骤。如，人教版义务教育数学一年级上册在"10以内各数的认识"中，有一题（图形结合）为"小丽和小宇之间有几人？"，要解答这一题，将解题目标以问题表达的形式进行了层次划分，第一步："知道了什么？"，第二步："怎样解答？"，第三步："解答正确吗？"，最后为了巩固所学知识，再列一道与这个问题高度相关的题目于"做一做"中，通过练习理解、巩固知识。这就将内隐的认知活动外化为三个操作步骤，让学生可视化地观察到问题解决的思路与程序，帮助学生学会问题解决的方法与策略。具体化是以明确的语言让学生明确需要获得哪些知识。例如，部编本语文教科书在识字、学生字的目标上有所不同，但都提出了具体的目标，以具体的数量指明学习的要求与目标，一年级上册要求学生认识300个生字，会写100个生字。另一方面，教科书知识逻辑序列由简单到困难，这与布鲁姆的三大领域目标分类由简单到复杂的目标设计相契合，也与学生的身心发展规律相一致。例如，学生从最简单的生字学习开始，初始年级选文内容在文字数量上较少，较为通俗易懂，易于理解，随着学生认知的发展，选文内容在篇幅与复杂程度上都逐渐增加，并且选文内容蕴含更多的深意，需要学生在概括综合的基础上加强深层次认知与理解。

3. 教科书编写应立足于培养学生的核心素养

教科书知识涉及认知、思维、想象等认知因素，也涉及正义、平等等情感价值观因素。三大领域的目标并不是截然分开、相互独立的，而是相互联系的，因此，一方面，教科书编写不应只以某一领域为侧重点设计某一学科教材编写内容，而应将知识、情感、态度、价值观与动作技能灵活地融入编写内容中，通过学科核心素养提升学生核心素养，促进学生健康全面发展。另一方面，教科书编写应以课程目标为方向性引领，避免使教科书成为目标导向过于明显的工具性学习文本，注重学生在学习知识的同时，提升能力，丰富情感，形成态度，树立正确的世界观。将认知、情感、态度、价值观、动作技能等有机整合到教科书编写之中，从整体上提升教科书文本的编写质量。

第三节 教科书的编者意图

教科书是教科书编写者在教育目的指导下，编写出符合国家意识形态、社会发展要求、学生身心发展规律与学科知识逻辑的教学文本，凝结了编写团队对教科书的理解与思考，并将编写旨趣通过教科书编写理念、教科书内容选择、内容编排及文字表达等形式表现出来。在坚持"以学生为本"编写理念指导下，教科书编写者也将学生心理发展的心理学旨趣融入教科书编写的各个环节，其中可以窥见编写者的编写意图与要旨。

一、教科书编者意图的内涵

教科书编者总是带着特定的编者意图选择内容与设计体例，因此明确教科书编者意图的内涵是开展教科书编者意图深入研究的第一步。

（一）意图的内涵

意图是带有一定心理倾向性与目的的心理过程，在西方话语体系中，意图与意向的英文表达均为 intention，意图和意向在具体的内涵上还是有差别的。关于心灵与对象之间的意向关系，在亚里士多德的论述中已有所涉及。但是，"意向"或"意向性"（intentionality）却不是被亚里士多德运用的概念。19 世纪 70 年代，德国心理学家布伦塔诺（Franz Brentano）专门将"意向性"用于设定心理现象的本质特征①。布伦塔诺认为每一种心理现象都包含作为对象的某物，尽管其方式不尽相同，在表象中总有某物被表征，如在判断中总有某物被肯定或否定，在爱中总有某物被爱，在恨中总有某物被恨，在欲求中总有某物被欲求，如

---

① 李义天. 美德伦理视域中的意图、意愿与意志 [J]. 天津社会科学，2020 (6)：28 – 35.

此等等。表象和判断是一个行为者接纳和反映外部世界的心理产物，在这种意向关系的建构过程中，行为者更多地表现为一种被动或承接的角色；行为者的心灵通过这种意向关系所完成的任务，就是尽可能如实地接纳和反映意向对象的本来面目。因此，这种意向性是接纳性和反应性的。与此相比，情感、判断和欲求则更多地表现为投射性和决断性。如此一来，情感、判断和欲求的意向性并不在于如实地接纳和反映意向对象的本来面目，而在于准确地传达和施加意向主体的自我意见①。这里，意向就有两种意思，从第二种来看，"意向"不仅包含心理活动所指涉的对象，而且包含心理活动主体的愿望和企图，这种"意向"便具有了"意图"的意思②。由此观之，"意图"不仅是个体在内心的指向与目标，还由此而形成某种特定的指向与目标，带有较强的实践性，即不仅指向某个对象、事件或某种状态（有所指），而且试图改变这个对象、操作的这个事件或实现状态（有所图）③。因此，意图并不是单单指向某个对象、事件或状态，而是在此基础上要对其进行改造，以使其契合自己的主观目标。罗素（Russell，B.）在《心的分析》一书中提到关于动物饥饿的欲望是一个行为链，即（1）行为相对于实现某种结果的适当性；（2）在获得那种结果之前行为的连续性。这两者都不能超出一定的范围④。一个行为链之所以能够持续，在于有目的地指向某种结果并做出指向结果的可能行为，一个行为链的"意图"就是使这个行为链走向终结的结果，并且在通常情况下，这种结果是用一种暂时的安宁的状态使其终结的——只要它没有被打断⑤。从罗素的论述中也可以看出"意图"是关于行为的意向性，不仅有所指，而且有所图，由此构成密切关联且连续的行为链。

汉语表达中的"意图"与西方语境中"意图"的表达有异曲同工之处。《现代汉语词典》关于意图的解释为希望达到某种目的的想法，这一释义中暗含着指向与目标，"希望达到某种目的"，体现为心理上的"有所指"；在这种指向性目标的驱动下，个体试图做出某种与指向性目的相契合、相一致的行为，以更加靠

---

① 李义天. 美德伦理视域中的意图、意愿与意志 [J]. 天津社会科学，2020 (6)：28 – 35.

② 同①30.

③ 同①30.

④ 罗素. 心的分析 [M]. 贾可春，译. 北京：商务印书馆，2009：50.

⑤ 同④51.

近目标，"想法"则体现为心理上的"有所图"，推动个体从心理层面的意念转化为指向目标的行动。

综上所述，意图是驱动个体做出指向某一特定目标的心理行为倾向。从发生的时间序列上看，在事件发生之前意图便已存在，并指向某一目标，带有明确的目的性；在事件发生之后，可从事件的整体进展窥探出个体在做该事件前的心理意愿与行为倾向，带有回溯、还原事件的意味。从事件发生的历程上看，个体对某一事件的意图，在事件发生的不同阶段，构成了连续的行为链，每一行为都相互联系，紧密相关。

(二) 教科书的编者意图

教科书编写是一项目标性非常强的工作，其终极目标是为各级各类学校提供适合学情的高质量的教科书；教科书编写的具体目标则是为某一学科、某一学段提供适切的教科书。不管是"适合"还是"适切"，在一定程度上都反映出教科书编写最终达到的目标，换言之，教科书编写是在一定目标指导下而开展的实践工作。由此可见，教科书编者开展编写工作有着特定的编者意图。

教科书编写是由教育目的、课程标准、学生身心发展规律等关键要素框定的，其中带有目标性的教育目的与课程标准为教科书编者提供了编写方向，指明在不同学段内容选编与设计的异同。同时，教科书编者会根据学生身心发展规律、学科知识特点等要素将不同学段的目标具体细化为可教授的知识，以学期"册"的形式表现出来，这是编写者将指向性目标付诸实践的行动。

因此，教科书的编者意图是教科书编写者依据教育目的和课程标准的要求，结合学生身心发展规律、学科知识特点与时代特点指向于编写出科学、适切教科书的心理行为倾向。教科书编写是目标性极强的工作，在教育目的与课程标准中均对目标有明确的论述，这便是教科书编写的目标指向性。确定教科书编写的目标指向是一件"有所指"的工作，那么，"有所指"使得教科书编写最终指向哪里呢？这时，教科书编者会做出朝着目标迈进的行动，表现出"有所图"。在"有所指"与"有所图"的共同作用下，教科书编者就如何编写出适合相应学段、学科的教科书做出研读课程标准、开展细致的调研、分析不同学段知识间的关联等指向目标的行动。

在教科书编写工作开展之前，编者意图已非常明确，编写团队明晰了编写方向、编写体例、编写内容范围等宏观层面的内容，这些行动为教科书具体编写提供了可操作的实践方案与指南，在一定程度上保证了教科书编写的科学性，减少内容设计的盲目性。编写工作开展当中，编者会根据具体情况，对教科书编写的具体细节做出调整，使其能更加符合教科书的编者意图。文本在一册教科书中安放的位置、文本选用前后的修改与调整、课后习题的设计等无不反映编者意图。以文本选用前后的修改为例，一篇文本从被发现到选编进入教科书，根据不同的教学目标等需要可能会经过不同程度的修改，而修改的部分恰恰是编者意图的体现。有的文本是节选，有的文本是改编，那么保留的文本删改了什么，又增加了什么，无疑是编者依据教学需要而定的①。就文本改写而言，部编本义务教育语文教科书二年级上册（2016 年版，2023 年重印）《坐井观天》脚注显示"本文根据《庄子·秋水》相关内容改写"，这样的改写，一方面为了更加契合学生的认知规律，以二年级学生便于理解的语言表述坐井观天的故事，以通俗易懂的故事带给学生启示；另一方面彰显语文学科知识的特点，体现语文的工具性与人文性。文本改写便是编者意图的直观体现，达到所指向的育人目标。从封面设计、目录编排到内容选择与编排设计也能窥探出其中的编者意图，但不可否认的是，这些意图是教育目的与课程标准的体现，同时也反映出编者的主观偏好。而教科书编者在开展编写工作的每一步骤时，构成了紧密相关的连续的行为链，相互联系与影响，共同致力于教科书每一部分编写的科学性与育人性。

总体而言，从各学科教科书洞悉编者意图，在目标上体现为教科书编写目标的指向性，在理念上体现为编者编写理念的指导性，在过程上体现为编者编写过程的调控性，由此构成连续关联的行为链。教科书内容设计编排清晰地展示着编者意图，使教师与学生能够明晰编者的真实用意，着眼于教师的教，落脚于学生的学。

1. 教科书编者着眼于教师的教

在提倡"以学生为本"的课程理念指导下，强调教师"用教材教"而不是"教教材"逐渐成为趋势，教科书编写需要对这一理念做出回应，指导教师更合理地使用教科书。"用教材教"的前提是教师对教科书整体结构框架的了解与把

---

① 孟彩. 编者意图：阅读教学亟待关注的维度［J］. 教学与管理，2016（11）：28.

握，这是明确教学目标的基础与前提。不同学科教科书均以不同的形式呈现教科书目录，目录是帮助教师明晰教科书知识内容框架的帮手，能让教师在课堂教学中做到心中有数。具体到内容而言，统编本语文教科书从小学三年级起对课文的课型进行了明确的区分，即精读课和略读课，初中教科书则将"精读"改为"教读"，"略读"改为"自读"，加上课外阅读，构成了"三位一体"的阅读教学体系①。为什么统编版语文教科书强调课型的区分呢？就小学而言，精读课是教师教学的重要内容，要求教师详细讲解，不仅引导学生学会知识，也要教给学生学习语文的方法，激发学生对阅读的兴趣。略读课则更注重对学生的知识拓展与运用层面。面对精读课文和略读课文，教师应采用不同的教学方法，精读课针对不同文体的课文，教师的讲授方法、教学策略应该是有所不同的，引导学生对于不同文体的理解、运用，学会不同文体的阅读及写作策略；略读课则从大方向上给学生以引导，更加强调学生对于略读课学习的应用与理解。课后习题的设计和编排，与课文主题和表达手法有着紧密的内在关联，并以学生现有的认知经验作为教学起点，形成阶梯式的呈现结构。教师需要敏锐地捕捉统编版语文教科书课后习题的这一特点，引导学生在循序渐进的过程中深入理解文本，逐步夯实语文能力。② 教师深刻理解教科书的逻辑框架与编者意图，有助于其对知识在已有经验基础上进行整理加工，以自己独有的方式讲授给学生，发挥教科书的工具价值与育人价值，培养学生的核心素养，在此过程中教师的专业素养也得以提升。

2. **教科书编者落脚于学生的学**

教科书编写最终的目的是通过教师的讲授培养学生的核心素养，促进学生和谐、全面发展。在"以生为本""自主性学习""探究性学习"等课程理念指导下，教科书编者力图使教学中的"教材"转为"学材"，发挥学生的主观能动性，激发学生学习的兴趣与积极性，促进学生感知、记忆、思维、想象等认知要素的发展，同时也注重培养学生积极向上的情感、态度与价值观，使其学会学习。例如，人教版义务教育数学教科书，从小学一年级开始，便以遵循学生认知

---

① 温儒敏，"部编本"语文教材的编写理念、特色与使用建议 [J]. 课程·教材·教法，2016（11）：3 – 11.

② 高杰. 统编语文教材课后习题利用应注重编者意图 [J]. 教学与管理，2020（26）：32 – 33.

发展的心理学规律为依据来设计和编排教科书内容，插图重在为学生提供解题的思维与策略，以可视化的思维方式促进学生对抽象知识的理解与掌握，并在习题的变式训练中学会举一反三、触类旁通，学会知识的迁移。数学教科书不仅注重学生获得数学知识，培养数学概念与思维，也注重在数学知识内容中融合优秀传统文化、爱国主义教育等相关内容，引导学生通过数学知识学习树立积极的情感、向上的态度与正确的价值观。语文教科书依据语文课程标准从知识与能力、过程与方法、情感态度与价值观三个方面设计课程目标与内容，为语文教科书编写提供了依据、指明了方向。关于阅读的课程目标，《义务教育语文课程标准（2011 版）》指出："具有独立阅读能力，学会运用多种阅读方法。有较为丰富的积累和良好的语感，注重情感体悟，发展感受和理解的能力，能阅读日常的书报杂志，能初步鉴赏文学作品，丰富自己的精神世界。能借助工具书阅读浅易文言文。背诵优秀诗文 240 篇（段）。九年课外阅读总量应在 400 万字以上。"依照课程标准，统编版语文教科书小学一年级便编排了古诗；阅读方面小学一年级有"快乐读书吧""和大人一起读""我爱阅读"等栏目，同时阅读实施"1 + X"办法，即每讲一课（主要是精读课）就附加若干篇同类或相关作品，让学生在课内或课外阅读。① 阅读是对教师讲授有益的补充，以多种形式的阅读激发学生对阅读的兴趣，从小养成良好的阅读习惯，增强学生对语文知识的积累，拓展学生的学科知识视域，促进其核心素养的提升。

二、教科书编者意图对教科书编写的影响

教科书编写的最终目标落脚于学生的发展，并在教科书的每一个细节之处都彰显着编者对于落实教育目标与课程标准的努力，也能发现编者对于学生身心发展规律的遵循。教科书编者意图影响着教科书的编写，在一定程度上也影响着学生的发展，最后汇聚为目标的达成度。因此，在论述教科书编者意图对教科书编写影响的时候，主要从学生发展的角度观照教科书编写，学生的认知结构、学生的学习方式、学生的创新精神与综合实践能力等方面均在教科书中有所体现，换

---

① 温儒敏. 用好统编教材，切实提升教学质量：使用统编本小学语文教材的六条建议[J]. 语文建设，2019（16）：4 – 9.

言之，编者意图会影响到这些方面内容的设计与编排。

（一）应注重基础知识在学生认知结构中的作用

"以学生为本"是课程标准中的课程理念之一，坚持以学生为本，才能使教科书真正成为有利于学生学的"学本"。秉持以学生为本的编写理念，教科书编写者更加注重基础知识对于学生认知结构建构的积极作用，强调知识的基础性与结构性的紧密结合，同时强调教科书内容与学生生活经验的紧密联系。

1. 知识的基础性与结构性相结合

认知学习理论非常强调学生已有认知结构的价值与作用，已有的认知结构对于形成与完善新的认知结构具有基础性的奠基作用，因此，强调教科书知识的基础性对于学生掌握知识、发展能力而言至关重要。而认知结构的发展与完善需要知识的连贯性与结构性，教科书编写者的知识设计努力做到知识的基础性与结构性相结合，实现两者的相互促进。

首先，在知识的基础性上，我国的课程目标经历从"双基"到"三维目标"再到核心素养的转向，使得教科书内容设计上看似更加关注素养，而不关注基础性知识，但实际上对素养的关注更要求重视基础性知识，因为基础性知识是提升学科核心素养和综合素养的基石。与20世纪80至90年代的教科书显性地强调基础性知识有所不同，当下的教科书是将基础性知识融入素养性知识当中，对基础性知识的强调并未减弱。小学数学教科书从认识数开始，有的版本将"认识数与简单的加减法"设计为整体单元，如人教版义务教育小学数学教科书；有的版本是在"认识数"之后设计"加减运算"，如北师大义务教育小学数学教科书。统编本义务教育小学语文教科书在学习汉字与拼音的前后次序上做了调整，每一课后面设置有"生字表"与"识字表"等，均体现出对基础性知识的关注与强调。其次，在知识的结构性上，教科书知识的结构性设计是在兼顾学生心理发展与教科书内容的知识逻辑基础上实现的，需符合学生的认知发展规律与心理发展规律，兼顾了显性内容与隐性内容的编排组织，所提供的知识组织形式能适应所有学生，并能满足学生个体的需求，内容中有足够的图表等材料辅助学生对知识的理解[1]。在适应学生认知发展特点与心理发展规律的基础上，结合知识的发展

---

[1] 韩艳梅. 语文教科书编制研究 [D]. 上海：华东师范大学，2004：100.

逻辑，教科书知识由简单到困难的编排呈现螺旋式上升的结构序列，将兴趣培养、思维训练、人格养成、文化熏陶等核心素养融入其中，知识在螺旋式上升的过程中达成一体多维的课程目标。最后，有机地呈现知识的基础性与结构性。教科书每节课、每单元的内容选择与设计上均有基础性知识，同时知识难度呈现出螺旋式上升的态势，将"知识与能力""过程与方法""情感、态度与价值观"融入教科书编写之中，使学生在掌握基础知识的同时，形成关于学科知识的系统结构，帮助与引导学生发展与完善已有的认知结构。

2. 将知识置于具体情境中引导学生理解

建构主义知识观下，知识与问题情境紧密相连，知识被置于某一具体的问题情境，情境与嵌于其中的知识浑然一体，不可分割。对知识的理解是基于对情境的认知，这样的方式有利于引导学生建构新的认知结构。[①] 为了加深学生对情境的认知，立足于学生生活实际设计问题情境就显得至关重要，与学生生活实际紧密相关的知识内容能激发学生的学习兴趣与进一步探究的欲望，因此，教科书编写需设计符合学生生活实际与生活经验的知识情境，以促进学生的认知理解与意义建构。

首先，设计与学生生活经验密切联系的知识情境。教科书内容与学生生活经验紧密联系，在激发学生兴趣、培养美感等方面体现出"以学生为本"的编写理念。与学生生活实际越紧密相关的知识，越能引起学生的兴趣，教科书编者秉持教科书知识内容与学生实际紧密相关的理念选编教科书内容，使得教科书彰显更多的生活气息。人教版义务教育小学数学教科书中有诸多与学生生活实际紧密相连的问题情境，如一年级上册第二单元"位置"中以教室内教师与学生的位置为插图创设情境引导学生学习"左、右"，形象直观，贴近学生生活实际，学生在上课的过程中就可以进行实践性练习，便于学生理解与掌握知识。北师大版义务教育小学数学教科书一年级上册第二单元"比较"单元以"过生日"设计问题情境，拉近教科书与学生的距离，使学生产生亲切感与学习积极性，在快乐的"玩"中掌握知识。设计与学生生活经验紧密相关的知识情境符合学生的认知特点，便于学生形象地理解与掌握抽象的数的概念，将抽象知识与形象的生活

---

① 李俏. 中小学教材建设的探索和实践 [J]. 教育研究，2014（1）：105 – 110.

经验建构起有意义的连接，促进学生认知结构的发展与完善优化。人教版八年级上册物理教科书在内容导引"如何学习物理"中引导学生善于观察、乐于动手，"冰棍'冒'出的'白气'向上飘还是向下落？为什么？"，每一个学生在夏天都有吃雪糕、吃冰棍的经历，而冰棍"冒"出的"白气"是向上飘还是向下落呢？这一贴合学生生活实际的问题，能激发学生的学习兴趣，引发学生思考与探究，并鼓励学生带着问题意识观察生活、体验生活，从中培养学生的探究精神与创新意识。

其次，设计的知识问题情境兼顾区域差异。我国幅员辽阔，城乡差异较大，教科书编写者设计与学生生活经验紧密相关的问题情境需观照城乡差异，让学生在相互交叉的知识情境中理解知识，同时培养学生对祖国大好河山的热爱之情。这样一来，教科书编写中的静态知识到教科书使用的动态知识之间就有了更大的张力，更有利于教师的教与学生的学。人教版义务教育数学教科书一年级上册在第二单元"位置"中以城市里的双架桥为知识情境，引导学生学习"上、下、前、后"的知识，在第三单元"1~5 的认识和加减法"中设置了关于田园风光的乡村情境，紧密相连的两个单元在知识情境设计上融入了城市与乡村的元素，这样的巧妙设计立足于学生生活实际，使城乡学生根据已有经验进行有意义的知识建构，而对于缺乏城市或乡村生活经验的学生，他们也可利用教科书插图创设的问题情境与已有认知结构开展有意义的建构连接，激发学生学习兴趣，学习数学知识，并在此过程中引导学生看到中国城乡差异，培植学生热爱祖国的情感。

（二）应强化学生自主学习、合作学习与探究学习

积极倡导学生自主、合作、探究的学习方式作为课程标准倡导的学生学习方式变革影响着教科书编写者的编写意图与设计倾向。教科书从编排、体例设计、插图等多方面试图引导学生在提高学科核心素养的基础上，进行自主学习、合作学习与探究学习，实现学习方式的转变，教科书"学本"的内涵在这一层面更加得以凸显。

1. 应注重以先行组织者的形式引导学生自主学习

先行组织者是认知心理学家奥苏贝尔提出的概念，主要作用在于为学生新旧知识之间建立桥梁，帮助学生借助已有的旧知识来理解新知识，发展认知结构。教科书编写者应注重先行组织者在引导学生自主学习中的积极作用，通过先行组

织者引导学生自主学习，在各个学科教科书中均可以找到例证，主要有以下三类。第一类，插图式先行组织者。部编本义务教育小学语文教科书，每一单元目录画有一幅有代表性的插图，以起到引导的作用，学生通过看目录和对应的插图，能一目了然地获知这一单元的学习内容，为学生学习提供方向。第二类，语言类先行组织者。部编本义务教育小学语文教科书进入三年级之后，设置了单元导语，单元导语是本单元的核心要旨，提出了单元学习的总体要求。单元学习要求不仅落脚于学生的读写能力，更关注学生整体的语文核心素养，在欣赏美中培养学生的想象力，在创造美中提升学生的语言表达能力。第三类，图标式先行组织者。部编本义务教育小学语文教科书在识字、阅读、口语交际、习作、语文园地等板块中设计了简短而精确的"泡泡"提示语，以思维引导、传授方法等方式激发学生学习兴趣、开拓学习思路，帮助学生养成良好的思维习惯与学习习惯[1]，学生在学习教科书的过程中，多关注"泡泡"提示语对其自主学习具有促进作用。借助先行组织者的引导使学生了解教科书知识的内容框架、重点知识，引导学生自主学习。

2. 鼓励学生开展形式多样的合作学习

马克思指出人是一切社会关系的总和，作为社会性的人不可能孤立地从事某项社会活动，人总是在与他人的合作中谋求进步与发展。合作是新形势下实现共同发展的必由之路，唯有合作才能超越彼此分歧；唯有合作，才能不断扩大共同利益；唯有合作才能有效应对各种挑战，抵达共赢的彼岸。在现代社会，学会学习很重要，学会合作学习更加重要。教科书编写者有意识地设计不同的知识内容鼓励学生开展形式多样的合作学习。第一，角色扮演形式的合作学习。"角色"来源于戏剧，由美国社会心理学家米德将其运用到心理学中，主要指个体在某个具体情境中所具有的身份及表现出的行为模式等的总和。在教学中，角色扮演则是学生根据文本内容体验文本角色的心理感受，并做出适合于这一角色的外在行为。语文教科书中的分角色朗读课文是通过角色扮演进行合作学习的一种形式，部编本语文教科书三年级下册第二单元第六课《陶罐和铁罐》设置了系列课后

---

① 吴子兴. 教科书编者意图的主要来源及把握要点：以"统编本"小学语文教科书为例 [J]. 现代教育科学，2019（7）：152 - 156.

练习，其中一项为"结合课文中描写陶罐、铁罐神态和语言的词句，说说陶罐、铁罐的性格有什么不同，再分角色朗读课文"。学生分角色朗读课文是基于每一个人对课文中人物角色的精准把握，同时每一个角色间的传神演绎还有赖于学生之间的精诚合作与有效互动沟通。这一过程，不仅培养了学生对教科书知识的感悟能力，提升学生的语感与学科核心素养，更重要的是提升学生的合作意识与能力，加强培养学生与他人友好共处的能力，养成适合于未来发展的良好社会品质。第二，游戏式的合作学习。游戏是幼儿和小学低年段学生开展学习的主要方式，以"做中学"的形式认知世界，建构起新知识与已有知识经验间的联系，促进有意义的建构学习，实现知识的同化或顺应，促进认知结构的拓展。部编本义务教育语文教科书一年级下册在"识字"单元的第二课《姓氏歌》，学生学习了朗朗上口的姓氏歌之后，课后要求学生之间"照样子做问答游戏"，学生在问答游戏中对中国姓氏有了更深的理解与感悟，了解了博大精深的中华优秀传统文化，同时，在相互游戏中增进了友谊，促进学生个体社会化。第三，探究式的合作学习。为了更好地引导学生建立新旧知识间的联系，学生学习新的学习任务时可以采取探究式合作学习的方式进行，部编本义务教育道德与法治教科书一年级下册第一课"我们爱整洁"，在进入新课学习之前，便设置了问题情境"互相看一看，我们整洁吗?"，这样的问题设计与学生生活实际紧密相连，激发学生学习兴趣，有利于学生在讨论中集合已有经验，更好地将已有经验与新知识建立联系，促进学生开展有意义的学习。在一项学习任务进行当中或结束后，为了巩固学生对于知识的理解与掌握，教科书会在学生"最近发展区"的范围内设计难度较大学习任务，探究式的合作学习便是一种较为适用的学习方式，人教版数学教科书三年级下册"除数是一位数的除法"课后练习五第11题"同桌合作，从0~9的数字卡片中任意拿出4张，各自编出几道三位数除以一位数的除法式题，并计算出来。互相检查一下，看谁编得多，算得对"，在学生掌握除数是一位数的除法的计算规则与原理的基础上，通过灵活变式的练习题加强学生对知识的理解。同伴间相互合作探究，有助于学生对所掌握知识的举一反三与灵活运用，促进学生对知识的深层次理解与迁移。

3. 引导学生进行深入的探究学习

"学本"化的教科书更加强调在各个知识内容环节中融入学生探究能力的培

养，使学生在教师引导与主动探究中明晰知识的丰富性与知识间的逻辑连贯性，促使学生在对知识的掌握中构建关于知识的整体性架构，在自主合作探究中激发学生从整体架构的知识结构中寻求解决方案，彰显对知识深刻性的领悟，培养学生知识迁移的能力，促进学生创造性思维的发展。教科书引导学生进行深入的探究学习主要包括以下三个方面。第一，鼓励学生自主探究。自主探究是引导学生主动思考、训练学生思维与元认知的重要学习方式。各科教科书均设计有形式多样的自主探究内容，通过问题情境、插图或"泡泡"图标等形式引导学生自主探究。自主探究有利于学生借助教科书完善知识结构、提升认知策略，引导学生开展基于教科书的深度学习。第二，引导学生开展形式多样的合作探究。学生学习不是封闭的，彼此间的相互合作与沟通对话能实现互惠共进，有利于取长补短。在合作能力成为个体在经济社会中长远发展的必备素质时，学校教育也将培养学生合作意识作为其育人目标，教科书编写者有意识地将合作探究融入教科书编写中，直接体现在教科书文本中。第三，鼓励学生积极开展主题探究。主题探究是就某一议题设计探究活动，让学生围绕主题展开探究活动，激发学生学习兴趣，鼓励学生积极参与学习活动，在探究中增强团队凝聚力；围绕主题开展的探究活动，有利于提高学生的研究能力，拓宽学生的知识视野，促进学生核心素养的提升。

（三）应重视培养学生的创新精神与综合实践能力

创新是一个民族进步的灵魂，是一个国家兴旺发达的不竭动力，也是中华民族最深沉的禀赋。教科书帮助学生获得知识，进行基本的技能训练，打好扎实的学业基础；同时，也注重设计开放的富有建设性的问题激发学生的好奇心、求知欲，发展学生的创新思维，培养想象力，开发学生创造潜能，从而提高学生发现问题、分析问题与解决问题的能力，提升学生的综合实践能力。

1. 教科书关注学生创新精神的培养

学校教育强调培养学生的创新精神和创造能力，这一培养目标与课程标准相符，在教科书编写中得以体现。教科书编写者依据课程标准，将自己的编写意图灵活地表现在教科书中，实现教科书的育人目标。教科书中的创新精神主要表现为教科书知识内容能引导学生的独立思考，能激发学生大胆地质疑与批判，知识情境有利于学生间的合作交流。2011 年版地理课程标准指出要关注培养学生创新意识和实践能力，激发学生学习兴趣，培养学生独立思考的习惯，鼓励学生大胆质疑并提出自己的观点、看法，为学生自主学习营造宽松的学习环境①。

首先，关于学生独立思考的教科书内容的编写。教科书具有启智功能，通过学习教科书中的知识，提升学生认知水平，帮助学生独立思考，这是教科书编写者期望达到的心理学效果。教科书编写者在进行教科书编写设计时，关注教科书对学生独立思考的引导。独立思考是促进思维发展的标志，也是思维能力的体现。学生进行独立思考能使学生不拘泥于教科书内容本身与思维惯性，从实际出发，理论结合实际，在明辨是非的基础上分析与思考问题，理清问题的前因后果、来龙去脉，获得对问题本质和规律的认识，从而不断提升思维的广度与深度。各科教科书编写者均有意识地将培养学生独立思考的心理学因素融入教科书编写中，部编本义务教育道德与法治教科书一年级上册"我们爱整洁"问题设计的"这样好不好"，引导学生进行比较与自我反思，并从中形成关于整洁行为的合理认知。人教版义务教育数学教科书一年级下册"20 以内的退位减法"，在"整理和复习"中要求学生在卡片上写出 20 以内的所有退位减法算式并进行整理，在退位减法表卡片下面设计了三个问题，其中第三个问题是"计算第一列算式，你能发现什么？"让学生探寻 20 以内退位减法的规律，通过独立分析与深入思考，理清退位算式间的逻辑关系，获得对 20 以内退位减法算式的规律性认识。除此之外，教科书的文字表达与插图也有助于学生的独立思考，部编本义务教育语文教科书二年级下册第 24 课《羿射九日》，课文标题的文字表达与以往的"后羿射日"有所不同，能引起学生的独立思考。学生预习课文内容时，产生了为什么题目是"羿射九日"，而不用"后羿射日"的思维冲突，引发学生进行思考，通过熟悉课文后便可以做出基本的判断，这个判断是独立思考的结果，在课堂教学时教师的讲解能引发学生的共鸣，从而加深了学生对知识的理解与把握。教科书插图不仅给学生带来美的体验与感受，一幅插图的摆放位置、颜色明暗、插图与正文内容的匹配度等方面的调整均可能促使学生展开独立思考，激发学生的想象力，促进学生认知思维的发展与美感的提升。

---

① 中华人民共和国教育部. 义务教育地理课程标准：2011 年版 [S]. 北京：北京师范大学出版社，2011：21.

其次，关于学生大胆质疑教科书的编写内容。大胆质疑是学生批判思维发展的基础，更是培养创新精神的前提。大胆质疑让学生不拘泥于常规思维，由知识学习向能力发展转变，不盲从教科书，勇敢地对教科书内容表达疑惑，激发学生主动探究的兴趣，激发学生的求知欲。教科书文本不能像百科全书一样呈现全方位的知识，提供开放、有选择的样式，为学生大胆质疑和探究提供更加广阔的空间。部编本义务教育中国历史教科书八年级上册第三课《太平天国运动》的课后活动题为：在"太平天国运动形势示意图"中，找出桂林、长沙、武昌、安庆的位置，思考太平军为什么进展这么顺利？该题目的设计编写者认为太平军从桂林经长沙、武昌到安庆的进军非常顺利，并让学生思考进展顺利背后的原因。但学生如果对太平天国历史有一个初步的了解后，可能会对该题目所要表达的观点存疑，太平军从桂林到长沙，进展非常不利，不但损失惨重，一再错失战机，而且南王冯云山和西王萧朝贵相继牺牲，太平军撤离长沙是在非常不利甚至严峻的形势下做出的被动选择，这是谈不上进展顺利的[①]。学生针对这一问题，不需盲从教科书的问题引导，而应结合自己对中国历史知识的积累与理解大胆质疑，探寻出合乎历史解释的论据。探寻历史事件的因果关系，有助于提升学生的探究能力与历史素养。

质疑精神有利于发散思维的培养，教科书文本应以开放性的问题引导学生发散思维，诸如"关于这一问题，你发现了什么？还有什么方法可以解决呢？"此类的问题能较好地培养学生的发散思维，让学生打破常规思考问题。如果学生的思维被固定在某一点上，学生就无法很好地发现问题，大胆质疑精神势必也受到影响，这样一来，学生就难以从教科书中获得超越文本知识内容的意义与价值。

2. 教科书强调培养学生综合实践能力

学生的综合实践能力是将基于教科书的学习与实践活动密切结合而形成的能力，强调知识与生活、社会的紧密结合，增强学生的问题意识，注重学生在学习过程中主动发现问题、主动探索问题，积极合作，并创造性地运用各种方法解决问题。各科教科书中综合实践活动的设计目的在于让学生在知识与社会生活实践

---

① 赵冠峰. 历史解释切忌泛泛而论：对历史教科书一道课后活动题的探析 [J]. 中学历史教学，2020（5）：21.

的紧密联系中开展一体化的完整探究，在探究中学生需要运用所学知识进行思考与操作，这不仅是对知识的巩固与综合运用，也是对学生综合实践能力的培养与训练。从教科书编写意图看来，苏科版物理教科书中"综合实践活动"的设计有以下追求：为不同学生提供不同的、可供选择的研究课题，学生可以根据自己的兴趣和特长加以选择。关注学生的兴趣和特长，是保证实践活动有效、避免形式化探究的前提和基础；课题具有一定的开放性，不同的学生可以采取不同的方式参与研究，从而得到综合研究的训练；挖掘不同学生的闪光点，采取多元化的评价形式，促进学生富有个性地发展。根据"多元智能"理论，每一个学生都有自己独特的"智能光谱"，所以在教学中应充分关注学生的个性差异，才能使学生的潜能得到发挥①。综合实践能力是学生核心素养的体现，教科书中的活动设计也反映着教科书编写者培养学生综合实践能力的编写意图。综合实践活动设计能激发学生学习兴趣，促进学生综合能力的全面提升。

首先，在学科内容中融入跨学科的内容以拓宽学生的视野。学科内容间不存在非常明晰和清楚的界限，这给学科知识间的互相补充与交融提供基础。学科间知识的相互交融一方面是由学科本身的特点决定的，另一方面也是教科书编写者编写意图的体现，跨学科知识的设计可以激发学生学习的兴趣，并且学生在学习时有意识地将跨学科知识联系起来进行识记，能促进学生视域的拓展，增强思维的广度与深度。这样的知识设计在小学一年级的教科书中便有所体现，北师大版数学教科书一年级上册第一单元"生活中的数"中，学习数字10时，出现了一首古诗中的后两句"亭台六七座，八九十枝花"，以"泡泡"图标的形式给出"这两句诗共有10个字"，并且这首诗中也出现"六、七、八、九"这几个数字是已经学过的数字，学生通过读古诗不仅学习了该节课的内容，还使之前学的内容得以巩固，更容易形成新旧知识间的连接。同时，在学习数字时学习了语文中的古诗，读起来朗朗上口，便于记忆，这样两科的知识内容在无形中实现了有机交融。人教版数学教科书一年级上册第五单元"6~10的认识和加减法"中学习数字8和9时，设置了"热爱自然 保护环境"的插图，将数学与热爱自然紧密

---

① 陈卫春. 深入分析教材结构 切实理解编写意图：苏科版《义务教育教科书物理》的使用建议 [J]. 物理之友，2014（9）：6.

结合，使学生形成数字的概念的同时，树立热爱自然、保护环境的文明生态观，这也是跨学科知识的设置。在部编本义务教育语文教科书一年级上册学习声母"z、c、s"和整体认读音节"zi、ci、si"时，设计了一首《过桥》（图3-2），这首儿歌将三个声母和三个整体认读音节巧妙地融入其中，而儿歌的内容是关于数学的等式计算，这个时候一年级学生接触了简单的数学计算，熟悉数学算式的表达，学生更容易被熟悉的内容激发兴趣，从情感上更容易接受，有利于知识的同化，促进认知结构的完善与优化，也借助语文拼音的学习促进学生综合思维的发展。综合思维是学生综合实践能力发展的基础和先导，能帮助学生形成稳固的认知思维结构，有利于学生增强认知能力和实践应用能力。

guò qiáo
过 桥

shù xué tí   sān sì dào
数学题，三四道，
yì pái děng hào xiàng xiǎo qiáo
一排等号像小桥。
zuò duì le   zǒu guò qiáo
做对了，走过桥，
zuò cuò le   guò bù liǎo
做错了，过不了。
xiǎng yi xiǎng   suàn yi suàn
想一想，算一算，
kuài kuài lè lè guò le qiáo
快快乐乐过了桥。

图 3-2 儿歌《过桥》

　　其次，在综合实践活动中培养学生的综合实践能力。学习教科书中的知识是为了在生活情境中更好地运用，加强知识的综合实践性是课程改革的目标和要求。综合实践活动强调在情境中实践与探究，注重过程性体验与内容的综合性，使学生感受所学知识在生活实际中的作用与价值，引导学生参与实践，在发现问题、分析问题、解决问题中实现知识的迁移与灵活运用。各个学段根据学生的心理发展水平设置了不同的综合实践活动的目标，目标相互联系且有梯度。现以义务教育数学课程标准中的"综合与实践"为例，论证综合实践活动对学生综合实践能力的提升（表3-1）。

表3-1　义务教育数学课程标准（2011版）中"综合与实践"目标①

第一学段（1~3年级）	第二学段（4~6年级）	第三学段（7~9年级）
1. 通过实践活动，感受数学在日常生活中的作用，体验运用所学的知识和方法解决简单问题的过程，获得初步的数学活动经验。 2. 在实践活动中，了解要解决的问题和解决问题的办法。 3. 经历实践操作的过程，进一步理解所学的内容。	1. 经历有目的、有计划、有步骤、有合作的实践活动。 2. 结合实际情境，体验发现和提出问题、分析和解决问题的过程。 3. 在给定目标下，感受针对具体问题提出设计思路、制订简单的方案解决问题的过程。 4. 通过应用和反思，进一步理解所用的知识和方法，了解所学知识之间的联系，获得数学活动经验。	1. 结合实际情境，经历设计解决具体问题的方案，并加以实施的过程，体验建立模型、解决问题的过程，并在此过程中，尝试发现和提出问题。 2. 会反思参与活动的全过程，将研究的过程和结果形成报告或小论文，并能进行交流，进一步获得数学活动经验。 3. 通过对有关问题的探讨，了解所学知识（包括其他学科知识）之间的关联，进一步理解有关知识，发展应用意识和能力。

　　数学综合与实践活动是"基于问题，注重综合"而开展的，体现《义务教育数学课程标准（2011版）》所提出的要求，引导学生用数学的眼光去观察生活，从熟悉的情境中发现并提出问题，调动已有经验分析和解决问题②。义务教育数学课程标准中"综合与实践"依据学生心理发展设计了循序渐进的梯度目标，每一学段的目标相互独立，前一个学段的目标又是后一个学段的基础。通过设置问题情境，培养学生的数感和灵活运用数学解决问题的能力。人教版数学教科书一年级上册"11~20各数的认识""练习十七"第6题，问题转化为"小丽排第10，小宇排第15，小丽和小宇之间有几人？"，在这一问题情境中，排队来

　　① 中华人民共和国教育部. 义务教育数学课程标准：2011年版［S］. 北京：北京师范大学出版社，2011.
　　② 张雷. 在"综合与实践"活动中培养学生"四能"："一亿有多大"教学实践与思考［J］. 小学教学参考（数学），2020（17）：52-53.

源于学生实际，以"知道了什么?""怎样解答?""解答正确吗?"为思路指引，引导学生在数学情境中感悟数学，培养数感，积累数学经验，以可视化的思维方式掌握提出问题、分析问题和解决问题的策略。通过实践活动，感受数学在日常生活中的作用，体验运用所学的知识和方法解决简单问题的过程，获得初步的数学活动经验。教科书中"生活中的数学""数学游戏"等板块设计目的在于将教科书中的知识延伸到生活中，让学生在生活情境中获得对数的感知，形成知识与生活情境的联系，帮助学生进行知识的意义建构，通过设计学习情境，引导学生发现问题，在深入探究、分析问题、解决问题的过程中综合运用所学知识，促进数学学科知识与其他学科知识间的沟通联系，加强数学知识与生活的紧密联系，促进学生学科知识与实践技能的深度融合，实现学生创新意识的提高与综合实践能力的提升。

第四章

教科书编写体例与插图中的心理学

　　教科书作为教学文本，不是将知识内容简单地堆砌在一起，而是具有一定的编写体例，不同学科的编写体例有所差异，体现出明显的学科属性。教科书编写体例遵循思想性、科学性、系统性等设计原则，以彰显教科书编写的科学性与合理性，符合学生的身心发展规律，激发学生学习兴趣。教科书插图作为教科书内容的重要组成部分，其编排设计也遵循一定的科学设计原则，在教科书知识学习中发挥着显著的心理学价值。

第一节　教科书编写体例中的心理学

　　教科书教育属性的有效彰显不仅要求教科书的知识内容、插图、习题等选择、设计、编写得合理与科学，而且也要求各部分的合理组织，形成有机融合的整体，有助于学生学习。因此，教科书编写团队应注重教科书编写体例的价值和意义，同时关注编写体例中隐含的心理学思维对学生学习的积极引导作用。根据教科书文本知识类型的不同，教科书有不同的编写体例，也发挥着不同的心理学价值与作用。

一、教科书编写体例的类型

体例是著作的编写格式或文章的组织形式。① 教科书编写体例主要指教科书的整体架构与格式形式。教科书编写体例与教科书系统有着紧密联系，教科书系统及其内部各基本要素间按不同的排列方式组织编排，便形成了不同的教科书编写体例。教科书知识具有学科差异，教科书编写体例因教科书知识文本类型的不同而有差异。

我国的中小学教科书是依托学科而形成的带有明显学科性质的文本。不同学科培养学生不同的逻辑思维能力，如语文、政治、历史、地理等文科类教科书在编写时较多运用形象的逻辑思维，强调人文性、感性和相对独立性；数学、物理、化学、生物等理科类教科书在编写时，多运用抽象逻辑思维，即核心素养中的理性思维②，这类教科书强调逻辑结构的严密性、知识的系统性与连贯性③。不同的学科教科书知识呈现形式不同，编者的心理学意图与编写体例所发挥的心理学价值也不同。

（一）知识主题体例

2001 年基础教育课程改革启动，为了改变课程以往"繁、难、偏、旧"的困境，文科类教科书在知识呈现上做出了重大调整，突出知识主题，以主题设计教科书编写体例逐渐成为文科类教科书编写的主流模式，但在具体学科内部，也有细微的差别。如语文教科书逐渐形成了"单元—主题"模式的编写体例，高中历史教科书形成"模块—主题"模式的编写体例。

1. "单元—主题"编写体例模式

"单元—主题"编写体例模式是将高度相关的主题内容安排在同一单元内的编写模式。在教科书由"教本"向"学本"的功能转变过程中，语文教科书的编写体例也在悄然发生着变化。20 世纪 80 至 90 年代，在培养学生"双基"的目标指引下，语文教科书加强基础知识与基本能力的知识设计，以系统地训练学

---

① 中国社会科学院语言研究所词典编辑室. 现代汉语词典：第 7 版 [M]. 北京：商务印书馆，2016：1287.
② 林崇德. 中小学教材编写心理化设计的建议 [J]. 课程·教材·教法，2019 (9)：9–11.
③ 石鸥. 教科书概论 [M]. 广州：广东教育出版社，2019：59.

生的基本功，以单元为基础的"训练项目"成为教科书编写的主要模式。以人教社为例，这一阶段的小学语文教科书坚持"以训练项目为核心，以组为单位编排教材，着重培养学生的自学能力。以训练项目为核心组织课文，形成一个个训练组"①。教科书由浅入深、循序渐进地设计读写训练，着力培养学生读与写的基本能力。进入21世纪，基础教育课程改革启动，基于课程标准编写的语文教科书由培养"双基"转向"三维目标"，目标的转向使得编写体例发生变化，"三维目标"的综合立体化，将内容以"主题"的形式组织单元成为教科书新的编写方式，旨在全面提升学生的语文素养。随着改革的深化，部编本语文教科书取代"一纲多本"教科书，主要以"人文主题"与"语文素养"双线组织单元的结构②。

2. "模块—主题"编写体例模式

"模块—主题"是将主题以模块的形式进行巧妙组织编排的编写模式。高中历史以"模块—主题"的编写体例打破了以往的课程构建理念，避免与通史体例的雷同，提倡尊重学生的个性和创造性思维，设置了"本课要旨""历史纵横""学思之窗""探究学习总结"等新栏目，为学生创设自主探索、亲身体验的学习情境，采取纵向跳跃、横向截取典型事件或人物的方法，力求在典型事件或领域作更深入的阐述和更具典型性的探究，使教科书面目焕然一新。③ 有学者认为，高中历史教材"模块—专题"编写体例使历史发展的基本线索被弱化，造成新知识密度过大。但我们认为，"模块—专题"的编写体例所建立的体系并非历史教师所习惯的学科知识体系，而是基于高中学生认知特点的"历史学习知识体系"④。高中历史新课程不仅有体系，而且这一体系是相对完整且符合高中学生认知发展的独特的体系，这是高中历史新课程的一大特点，也是一大亮点。⑤

---

① 郑国民. 小学语文教科书编写体例的比较研究［C］//曾天山，刘立德. 中国教育科研报告：2011第1辑. 北京：人民教育出版社，2011：39.

② 刘景超，安奕霏. 改革开放40年小学语文教科书发展的回顾与展望［J］. 湖南师范大学教育科学学报，2018（5）：65－70.

③ 李玉霞. 高中历史模块专题编写体例的几点思考［J］. 教学与管理，2014（22）：34－35.

④ 姬秉新. 建立适应"历史学习知识体系"的中学历史课程［J］. 历史教学，2006（3）：41－45.

⑤ 王从华. 高中历史教科书"模块—专题"式编写体例的特点与检讨［J］，当代教育与文化，2012（5）：64－70.

（二）知识逻辑体例

与以语文为基础的文科类教科书编写体例不同，理科类教科书更加注重知识发展的逻辑顺序，加强内容间的联系，使学生形成对知识的整体理解，形成完整的认知逻辑结构。知识逻辑体例主要有"模块—单元""大模块—小模块"和"模块—单元—主题"三种编写体例模式。

1."模块—单元"编写体例模式

该模式是将高度相关的内容模块安排在同一单元内的编写模式。人教版数学教科书主要采取"模块—单元"编写体例模式，按知识内容将整套教科书分为几大模块，不同模块组成对应的单元，组合成有机整合的知识整体，每个模块内部有明确的课程目标，也有对应的知识学习方法，不仅注重知识的理解，更注重学生获得学习方法上的思维训练，促进问题的有效解决。模块之间相互整合与贯通，形成富有逻辑体系的知识脉络，使学生掌握数学知识内容间的紧密联系，获得对知识的整体理解，有助于形成完整的认知结构。

2."大模块—小模块"编写体例模式

该模式在大模块要求与目标下，套嵌小模块。教科版小学科学教科书编写体例采用此种模式，教科书由大模块"聚焦、探索、研讨、拓展"与小模块"科学词汇、注意、提示"两大类组成，每一章节均融入科学探究和"人与社会和谐相处"的课程理念，鼓励学生对科学主题进行探讨。"大模块—小模块"体例设计在一个模块内部实现某一具体目标，如"植物"模块重在探究物质、生命科学领域的问题，"比较与测量"模块侧重探究技术与工程方面的知识[1]，但有些模块间未能较好地实现有机衔接，使得教科书知识模块之间的整合性有所欠缺。

3."模块—单元—主题"编写体例模式

该模式是将高度相关的主题内容安排在同一单元内，并以知识模块的形式呈现的体例模式。苏教版小学科学教科书属于此种体例模式，单元主题构成一个学习模块，主要通过行文和图文的形式引导学生进行科学主题的探究活动，行文主

---

① 邵建新，田德旭. 新教科版、苏教版小学一年级科学教材比较分析 [J]. 兵团教育学院学报，2018（6）：74-79.

要阐明某一科学主题的探索过程，凸显学生对知识点的建构、思考、讨论、分析、调查、实验、实操训练等环节；图文展示的内容则是引导学生进行科学探究的注意事项，陈述一些从该主题延伸出的事实性知识①。每一单元主题突出，模块间尽力做到关联与联系，小学一年级上册各模块单元的主题分别为"走进科学""用感官观察""用大脑思考""用双手创造"，让学生对科学形成初步的认识，在此基础上从感官—大脑—双手开启科学探索之路，虽然知识模块间有一定的独立性，有机关联性也并不紧密，但能看到编者为知识间紧密关联所作出的努力与有意识地设计编排。

二、教科书编写体例的心理学依据

教科书编写因组合方式不同而形成不同的编写体例，编写体例作为教科书外在表现形式需考虑学生心理发展规律，反过来也对学生发展产生着影响，编写体例在一定程度上也反映出编写者的编写意图与旨趣。教科书编写体例有其心理学依据，思想性、科学性与系统性等心理学依据为教科书编写体例的科学性、可读性与可理解性奠定基础，可促进教科书编写质量的提升。

（一）教科书编写体例的心理学依据

1. 思想性

教科书体现国家意志。思想性是从培养符合国家需要的公民的角度出发的，具有历时性的特征。在不同身心发展阶段，学生的认知发展、情感态度价值观发展等方面的水平均有所不同，编写者应根据学生身心发展各方面的指标采取动静结合、历时性与共时性相结合的方式来凸显教科书编写体例的思想性。因此，思想性是教科书编写体例中首要的心理学依据，也是教科书编写体例设计时需要遵循的重要原则。

2011 年版《义务教育数学课程标准》指出："数学作为对于客观现象抽象概括而逐渐形成的科学语言与工具，不仅是自然科学和技术科学的基础，而且在人文科学与社会科学中发挥着越来越大的作用"。② 数学教科书以培养学生数理逻

① 邵建新，田德旭. 新教科版、苏教版小学一年级科学教材比较分析 [J]. 兵团教育学院学报，2018（6）：74－79.
② 教育部. 义务教育数学课程标准：2011 年版 [S]. 北京：北京师范大学出版社，2011.

辑为基本出发点，但不是纯粹的数理知识的设计，应将优秀传统文化、数学文化、爱国主义教育、道德教育等融入其中。在整体体例上，数学教科书中的"你知道吗？""生活中的数学""综合与实践课程"等板块内容选择体现数学与传统文化、与生活紧密关联的内容，激发学生了解历史、联系生活，产生对数学的学习兴趣与热情。如人教版数学教科书三年级下册的综合与实践课程"制作活动日历""我们的校园"，将数学课堂延伸到课堂之外，让学生在收集资料、查阅资料、独立思考、合作交流、实践检验、理论推证的过程中，将数学与学生的生活经验紧密联系，培养学生独立思考、合作探究的能力与求真务实的精神品质。

2. 科学性

科学性是教科书编写的基本条件，为了保证知识体系、结构框架的科学与正确，教科书体例设计需要关注科学性问题。教科书知识要确保科学、准确，方能引导学生获得科学、正确的知识，促进其健康成长。但需要强调的是，教科书编写体例的科学性并不排斥教科书在排版设计上的活泼、色彩配比上的明亮等，这些与学生的年龄特点紧密关联，具有显著的阶段性。

课程的组织应将学生的认知结构与教科书的逻辑结构统一起来，由内在外在学习因素的"推拉"作用，而开创积极的学习准备度。[①] 教科书以教育目的为指导，充分考量课程标准、学生身心发展规律和学科知识逻辑的基本要求来进行编写体例设计。课程标准作为教科书编写的纲领性文件，具有文本指导作用与价值。因此，教科书各个环节的编写工作，应以课程标准的要求为依据，全面体现课程标准的理念和目标。教科书体例设计作为教科书编写的整体构思环节，应将课程标准的培养目标、课程理念、学习任务等内容体现出来，在准确理解课程标准的基础上，全面体现和落实课程标准的基本理念和具体目标。结合学生的身心发展规律，第一、二学段的教科书编写体例整体风格相对较为活泼，以形象直观为主，例如，目录采用色条式或图文式以增强视觉效果，激发学生的好奇心，为其进一步学习奠定基础。不同学科有着不同的知识逻辑体系，在体例设计与编排上便有所不同，根据大的文、理学科的学科分类来看，文理科教材主要有知识主题体例与知识逻辑体例的不同，内在设计板块与环节有着较大差异等，各学科具

---

① 陶明远. 试论螺旋型课程结构论 [J]. 课程·教材·教法. 1992 (4)：17.

有明显的学科特征与差异性。教科书编写需考虑学科知识的差异性，提升教科书编写体例设计的合理性与科学性。

3. 系统性

著名理论生物学家 L. V. 贝塔朗菲（L. Von. Bertalanffy）提出了系统论的思想，他认为若干相互关联的基本要素构成系统，系统是一个活跃的有机整体，这个有机整体具备一定的功能以及特性。① 具体到教科书编写体例设计上，运用系统论的观点对学习材料进行系统的安排，可以使得"整体大于各孤立部分之和"②。系统性是从知识的体系化视角出发的，旨在通过教科书整体结构设计帮助学生明晰教科书各板块间的关联，便于其理解知识体系；且在不同知识板块设计上又增强知识的趣味性，提升学生对于知识的理解、记忆与迁移。

教科书组织形式的差异，会直接影响教师对教科书的领悟、影响学生对教科书的理解，进而影响教科书的使用成效。人教版小学数学教科书的"数与代数""图形与几何""统计与概率""综合与实践"的设计是从横向和纵向对知识进行系统设计编排，在横向设计上，三年级上册"数与代数"主要涉及"时、分、秒""万以内的加法和减法""倍的认识""多位数乘一位数""分数的初步认识""数学广角——集合"等内容；"图形与几何"主要涉及"测量""长方形和正方形"，"综合与实践"主要包括"数字编码"等内容。三年级下册"数与代数"主要涉及"除数是一位数的除法""两位数乘两位数""年、月、日""小数的初步认识""数学广角——搭配（二）"等内容；"图形与几何"主要包括"位置与方向（一）""面积"等内容；"统计与概率"主要包括"复式统计表"等内容；"综合与实践"主要包括"我们的校园"等内容。横向设计使得内容从多方面、多维度铺开，让学生全面了解数学的相关知识。在纵向设计上，以长方形和正方形为例，三年级上册安排了长方形与正方形的基本概念和周长的学习内容；进入三年级下册，则继续学习长方形与正方形的面积计算，各阶段知识点前后衔接，分层学习，体现了知识内容的衔接与循序渐进。教科书的体例设计需整体考量学科知识的体系与逻辑，使知识在横向上相互关联，纵向上相互衔

① 李怡. 语文教材编选体系与体例的比较研究：以人教版和统编本七年级语文教科书为例 [D]. 昆明：云南师范大学，2019：10.

② 王雨田. 控制论信息论系统科学与哲学 [M]. 北京：中国人民大学出版社，1988：427.

接，促进学生新旧知识之间有意义的联系，帮助学生理解、掌握与迁移知识，拓宽学生的学科视野。

（二）心理学视角的教科书编写体例实证分析

为了更深入地探析编写体例内部构成要素间的排列组合，本书主要选取小学数学教科书进行比较说明。小学数学教科书作为数学教学的重要文本，数学教科书的体例设计会影响教科书文本的呈现效果与教科书的使用成效，因此，教科书体例设计是教科书编写中需要重点关注的工作。小学阶段，学生思维规则的发展存在三个层次，即一年级、三年级和六年级，学生思维发展关键年龄也处于三年级或四年级①，鉴于三年级是学生思维发展的关键期与学段交汇点，本文选取人教版小学数学三年级教科书为研究对象，对人教版小学数学教科书体例展开分析，以此窥探教科书编写体例中的心理学。

表 4-1 人教版数学教科书三年级编写体例

版本	总体编写体例	单元编写体例	课编写体例
人教版	封面—扉页—版权页—编者的话—目录—教学单元—自我评价—后记	单元主题—单元内容—整理与复习—成长小档案	标题—知识讲解—做一做—练习题（穿插"生活中的数学""你知道吗"等栏目）

1. 总体编写体例设计完整，各部分均发挥不同的心理学价值

人教版小学数学教科书体例的总体编写设计包括：封面、扉页、版权页、编者的话、目录、教学单元、自我评价、后记，其中教学单元是教科书的主体部分（表 4-1）。

教科书封面是教科书的"门面"，封面设计的颜色明亮程度、图案尺寸大小、图案与文字排版设计与比例等因素均影响学生学习兴趣与学习准备度。当教科书封面设计精美，便能使学生产生良好的首因效应，这一心理效应会持续性地影响学生对教科书的学习兴趣；同时，教科书封面上的插图在一定程度上与本学期知识内容有相关性，能让学生为新知识的学习做好心理准备。

扉页和版权页用于介绍本册教科书的出版情况，有助于教科书使用者对教科书版权有清晰的了解与认识。有些学科教科书在扉页上也有插图，通常是封面插

---

① 林崇德. 发展心理学：第 2 版 [M]. 北京：人民教育出版社，2009：272-285.

图的缩小版，也具有知识导引的作用，便于学生借助扉页插图形成关于学期知识的心理准备与定向，做好学习的心理准备。

"编者的话"主要是教科书编写者对教科书内容进行介绍，对学生学习给予指导并提出学习要求。"编者的话"具有先行组织者的作用，能够帮助学生回顾旧知识，使学生形成新知识学习的心向。

目录是书籍正文前所载的目次，是整本教科书知识内容的集中呈现。教科书目录在帮助师生合理使用教科书方面发挥着积极的心理学价值。第一，教科书目录有助于学生快速检索章节知识位置。在目录设计上，每章节标注出相对应的页码，借助目录便可便捷、快速地定位到需要查找的章节内容所在的位置。第二，对知识内容合理归档、分类的教科书目录有助于学生形成关于知识的概貌，在学习过程中给予学生积极的、有目的的教育影响，使学生对学期知识形成一个整体的、系统的认识。第三，教科书目录具有先行组织者的心理学作用，学生在浏览目录时可借助已有知识经验形成关于新学期知识学习的心理准备，建立起有意义学习的心向，促进新旧知识的联系。

教学单元是教科书的主体部分，分单元、章节向学生传达知识内容与学科思想，内容遵循学生认知发展规律，由易到难螺旋式上升地编排单元内容，促进学生更好地理解、记忆与迁移知识。如表 4 - 1 所示，人教版小学数学教科书的内容体例设计上，以单元为基本构成单位，涵盖单元主题、单元内容、整理与复习、单元小结（成长小档案）等内容。具体而言，单元内每个知识点设计 1 ~ 3个"教学例题"，借助丰富的教学情境向学生传达数学内容与思想，以可视化的思维推演训练学生思维，便于学生对知识的理解与掌握，进而达到对知识的灵活运用，达到"为迁移而教"的目的。"单元内容"中的"做一做"与"练习题"设置在例题之后，借助练习帮助学生理解与巩固新知，学会灵活应用知识。这是知识在学科内迁移的重要体现。课中的"生活中的数学""你知道吗?""数学游戏"等板块，依内容情况而定，设计编排较为灵活。这一板块将优秀传统文化、数学文化、爱国主义教育等内容融入数学教科书，激发学生学习数学的兴趣，拓宽学生视野，增强学生学习数学知识的宽度与厚度。"单元内容"中的"单元小结"以对话框的形式提出问题："本单元结束了，你想说什么?"主要帮助学生梳理单元学习重点与难点，对单元学习做出总结与评价，以训练学生概括知识要点的思维能力。"整理与复习"属于阶段性总结，连通多个单元知识内容，让学生融合不同范畴的知识内容，灵活地解决数学问题，在更大程度上促进学生对知识的迁移与灵活运用。

有些教科书设置有自我评价，一般位于一册教科书知识内容完结的后面，是在完成一册教科书的学习后，引导学生对该学期学习表现进行自我评价。如："同学们，这学期要结束了，给自己的表现画上小红花吧!"以人教版数学教科书为例，其评价指标主要包括学习态度、学习习惯、课堂参与度、发现问题与解决问题的能力、合作能力、语言表述能力、独立思考等方面，具体设置有"喜欢学习数学、愿意参加数学活动、上课专心听讲、积极思考老师提出的问题、主动举手发言、发现并提出数学问题、愿意和同学讨论学习中的问题、敢于把自己的想法讲给同学听、认真完成作业"等项目，评价等级分为三级：一级为一朵小红花，二级为两朵小红花，三级为三朵小红花。自我评价属于总结性的自我评价，旨在引导学生养成自我反思的能力，能客观、理性地评价自己在学习中的优劣，使学生在自我总结中不断改进与完善自己，为下学期的学习提供方向。

后记位于书末，一般是对教科书的编写依据、编写团队、修订意见反馈渠道等方面进行说明。可以看出，教科书编写者与出版社均关注教科书的使用意见，期望得到师生的客观科学评价和合理化意见与建议，以修订完善教科书内容。

2. 单元与节的编写体例点面结合，帮助学生掌握与迁移知识

从系统论的视角看，知识的呈现由有着结构性且富有逻辑性的框架体系组成，教科书的知识内容由低年级到高年级形成了由易到难的螺旋式上升的结构框架，整体的知识框架结构内部是由一个个知识单元和知识要点组成，形成了点面结合的知识单元。

以表4-1为例，小学三年级数学教科书中的面即整体，也就是由各个数学知识点汇聚而成的数学单元或板块；教科书中的点即部分，是具体单元内的各个知识点，点在单元中、板块中数量不一。点与面关系即整体和部分的关系，反映了数学的特殊性与普遍性，使得数学教科书各知识点与整体知识体系相互关联，形成密不可分的整体。人教版小学数学教科书在内容呈现上"以点导入、由点到面、点面结合"，构建学生认知结构，在主题单元下分设若干知识点，每个知识点下分设若干例题与练习题，最后将知识点融会贯通，形成练习题。以三年级上

册第八单元《分数的初步认识》为例，该课设计了几分之一、几分之几等知识点，教材首先依次对各知识点进行例题教学，以点切入，然后配以相应的课堂练习题"做一做"，使学生初步理解分数表达的含义，理解与巩固所学的知识点。在此基础上，设计了"练习二十"，呈现本单元不同知识点的内容，引导学生灵活运用知识解决问题，这部分知识为以后"分数的简单计算"与"分数的简单应用"的学习奠定认知基础。在这个例子中，"分数的初步认识"是面，"几分之一""几分之几"是点，"几分之一""几分之几"的学习让学生对分数有了初步的认识；"分数"是面，"分数的初步认识""分数的简单计算"与"分数的简单应用"是点，"分数的初步认识"的学习为后面知识点做铺垫，这种分阶段、有层次的展示最终让学生对分数形成初步认识，引导学生发展与完善认知结构，促进学生知识的应用与迁移，以点带面，点面结合，达成学生对知识的理解、掌握与融会贯通。

3. 具体内容设计上与生活经验紧密相连，促进学生对知识的深度理解

从建构主义学习理论的观点来看，学生的认知结构尚处于不断完善阶段，那么应该如何促进学生对知识的理解与建构呢？从学生的生活经验出发设计知识内容是促进学生进行知识的意义建构的直接途径，这有利于学生结合自我经验对知识形成直观的感知与内在的转化，进而实现认知结构真正意义上的拓展。

以三年级上册第五单元"倍的认识"例题2为例，"教室里扫地的有4人，擦桌椅的有12人。擦桌椅的人数是扫地的几倍？"这一例题是学生清洁教室的生活化情境，与学生生活经验紧密相关；文字表述将解题思路分为三个步骤："阅读与理解"引导学生对已知条件进行分析，"分析与解答"采取数形结合的方式分析问题，并引导学生进行抽象计算，"回顾与反思"帮助学生总结解题思路并作答。例题借助学生直观的生活经验，拉近学生解决数学问题的心理距离，使学生将较为抽象的"倍数"知识与生活经验结合，促进抽象知识的直观化；再借助文字表述"阅读与理解""分析与解答""回顾与反思"三个步骤，以可视化思维帮助学生理解知识与解决问题，促进知识的灵活应用与迁移，拓展学生的认知结构。

数学教科书注重对学生思维的训练，而各种思维能力的训练需要以学生的生活经验为基础，促进学生对新知识的意义建构，实现学生对知识的深层次理解、掌握与灵活运用。一方面，教科书注重解释数学内容的本质，每一个教学例题、课堂练习、练习题、课外延伸都蕴含着丰富的数学内涵与思想①。数学教科书知识内容在于培养学生的数感、几何认知、空间观念、数理逻辑，以提升学生的认知水平，促进学生思维概括化水平逐步提高、思维的抽象程度不断增强。另一方面，2011 年版课程标准明确指出"课程内容的选择要重视学生的直接经验""贴近学生的实际，有利于学生体验与理解、思考与探索"，② 教科书编写者有意识地选择与设计与学生生活经验紧密相关的插图或问题，创设生活化情境，帮助学生身临其境地理解与解决问题，实现知识的灵活运用与迁移。

三、教科书排版中的心理学

教科书排版不涉及教科书中的知识，但排版样式却会对学生的学习心理产生直接影响。教科书的字体与字号、行间距、版面、插图等的设计排版是教科书的物理性特质，也暗含心理学要素，既要做到让学生健康用眼，又要激发学生的学习兴趣。

1. 字体与字号

教科书知识中的字体与字号是学生视觉感知到的最初信息，字体样式与字号大小直接关乎学生视觉神经发育，字体过于纤细、字号过小会影响学生用眼健康，不利于视觉神经的健康发展，影响视力。《中小学生教科书卫生要求》（GB/T 17227 - 2014）对中小学教科书排版、字号、字体等方面做出了明确的规定，2021 年发布的《儿童青少年学习用品近视防控卫生要求》（GB 40070 - 2021）进一步规范了教科书的字体字号。对各学段教科书字体与字号的规定，遵循学生身心发展的规律，年龄越小，学生的视觉神经发育就越不完善，需给予更多的视觉保护，使用易于辨别的字体、较大的字号有助于保护学生的视力，这是从教科书文本源头上做到科学用眼。

2. 行间距

行间距即行空，是字行之间的距离，教科书设计行间距首先要考虑的是使其

---

① 李善良，徐稼红. 2019 版普通高中数学（苏教版）教材编写思路与体例 ［J］. 基础教育课程，2019（19）：53 - 59.

② 教育部. 义务教育数学课程标准：2011 年版 ［S］. 北京：北京师范大学出版社，2011.

符合学生的视觉生理发展规律,其次才考虑提升视觉美感的问题①,行间距过于紧密容易造成视觉压力,出现看错行或视觉疲劳等问题。《中小学生教科书卫生要求》《儿童青少年学习用品近视防控卫生要求》均为各学段教科书的行间距做出了明确规定。《中小学教科书幅面尺寸及版面通用要求》(GB/T 18358 – 2009)还对不同学段教科书的幅面、版心、每面行数、每行字数等有要求。

3. 版面

版面由版心和留白两大部分组成,版心是印刷成品版面中的图文印刷区域(不含出血图像),版心以外的空白区域为版面留白。就教科书而言,版心是核心区域,但版心区域不是越大越好,需要有适度的留白,留白可以对教科书内容起到衬托作用,使其主次分明,在一定程度上消除学生的紧张感,缓解阅读带来的视觉疲劳,还可以为学生做听课记录、学习心得等提供足够的空间②。《中小学教科书幅面尺寸及版面通用要求》规定了各类以文字为主的中小学教科书的版心规格,以图为主的中小学教科书在设计版心时可大于规定尺寸,但订口、切口、天头、地脚宽度不得小于7mm;采用分栏设计的教科书,应视学科特点合理分配栏宽,在达到便于学生学习的最佳视觉效果的前提下尽量提高版面利用率。分栏设计的教科书,版心范围以各栏的外侧边界为准。

4. 插图

插图是教科书文本内容的有机组成部分,是与内容相匹配的图片,以生动、直观的形式激发学生学习兴趣,辅助学生理解知识,启发学生思考,发展学生想象力,给予学生美的体验。总体而言,教科书插图设计也应符合学生心理卫生要求,做到科学性与思想性、目的性与匹配性等的统一。《中小学生教科书卫生要求》指出教科书插图图像清晰、层次分明、无污点,图内说明文字清楚,位置准确;表格线条清楚、均匀,无明显模糊不清③。

此外,纸张的亮白度、印刷墨色、明暗色调等均应符合学生的视觉发展规律,恰当的设计有助于缓解视觉疲劳、保护视力,达到合理使用教科书学习知

---

① 石鸥. 教科书概论 [M]. 广州:广东教育出版社,2020:211.

② 同①213.

③ 中华人民共和国国家卫生和计划生育委员会、中国国家标准化管理委员会. 中小学生教科书卫生要求:GB/T 17227 – 2014 [S]. 北京:中国质检出版社,2014.

识、提升能力、丰富情感的效果。

　　教科书的字号与字体、行间距、版心尺寸、版面留白及插图等诸多方面均要遵循学生的身心发展规律，以科学原则指导教科书的排版与设计，提高教科书编写的科学性，保障学生的用眼卫生，是教科书各类知识视觉要素的体现。

第二节　教科书插图中的心理学

　　教科书作为学生获得知识的主要渠道和进行学习的基本工具，无论是文本还是插图，都需做到科学性与思想性的统一。插图作为教科书的"第二语言"，以一种艺术形式广泛运用于教学，对儿童观察能力、想象力、语言能力、审美能力的培养方面发挥着不可替代的作用[①]。教科书插图在促进学生知识学习、能力发展及情感态度价值观的养成等方面发挥着显著的心理学价值。可见，教科书插图不是可有可无的存在，它能与文本内容一起发挥教育价值，促进学生获得知识、锻炼能力、陶冶情操、提升美感。笔者将基于不同学科教科书插图展开深入分析，为教科书插图的不断完善提供理论依据与参考。

一、教科书插图的心理学价值

　　教科书内容插图虽不是学生学习的主要内容，但其作为知识内容的补充，的确发挥着不可替代的心理学价值与作用。它不仅能辅助学生的知识学习，促进学生加深对知识的理解与建构，还有助于学生能力的发展，促进学生认知能力、理解能力、思维能力、想象能力、审美能力的发展，更能以显性或隐性的方式对学生的情感态度价值观产生影响，帮助学生树立积极的情感、正向的态度和正确的价值观。

（一）教科书插图辅助学生的知识学习

　　教科书插图是教科书文本的知识内容的重要补充，能在很大程度上激发学生

---

　　① 蒲志安. 小学低年级教材插图的认知、教育功能与定位分析 [J]. 课程·教材·教法，2008（9）：7–10.

的学习兴趣与求知欲，使学生产生想学、愿学、乐学的心理动机。

1. 教科书插图启动学生的知识学习

教科书插图遵循儿童青少年心理发展规律与特点。小学阶段学生的思维特点是以具体形象思维为主，形象生动、色彩鲜亮的直观性内容有助于激发其学习兴趣，调动其主体性、主动性。兴趣是最好的老师，明亮醒目的插图让学生产生翻阅教科书的心理冲动，这有助于学生在对插图的好奇心、兴趣的驱使下启动知识学习。第一，作为先行组织者的教科书插图，广泛地出现在封面、前言、目录、单元导引、（节）课导引等部分，激发学生的学习兴趣，以已有的旧知识经验帮助学生做好新旧知识相互作用的准备，为学生有意义学习奠定心理基础。例如，部编本语文教科书一年级目录采取了图文式的目录类型，其中的插图对于激发学生学习单元知识、调动学生的学习兴趣有着积极的作用，如上册在"汉语拼音"单元目录旁边有一幅学生朗读拼音"a"的插图，对朗读"a"时的动作、嘴形、身段等都有较为细致的刻画。这个插图让学生有模仿朗读的欲望，学生在教师的引导下便能较快地学会汉语拼音，为进一步深入学习做好了心理准备。第二，在教科书文本中，根据不同学科知识类型的差异，教科书插图以背景或知识辅助的形式出现。如在语文教科书中有较多的文本插图是教科书知识内容的背景，为学生学习知识创设了适宜的情境，使学生能进一步展开学习。例如，部编本语文小学一年级上册拼音《d t n l》儿歌《轻轻跳》中，"小兔小兔轻轻跳，小狗小狗慢慢跑"配图为一只小狗跑和一只小兔跳。当然，语文教科书中也有与知识点紧密配合的插图，如部编本语文一年级上册第10课《升国旗》，一幅与文本内容高度匹配的插图呈现在文本的左边，促进学生结合已有的参与升国旗的经验来认识本篇课文，促进学生对知识的加工与分析。

2. 教科书插图引导学生对知识内容的理解

对于形象思维占据主导的小学生而言，单纯的文字符号并不利于学生对知识的理解与掌握，引入主题匹配、色彩适宜、明暗亮度合适的插图辅助学生对知识的理解能起到事半功倍的效果。第一，教科书插图与知识内容相匹配，可引导学生加强对知识内容的理解与记忆。语文知识的识记主要强调学生以感受、体悟、想象等形式对知识进行整体建构，并在此基础上理解识记。部编本语文教科书五年级下册第1课《古诗三首》，第一首古诗为宋代诗人范成大的《四时田园杂兴

（其三十一）》，描写了安静恬淡的田园风光，如何引导学生理解这首诗，并避免简单的机械记忆而是在理解的基础上记忆呢？这节课的插图在一定程度上为学生思考、想象提供了基础，教师可引导学生借助插图在头脑中勾勒古诗内容的场景，建构关于"四时田园"的美好画面。对照插图，在教师的讲解与引导下，学生可将自己的知识经验、内在知识建构与教科书文本、插图及教师讲解相对接，形成对知识的有意义理解，建立新旧知识间的联系与相互作用，促进新知识在认知结构中的同化。在理解的基础上，当学生能回忆头脑中建构的连续画面时，便能较快地达到对这首古诗的记忆。能将古诗流利地背诵下来就是记忆的一种外部表征，而其内在的认知表征则是这首古诗与已有旧知识形成实质的、非人为的有意义联系，较为稳定地存储在已有的认知结构中。这便是在理解基础上的记忆，能在头脑中保持相对较长的时间，提取也相对较快。第二，教科书插图以贴近学生生活经验的图片促进学生对知识的理解与应用。如数学教科书中关于"长方体和正方体"的学习，便选用了生活中的林立高楼、冰箱与灶台等长方体或正方体的图片。借助插图的直观引导，在教师指导下帮助学生更好地理解"长方体和正方体"的内容，并学会运用知识解决问题，做到在理解知识的基础上进行巩固与迁移。

（二）教科书插图促进学生的能力发展

教科书借助形象直观的插图，引导学生如何记忆、如何观察、如何思考、如何想象、如何行动与操作、如何进行语言表达等，以此培养学生的认知能力、语言表达能力、动手操作能力等，促进学生的全面发展。

1. 教科书插图促进学生认知能力的发展

记忆、观察、思维等内容属于认知范畴。首先，教科书插图帮助学生进行知识记忆，一方面帮助学生理解与巩固知识，另一方面合理使用插图进行识记是一种有意识记、一种理解记忆，学生印象更深刻。例如，对教科书中各类符号的学习，单纯出现汉语拼音、英文字母或数字等符号对于初学者而言比较枯燥，不利于其开展有意义学习，如果以形象直观的图片为辅助帮助学生理解和记忆，则有助于学生在头脑中建构关于知识的直观印象，帮助学生对知识进行理解与记忆。其次，在教师引导下，学生借助插图找到与知识点匹配的关键部分，这需要学生集中注意力，全心投入，在理解知识的基础上仔细观察插图，找出对应的内容，这不仅能锻炼和提升学生的观察能力，还训练了学生的专注力，使学生养成学习时集中注意力的习惯。如：利用插图对比分析等腰三角形与等边三角形的异同，是建立在仔细观察的基础上的。观察能力是一种综合化的能力体现，不仅需要学生指向于某一事物，并集中于这一事物，还需调动大脑神经系统进行思考，与已有知识关联并进行分析比较，最后得出解决问题的方案与方法。最后，教科书插图有助于训练学生的思维能力。小学阶段，学生的思维具有很大的弹性，他们逐渐从学龄前期的"思维不可逆"慢慢地发展为"思维可逆"，教科书中也出现大量关于思维可逆性的训练。如"5＋4"和"4＋5"的结果是一样的，从"5＋4＝9"这一算式可推导出"9－4＝5"，这不仅训练学生的数学计算能力，更是对学生思维可逆性的训练。借助直观插图辅助学生展开空间想象，有助于学生解决问题。借助教科书插图理解知识有助于提升学生的概括能力。如在人教版数学一年级上册第四单元"认识图形（一）"的"做一做"板块，呈现不同的几何图形让学生探寻"你能发现什么？"在此过程中，学生要理解并概括出不同图形的名称，如圆柱、球形、长方体等。在借助直观插图理解立体图形的过程中，学生要以拆解、拼凑的方式形成空间知觉能力，这有助于发挥学生的空间想象力，促进学生对知识的意义进行理解与深层次加工。教科书插图的开放性为学生创造了充足的想象空间，当学生看到部编本语文一年级下册课文第3课《四个太阳》的插图时，在自己头脑中又会勾勒出何种图景呢？课后练习题要求学生"说说你会为每个季节画什么颜色的太阳，试着画一画，并说明理由"。"画出自己心中的太阳"是创造性思维的外显化。

2. 教科书插图促进学生语言表达能力的发展

此部分以部编本语文教科书为例。

语言有口头语言与书面语言之分。在语言发展上，儿童口头语言的发展早于书面语言，教科书设计遵循这一规律，内容设计由口头语言训练逐渐向书面语言训练过渡，并且辅之以形象生动的插图。插图为学生理解内容创造了充足的空间，增强了内容的可读性、可理解性，促进了学生语言表达能力的提高。第一，关于口头语言表达能力的培养，教科书遵循学生语言发展的规律，设计由大人带着读到自主阅读的过程。朗读课文是训练口语能力的重要途径，除了课文，教科书还设计了专门训练口语表达能力的板块。部编本语文教科书内容设计在第一、二学段都有"口语交际"板块，内容主要为"看图说话"，以色彩明亮的插图引导学生将图片上看到的内容表达出来，如一年级下册第一单元"口语交际"主题为"听故事，讲故事"，要求学生一边看图，一边听老师讲故事，再自己讲讲这个故事。借助插图，学生用口头语言将看到的内容表达出来，能促进学生口语表达能力的提升。一年级"语文园地"中设计了"和大人一起读"，每篇内容都配有精美、适切的插图，帮助学生理解的同时更好地表达内容；二年级设有"我爱阅读"，如，二年级上册"语文园地二·我爱阅读"的题目为《十二月花名歌》，文本内容引导学生识记与理解，插图辅助学生更好地将文本内容表达出来。除此之外，"读一读""日积月累""快乐读书吧"等多有训练学生口头语言表达能力的内容。第二，关于书面语言表达能力。书面语言发展以口头语言为基础，相较于口头语言发展相对较晚，需要较高级的思维活动参与。当主体将看到的事物在头脑中组织、加工后说出来便是口头语言，用文字表达出来则是书面语言。呈现的书面语言是脑与手协同作用的结果，协同作用中伴随着复杂的思维认知活动。语文教科书中的习作是训练书面语言的形式，且占据重要地位。与书面语言训练相关的板块也大都以色彩鲜亮、主题明确、生动直观的插图引导学生插上想象的翅膀，以书面语言将自己的所思所想顺畅地表达出来。

3. 教科书插图促进学生动手操作能力的发展

可观、可参考、具有指导性的插图有助于学生提升动手操作能力。如，教科版科学教科书"拼接一张四季变化图""给小鸟建一个家""做帽子"及各类知识、实验技能，都附有直观的图片，呈现动作操作的步骤与注意事项，帮助学生探究科学知识，优化自己的认知结构，提高动手操作能力。

（三）教科书插图引导学生美感的发展

美感属于高级情感，教科书中存在大量美的内容，诸如自然美、社会美、艺术美和科学美，其中教科书插图也以其特有的方式引导学生发展发现美、欣赏美、创造美的能力，培养学生的美感，从而达到真善美的和谐统一，促进学生的全面发展。

1. 教科书插图引导学生领略自然美

大自然的美无处不在。借助教科书插图可引导学生感受与体悟大自然之美。如语文教科书中展现绿树红花、草长莺飞、金色秋天、荷叶田田的插图，科学教科书中展示了许多关于自然奇观的插图……这些插图带领学生感受自然之美，培养学生发现美、欣赏美、创造美的能力。教科书插图是对美的直观表达方式，能使学生萌生热爱大自然的深厚情感。

2. 教科书插图引导学生体悟社会美

社会美与道德层面的"善"的内容紧密相关，助人为乐、关心他人、尊重师长、团结同学、热爱集体等内容都属于审美的范畴。例如，语文教科书《开满鲜花的小路》的插图色彩清新、颜色亮丽，与文本内容高度匹配，使学生感受到友谊的美好与温暖，懂得给他人以温暖与关心，成为一个关心他人的、有爱心的人。《千人糕》的插图（图4-1）为学生描绘了千人糕的生产过程，使学生感受到相互协作的美好与力量，引导其在日常学习生活中养成与人合作、共享的美好品质。道德与法治教科书中有许多与社会美内容相匹配的生活化的插图，这些插图启发学生提升自身的道德修养。

图4-1 部编本义务教育语文教科书二年级下册《千人糕》

3. 教科书插图引导学生感受、发现与创造艺术美

艺术美是人类对美好事物的艺术化表达，带有更多的主体价值倾向，包含一

定的情感态度与价值观。教科书插图有时也可以视为一件件艺术品，具有艺术美，带给学生艺术的熏陶和心情的愉悦，使学生学会欣赏美、发现美、创造美，让生活充满艺术的气息。

4. 教科书插图引导学生体验科学美

科学美带给人的是严谨、求真的感受，富有科学精神。数学教科书中的抛物线、黄金分割比例、勾股定理等内容所呈现出的科学美，让人感受到科学知识背后难以言说的严谨美与艺术美；化学与物理等教科书中精密的实验插图，引导学生探索科学奥秘，让人感受到科学世界求真务实的精神与坚忍意志。

二、教科书插图的设计原则

教科书插图的选择与设计不是随意的，需要遵循一定的设计原则，以提升教科书编写的科学性与整体质量。教科书插图设计需符合国家主流意识形态与价值导向，体现思想性原则；需要符合学生的认知发展特点，体现科学性原则；插图须与文本内容相符，体现匹配性原则。

（一）思想性原则

思想性原则是指教科书插图应具有一定的育人价值，传达育人思想，促进学生全面而有个性地发展。思想性原则是教科书插图设计的首要原则，教科书以不同的知识形式承担与落实立德树人根本任务，发挥教科书的育人价值与功能。教科书体现国家意志，传承社会主流价值观念，这就要求教科书编写需要具有思想性，体现育人主旨。这一要求也要在教科书插图设计中体现。

1. 教科书插图须艺术地表达文本内容

教科书插图是以艺术的手法表达教科书文本内容，使其显示教育力量。如部编本语文教科书《我是什么》《小蝌蚪找妈妈》《妈妈睡了》《邓小平爷爷植树》《难忘的泼水节》《我是中国人》《开国大典》《大禹治水》等文章中的插图以不同的插图类型、艺术表现手法向教科书使用主体传达着特定情感与思想，引导学生热爱自然、关心他人、热爱祖国，养成坚韧不拔的优良品质，以无形的力量引导学生积极向上、锐意进取。科学等学科教科书插图所透露出的科学精神、求真务实的态度也是一种无形的教育力量，引导学生形成仔细认真的学习态度、严于律己的学习行为、严谨务实的价值倾向。

2. 教科书插图须促进学生全面健康发展

教科书编写者应巧妙地借助插图开展社会主义核心价值观、爱国主义、集体主义、社会主义等方面的教育，让学生获得知识的同时，培养高尚的道德情操、热爱祖国的深厚情感、文化自觉的自信，承担起传承人类文化精华的使命，养成理性的跨文化意识与国际理解能力，致力于培养具有文化底蕴、国际视野、担当民族复兴大任的时代新人。语文、历史、道德与法治及思想政治在培养学生的道德情操、爱国情感、文化自信、法治意识等方面具有天然的学科优势，应设计大量富有思想性和教育性的插图。其他学科教科书中也有许多关于爱国主义、传统文化等方面的插图，能对学生产生潜移默化的影响。

(二) 科学性原则

科学性原则是教科书编写的重要原则之一，主要指教科书插图的选择与设计不是随意的，需在参照相关政策文件与课程标准的前提下，将学科特点与学生身心发展规律相结合，科学地选择合适的教科书插图。

1. 教科书插图须符合相关政策文本的标准要求

1987 年国家教育委员会颁布的《中小学教材审定标准》对教科书插图提出了明确的审定标准与要求，"画面构图合理、主体突出，所表现的内容无科学性错误"[①]，《中小学生教科书卫生要求》对教科书插图也做了规定与要求，指出"单色印刷教科书墨色均匀，彩色印刷教科书套印误差≤0.2mm。插图图形清晰、层次分明、无污点，图内说明文字清楚，位置准确。表格线条清楚、均匀，无明显模糊不清。页面干净，无明显折痕、脏迹"[②]。《中小学教材编写审定管理暂行办法》指出，"教材审定原则是符合国家法律、法规和政策，贯彻党的教育方针，体现教育要面向现代化、面向世界、面向未来的要求。体现基础教育的性质、任务和培养目标，符合国家颁布的中小学课程方案和学科课程标准的各项要

---

① 中华人民共和国国家教育委员会. 中小学教材审定标准 [S] //何东昌. 中华人民共和国重要教育文献 共三册 [M]. 海口：海南出版社，1989：2675.

② 中华人民共和国国家卫生和计划生育委员会，中国国家标准化管理委员会. 中小学生教科书卫生要求：GB/T 17227 – 2014 [S]. 北京：中国质检出版社，2014.

求。符合学生身心发展的规律，符合国家有关部门颁发的技术质量标准等"①。这些文本从政策层面对教科书插图的选择、设计做出了严格的要求，要求教科书插图要精心挑选与设计，保证科学性。

2. 教科书插图须符合学生的身心发展规律

学生的身心发展具有顺序性、连续性等规律，这为教科书插图设计提供了心理学依据。通常情况下，低学段教科书中卡通类插图较多，色彩鲜亮、活泼可爱，有助于吸引学生的注意力与激发其学习兴趣；高学段更加强调对学生思维的训练与知识内容的引导性，写实类插图逐渐增多，关于社会情感的插图也在不断增加，以促进学生全面健康发展。

3. 教科书插图须体现学科知识特点

教科书插图在不同学科中的呈现有所差异，彰显学科特色。科学、物理、化学等学科教科书重在引导学生探究真理，求真是插图的重要职责，如科学教科书插图更多以写实类的人物、动物、植物、景观等为主，卡通类插图相对较少。语文教科书以其丰富的人文性与思想性，培养学生的民族精神与国家情怀，有大量采用拟人化手法创作的卡通插图，以表达对己、对人、对家乡、对祖国、对大自然等的真挚情感与积极态度，引导学生形成正确的价值观。教科书插图的学科差异性正是其科学性的体现。

（三）匹配性原则

匹配性原则指教科书插图与教科书知识内容相符合，是一致对应的关系，匹配性原则是对教科书插图设计的更细致化的要求，使教科书插图与学科知识、学段知识及具体的知识点均做到对应与匹配。1987 年国家教育委员会颁布的《中小学教材审定标准》对教科书插图提出了明确的审定标准与要求，"照片、地图、插图和图表要和教材内容紧密配合"②，为此后教科书插图设计明确了要求，也促进教科书编写不断科学化。

---

① 中华人民共和国教育部令第 11 号：中小学教材编写审定管理暂行办法 ［EB/OL］.［2001 – 06 – 07］. http://www.moe.gov.cn/jyb_xxgk/gk_gbgg/moe_o/moe_16/tnull_126.htm

② 中华人民共和国国家教育委员会. 中小学教材审定标准 ［S］//何东昌. 中华人民共和国重要教育文献　共三册 ［M］. 海口：海南出版社，1989：2675.

1. 插图与学科知识的匹配性

学科知识因学科性质、学习任务的不同，插图设计表现出较大差异。如语文教科书插图中有与文本高度适配的展现绚丽景色的图片，有部分插图具有绘本插图的特点。各科教科书插图要做到与学科知识的匹配，给学生以真的启迪、善的引领与美的陶冶，促进学生全面而富有个性的发展。

2. 插图与学段知识的匹配性

因学生心理发展具有显著的阶段性规律与特征，教科书插图设计需遵循这一规律性特征。如，第一学段学生以形象思维为主，插图设计也多以直观形象、色彩亮丽、契合学生生活经验的图片为主，注重在直观引导中训练学生思维；第二、第三学段插图设计理念逐渐趋于理性，色彩明亮的插图相对减少，多了几分冷静，插图辅助性的作用增强，给予学生思考与启迪，使学生获得解决问题的思维引导。如小学科学教科书中关于科学探索的展示性插图相对较多，主要是引导学生在动手操作中探索科学奥秘，培养初步的科学素养；初中的物理、化学教科书中关于实验的插图相对较多，指导学生理解与掌握知识背后的科学原理，并学会灵活运用科学知识，提升学生的科学精神与素养。

3. 插图与知识点的匹配性

有些教科书中的知识点也设计有相应的插图，以辅助学生对知识的理解与掌握。如果插图与知识点内容匹配度不高，启发性、引导性的教育价值不高，则会影响学生理解与记忆知识。教科书关于立体图形的知识点往往设有学生常见的立体插图，再引出知识点，以激发学生的学习兴趣与积极性；一首意境悠长的古诗，插图也是富有意境的，使学生体悟古诗所表达的韵味。同时，教科书插图与知识点的匹配还需考虑与学生生活经验的紧密联系，使插图与知识点达到高度的匹配，促进学生在已有知识经验的基础上学习与理解新知识，帮助新知识的同化，促进认知结构的优化与完善。

三、教科书插图的类型

教科书插图辅助学生对知识内容的理解、巩固与应用。教科书中不同位置、不同知识类型插图的呈现形态是不同的。依据不同的标准，教科书插图可分为多种类型。

（一）依据教科书插图位置分类

根据插图在教科书中的位置，可分为封面插图、扉页插图、目录插图、正文插图、练习插图等。

封面插图是附在封面上的插图，色彩亮丽、与学期内容相匹配，目的在于借助直观形象的插图激发学生的学习兴趣，让学生产生愿意、乐意翻开教科书的动机。这类插图体现出学科差异性与学段差异性。例如，语文教科书封面插图颜色鲜艳、热情饱满，数学教科书封面插图简洁明快、严谨务实，体现了学科差异；在学段差异性上，低学段教科书封面插图的色彩亮度与对比度相对更大，给予学生以良性的感觉刺激，高学段教科书封面插图的色彩设计、图片主题选择等更加理性，符合学生由形象思维向逻辑思维逐步发展的思维特点。

扉页插图大多是对封面插图的"节选"或"复制"，起到强调主题的作用，比如外研社英语教科书（一年级起点）一年级上册扉页插图节选了封面插图中的人物，其他的背景图片则没有呈现；苏教版科学教科书三年级上册扉页插图节选了封面上的放大镜，利用放大镜看到的内容则没有呈现；四川省义务教育地方课程教材《生命·生态·安全》三年级下册扉页插图采取淡化图片、截取椭圆形图片等方法重现了封面插图（图4-2）。

目录插图是在目录中插入适当的图片，以辅助学生对单元主题的理解。目录插图在图文式目录中发挥着先行组织者的作用，引导学生将新旧知识积极互动、联系，促进对新知识的有意义学习。

正文插图是在教科书正文中插入的图片，正文插图是教科书插图的主体，帮助学生更好地理解与掌握知识内容。

练习插图是在练习题中设计的插图，旨在引导学生借助插图理解题目要求，提高解决问题的效率。例如，数学教科书练习题中有大量的插图，且学段越低，插图越多；这些插图能以直观形象的方式帮助学生学会合理阅读插图，以此来解决问题。

图4-2 四川省义务教育地方课程教材《生命·生态·安全》三年级下册

（二）依据教科书插图呈现的内容分类

依据教科书插图上所呈现的具体内容，可分为卡通类插图、人物类插图、动物类插图、植物类插图、景观类插图等。

卡通类插图是将人或物运用拟人的形式表达出来，是一种艺术性的异化呈现。这类插图在低学段教科书中使用较多，符合学生身心发展规律。按照皮亚杰认知发展阶段理论，处于前运算阶段（2~7岁）儿童的思维具有"泛灵论"的特点，即认为外界一切事物都有生命，或者严格意义上说是具有人的特质。教科书插图灵活地运用与体现了这一理论，如部编本语文教科书中《雪地里的小画家》、《青蛙写诗》、《乌鸦喝水》、《小猴子下山》、《植物妈妈有办法》（图4-3）、《小马过河》等选文插图均采取了拟人化的形式呈现卡通形象，利于学生接受与理解，引发学生的内在建构活动。

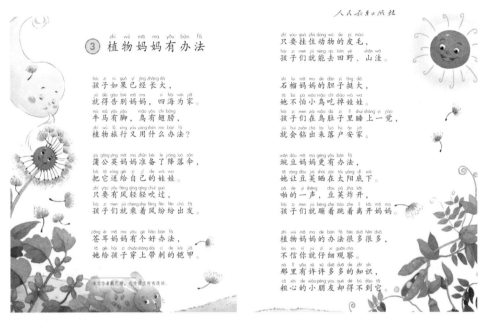

图 4 - 3　部编本义务教育语文教科书二年级上册《植物妈妈有办法》

　　人物类、动物类、植物类及景观类插图是对事物的真实反映，是一种还原性呈现。这类插图具有学段与学科差异，高学段教科书中这类插图相对较多，符合学生认知发展逐渐抽象的规律特点；在科学、物理、化学等学科中这类插图相对较多，体现出知识的科学性、插图的引导性与参考性等学科特点。其中，景观类插图根据内容呈现又可分为自然景观与社会人文景观两大类。自然景观插图主要是大好河山的自然风光插图，以培养学生感受美、欣赏美、创造美的能力；社会人文景观插图涉及的面相对较广，包括传统风俗、历史文物、国旗、地标性建筑等，借此培养学生高尚的道德情操、深厚的爱国情感及正确的价值观。

（三）依据教科书插图的排列组合形式分类

　　依据教科书插图的排列组合形式，可分为完整插图、拼装插图、序列插图。

　　完整插图是采取单幅图的完整形式传达某种思想或辅助学生对教科书知识的理解，这类插图特点在于以独立、完整的形式存在，不受其他插图的影响，完整地传达编写意图。例如，部编本义务教育语文教科书一年级上册在内容最开始设计了"我上学了"的系列内容，第一部分主题为"我是中国人"，呈现了一幅中国56个民族齐聚一堂的插图。（图4-4）这幅插图是占幅两面的独立插图，气势宏大地引导学生对中华民族形成正确的认知，培养对中华民族的热爱与民族认同。部编本语文六年级上册《开国大典》也以完整插图的形式展示了开国大典的盛况。

图4-4　部编本义务教育语文教科书一年级上册"我是中国人"

　　拼装插图是围绕某一知识主题或中心内容组合、拼装在一起的多幅独立图。拼装插图的设计要关注拼装而成的多幅插图是否围绕同一知识主题或中心内容展开。拼装插图在数学、道德与法治、科学等学科教科书中呈现较多，如部编本道德与法治教科书二年级下册第一课《挑战第一次》中"我的第一次"设计了三幅插图，分别是关于"我第一次买东西""我第一次炒菜"和"我第一次滑轮滑"，三幅图片都是围绕着"我的第一次"这一主题展开的，这三幅插图以拼装发散的方式呈现在教科书使用主体面前，引导学生配合文本内容加以理解与领悟（图4-5）。

图4-5 部编本道德与法治教科书二年级下册第一课《挑战第一次》

序列插图是按事件发生的时间顺序进行排列的一组独立图，其中每一幅图都与这一主题的某个环节相联系，进而串联成一个主题①。序列图讲求插图内容中相关事件的发生次序，形成环环相扣的连续体。例如，部编本语文教科书一年级下册"口语交际"板块《老鼠嫁女》（图4-6）、二年级上册"口语交际"看图讲故事《父与子》等插图便是根据事件发生顺序呈现出来的，学习任务是引导学生根据图片顺序描述故事发生、发展的情节；《千人糕》插图按照生产过程排列，引导学生体验团结协作的劳动精神。

———————————

① 宋振韶. 教科书插图的认知心理学研究 [J]. 北京师范大学学报（社会科学版），2005（6）：22－26.

图4-6 部编本义务教育语文教科书一年级下册"口语交际"

教科书插图的类型还有很多，如根据插图与文本内容的关系可分为背景性插图与主体性插图；根据插图所表达的思想可分为单层次插图、多层次插图与意境型插图；根据插图发挥的教育功能可分为描述性插图、情感性插图与综合性插图等。需要说明的是，教科书插图的不同类型是依据不同标准进行分类与划分的，不同类型之间并没有天然的界限，而是相互交叉、相互交融的关系。

四、教科书插图与文本的关系

为了对教科书插图中的心理学要素做深入分析，本书主要选取部编本义务教育语文教科书（1～6年级）为研究对象，剖析部编本义务教育语文教科书（1～6年级）插图与文本的关系，以期为教科书插图设计提供建议。

（一）教科书插图设计的特点

部编本小学语文教科书插图设计做了大胆的尝试与创作，以多种类型的插图彰显教科书插图的心理学功能。总体而言，插图遵循学生认知思维特点，呈现显著的年级差异，注重渲染气氛，强调色调配比，注重培养学生的美感。

1. 插图遵循学生认知思维特点，呈现显著的年级差异

语文教科书体裁主要有三种类型：叙事类（故事、童话、寓言、日记、部分散文）、抒情类（部分散文、儿歌、儿童诗、古诗）、说理类（科普说明文）①。教科书内容因选文体裁不同而设计风格各异的插图，且插图遵循学生认知思维特点，呈现出显著的年级差异。

第一，低年段多以具象化表达方式设计插图。小学生思维认知特点主要以具体形象思维为主，对知识的理解与掌握多依赖具体形象的事物。这也体现在部编本小学语文教科书插图设计上。依照皮亚杰认知发展阶段理论，小学低年段（6~7岁）的学生认知思维具有"泛灵论""自我中心"等特点。"泛灵论"赋予教科书内容以生命或生命特质；"自我中心"指儿童从自己的角度出发看待整个世界，只注意自己的观点，不知道变换角度，往往无法接受别人的观点，也不能协调自己的观点与别人的观点。"泛灵论"的思维特点表现为教科书选文的拟人化内容、教科书插图的拟人化手法，"自我中心"的思维特点则要求教科书编者站在儿童的角度，从他们的角度认识事物，并逐渐引导其关注更广阔的世界。通过对部编本义务教育语文教科书(1~6年级)拟人化选文的统计（表4-1）可以看出，拟人化选文的数量随年级的增高逐渐减少，从四年级下册开始没有拟人化选文。

表4-1　部编本义务教育语文教科书（1~6年级）拟人化选文统计表

册次	具体选文	数量
一上	《影子》《比尾巴》《青蛙写诗》《雨点儿》《雪地里的小画家》《小蜗牛》	6
一下	《小公鸡和小鸭子》《树和喜鹊》《荷叶圆圆》《要下雨了》《动物王国开大会》《小猴子下山》《棉花姑娘》《咕咚》《小壁虎借尾巴》	9
二上	《小蝌蚪找妈妈》《我是什么》《植物妈妈有办法》《坐井观天》《寒号鸟》《雾在哪里》《雪孩子》《狐假虎威》《纸船和风筝》《风娃娃》	10
二下	《我是一只小虫子》《小马过河》《大象的耳朵》《蜘蛛开店》《青蛙卖泥塘》《小毛虫》	6

---

① 乔思瑾. 教科书插图创作研究：以统编小学语文教科书为例 ［J］. 课程·教材·教法，2020（9）：74-80.

（续表）

册次	具体选文	数量
三上	《总也倒不了的老屋》《胡萝卜先生的长胡子》《小狗学叫》	3
三下	《陶罐和铁罐》《鹿角和鹿腿》《沙子和河流》《漏》	4
四上	《一个豆荚里的五粒豆》	1
四下	/	0
五上	/	0
五下	/	0
六上	/	0
六下	/	0

　　教科书插图对拟人化选文给予积极回应与配合，拟人化选文多采用拟人、夸张的手法设计插图，以生动、形象的直观图像展开教科书内容的图像叙事。教学时，站在学生的角度引导其借助插图理解教科书文本内容，以学生可接受的呈现方式引导学生结合图文学习语文知识、展开想象与思考，提升核心素养。

24　风娃娃

风妈妈有个可爱的风娃娃。风娃娃长大了，他想像妈妈一样去帮助人。风妈妈说："到田野里去吧，在那里，你可以帮人们做很多事情。"

风娃娃来到田野，看见一架大风车正在慢慢转动，抽上来的水断断续续地流着。他深深地吸了一口气，鼓起腮使劲向风车吹去。风车一下子转得飞快！抽上来的水奔跑着，哗啦哗啦地向田里流去。秧苗喝足了水，笑着不住地点头。风娃娃高兴极了。

风娃娃又来到河边，看见许多船工正拉着一艘大船。他们弯着腰，流着汗，"嗨哟，嗨哟"喊着号子，可是船却走得很慢很慢。他急忙跑过去，对着船帆用力吹了口气，船飞快地跑了起来。船工们笑了，一边收起纤绳，一边向风娃娃表示感谢。

本文作者蒲珈，选作课文时有改动。

105

图 4-7　部编本义务教育语文教科书二年级上册《风娃娃》

　　第二，写实类题材的插图设计最大限度地保持原貌。虽然小学生思维认知发展有着显著的学段差异性，但在写实类题材的选文中，不管是高学段还是低学段，以写实、还原手法最大限度地保持原貌，不带夸张的写实插图设计都是这类体裁选文插图的首选。如，在一年级下册的《吃水不忘挖井人》《端午粽》，二年级上册的《黄山奇石》《葡萄沟》《难忘的泼水节》，二年级下册的《雷锋叔叔，你在哪里》《"贝"的故事》《中国美食》，三年级上册《富饶的西沙群岛》《美丽的大兴安岭》，三年级下册《赵州桥》《一幅名扬中外的画》，四年级上册《观潮》《爬山虎的脚》《爬天都峰》《为中华之崛起而读书》《梅兰芳蓄须》，四年级下册《千里梦圆在今朝》《记金华的双龙洞》《黄继光》，五年级上册《什么比猎豹的速度更快》《冀中的地道战》《圆明园的毁灭》《松鼠》，五年级下册《军神》《梅花魂》《威尼斯的小艇》《金字塔》，六年级上册《狼牙山五壮士》《开国大典》《竹节人》《故宫博物院》《京剧趣谈》《有的人——纪念鲁迅有感》等选文的插图均以不加渲染的写实、还原手法展示真人、真事。其中，一年级下册《吃水不忘挖井人》中的插图来源于瑞金市沙洲坝村的红井（图4-8），这是红色旅游经典景区，当年，毛主席为解决当地吃水难的现实问题，带领大家挖了一口井，这口井就是后来远近闻名的红井。"吃水不忘挖井人，时刻想念毛主席"表现了毛主席一心为人民着想、为人民服务的品质，展现了沙洲坝人民对毛主席的怀念与感激之情。以红色旅游景区的现实图片作为选文插图，引导学生真切感知共产党人一心为民的深厚情谊、人民对领导人的怀念与感激之情，让学生懂得饮水思源，对他人常怀感恩之心。借助插图促进学生情感态度价值观的发展，实现教学目标的逐步升华，是

图4-8　部编本义务教育语文教科书
一年级下册《吃水不忘挖井人》

该课期望达到的教学主旨。此类写实的插图并未影响低学段学生对知识的理解，反而起到促进理解与感悟的教育效果。

2. 插图注重渲染气氛，引导学生进行情感体验

教科书插图是视觉隐喻的艺术，作者通过使用具有暗示性质的视觉元素来传递信息、表达情感、创造意境，而观者则通过对画面内部丰富视觉元素所赋予的视角、构图、载体等形式的解读，来获得各不相同的认识、感悟和体验①。教科书承担着立德树人的重要使命，应引导学生产生积极的情感体验，培养学生健康的情感态度价值观。部编本语文教科书插图注重渲染气氛，强调引导学生产生积极的情感体验。

第一，以大幅插图大力烘托内容主题。大幅插图设计是部编本语文教科书的特色与创新之处，在不同学段均有不同形式的大幅插图，对文本内容具有主题烘托的作用，不仅能帮助学生理解知识，更能引起学生积极的情感共鸣。如，一年级上册《秋天》《小小的船》《江南》《升国旗》《青蛙写诗》《雨点儿》《雪地里的小画家》等选文均采取了大幅插图的方式，其中《升国旗》以一整版描绘了小学生升国旗的样子（图4-9），画面干净利落，营造庄严肃穆的气氛，利于学生结合实际体验升国旗时的庄严，激发学生热爱国旗的深厚情感，陶冶学生的情感，产生潜移默化的教育力量。《雪地里的小画家》则采取轻松活泼的手法将小动物们在冰天雪地里"绘画"的场景生动地展示出来（图4-10），以两整页的篇幅实现文字与图片有机整合，学生在学习这篇课文时，借助图片可对内容产生丰富想象，学生不仅能了解到动物的生活习性，同时也能感受到快乐、自然的跃动。进入三年级以后，部编本语文教科书采用主题单元序列编排的方式设计内容，插图则对主题单元给予积极回应，不仅在选文内设计适合的插图，还在单元页以整页篇幅设计大幅插图（图4-11），配之以主题文字，使学生在了解单元主题学习内容的同时，借助插图展开想象的翅膀，感受插图所传达的真、善、美，获得积极情感体验。

---

① 郑新丽. 高中语文教科书插图构图的视觉隐喻研究［J］. 内蒙古师范大学学报（教育科学版），2019（11）：51-56.

图4-9　部编本义务教育语文教科书一年级上册《升国旗》

图4-10　部编本义务教育语文教科书一年级上册《雪地里的小画家》

金秋的阳光，
洒在树叶上，
洒在花瓣上，
也洒在我们的心上。

运用多种方法理解难懂的词语
学习写日记

图4－11 部编本义务教育语文教科书三年级上册第二单元单元页

第二，以组合式小插图合力营造主题氛围。从教科书插图的排列组合形式看，拼装插图与序列插图属于小插图，这类插图虽然在视觉冲击上不如大幅插图来得猛烈，却能以集结的"合力"产生意想不到的视觉效果。部编本语文教科书有诸多此类插图，如一年级上册《我爱学语文》设计了"读书""写字""讲故事 听故事"三幅看似不相关的拼装插图（图4－12），共同说明"我爱学语文"这一主题，对于刚步入小学的学生起到情感代入的作用——当看到插图中的同伴学习语文时的状态、坐姿及行为时，他们会以此为榜样。序列插图强调事件发生、发展的时间序列，在低学段、中学段教科书中较多。二年级上册《小蝌蚪找妈妈》的插图（图4－13），以拟人化的手法按小蝌蚪找

图4－12 部编本义务教育语文教科书一年级上册《我爱学语文》

妈妈的时间序列依次创作三幅插图，展现小蝌蚪在找妈妈的过程中，不知不觉地成长为小青蛙，学生可借助插图了解青蛙生长过程的科学知识。组合式小插图能与段落主题内容相对应，营造主题氛围，使学生易于理解文字内容，培养学生的想象力与创造力，促进学生思维能力的进阶式发展。

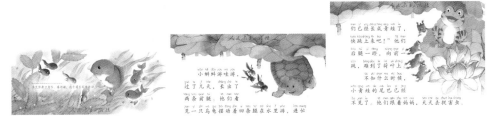

图 4-13 部编本义务教育语文教科书二年级上册《小蝌蚪找妈妈》

3. 插图设计强调色调配比，注重培养学生的美感

教科书插图的色调配比、明暗变化、构图组织、色彩对比等均会影响画面整体效果，起决定作用的是色调。色调是一幅画面中色彩的总体倾向。不同色调会使人产生不同的视觉体验和心理感受。教科书插图色调是色彩语言的主旋律，控制着画面的总体基调，营造出或温馨、或欢乐、或宁静或悲伤的不同气氛[①]，可培养学生感悟美、体验美、创造美的能力，达成真善美的综合化教学目标，提升学生的核心素养。

第一，采用色彩丰富的插图，培养学生的审美情趣。饱和度、色相和明度是色彩的三个属性，共同作用于色彩的明暗、色彩配比、鲜艳程度等。作为信息的载体，色彩不仅依附于设计形式，还作为一个主体来完成信息传达的过程[②]。部编本语文教科书以大胆创新的插图设计，为文本内容创作出许多色彩丰富的插图，在引导学生理解文本内容、体会插图营造不同氛围的情感的同时，培养学生的审美情趣。如，一年级上册的《秋天》是小学生在小学阶段学习的第一篇课文（课型），这篇课文的插图描绘了秋高气爽、湛蓝天空、大雁南飞、落叶飘

---

① 乔思瑾. 教科书插图创作研究：以统编小学语文教科书为例 [J]. 课程·教材·教法，2020（9）：74-80.

② 陈锦昌，王超然. 彩码再设计中降低色彩饱和度的研究 [J]. 图学学报，2017（3）：346-351.

零、野草枯黄等场景，同时，为了更加立体地表现秋天，插图中还有松鼠采摘松果的画面，与枯黄的野草、飘零的树叶形成鲜明对比（图4-14）。这幅插图以合适的色彩配比和生动活泼、通俗易懂的画面表现了秋天来了的场景，在学习课程知识内容中学生可结合插图体会季节变化，感悟秋天的美。

图4-14　部编本义务教育语文教科书一年级上册《秋天》

　　第二，借助意境插图，引导学生体会神韵之美。语文教科书中选编了大量经典古诗词。古诗词是中华优秀传统文化的重要组成部分。选编古诗词可引导学生弘扬中华优秀传统文化，触摸经典的脉搏，积淀文化底蕴，坚定文化自信，彰显教科书守正创新的价值意蕴。由于古诗词与白话文在语言表达、内涵传达、意境传递等方面有差异，为了更好地引导学生品析古诗词所表达的意蕴，教科书编写团队设计了充满意境的插图，帮助学生更好地理解古诗词文本的内容，体会古诗词的神韵。如，一年级上册《江南》是一首汉乐府民歌，插图以水墨画生动地表达了鱼戏莲叶的优美意境；二年级上册的《登鹳雀楼》的插图（图4-15）以开阔悠长的意境表达古诗的壮美与开阔，使学生感受到诗人广阔的胸襟与伟大的抱负；六年级上册《宿建德江》的插图渲染出诗人远离家乡、四处漂泊的思乡之愁、思亲之愁。借助意境插图，学生在教师的指导下以图悟诗、以图悟意，感悟诗词的意境，体会诗词神韵，感悟诗人的情与思；在教学上，拓宽经典古诗词教学的宏阔视野，为教学增添灵动，使经典真正走进学生内心，以润物细无声的隐性方式润泽学生心灵，陶冶学生美的情操。

图 4-15　部编本义务教育语文教科书二年级上册《登鹳雀楼》

（二）教科书插图与选文的多元关系

教科书插图作为文本内容的重要补充，与文本构成多元化的图文关系。有学者对清末民初时期语文教科书插图展开深入研究，从教科书插图与文字的外部直观呈现出发，根据文字内容配图，注意图文的排列方式、注意图文之间的搭配、注意图文的数量关系等四个方面论证教科书图文关系①。结合部编本语文教科书各单元组成部分、不同体裁内容，笔者将教科书插图与文字的关系归纳为图文互衬关系、图文并列关系、图文辅助关系，多元的图文关系共同发挥教科书的育人价值。

1. 图文互衬关系

教科书图文互衬关系指插图与文字之间形成相互映衬的关系，插图是文字的背景，文字是插图的内容。这类图文关系在小学低学段和中学段语文教科书中呈现较多，古诗词的意境插图从低学段到高学段几乎一以贯之地与文本内容构成互

① 张心科. 清末民国时期关于语文教科书插图的研究［J］. 教育史研究，2022（2）：140-148.

衬关系，以背景插图的方式营造出文本内容的特定氛围，激发学生的想象力与创造力，鼓励学生思考、感悟与体验。如一年级上册"识字"的《天地人》《金木水火土》（图4-16），采用意境插图，以大地色作为整个篇幅的背景色调，与两节课呈现的"识字"文本相互融合，插图与文字呈现出你中有我、我中有你的互衬关系，相互映衬以达到互为解释的表征效果，表现中华汉字的传统魅力与博大精深，让学生得以体会天地人、金木水火土的悠远意味。二年级下册《雷锋叔叔，你在哪里》有4节的文本内容（图4-17），整体采用淡褐色为背景，第1~3节的内容相对直观，在插图设计上，选用雷锋的整体雕像插入文本空白之处，使小学生对雷锋的外貌有形象的直观感知。第4节，诗歌内容得以升华，即表达在需要爱心的地方，到处都有像雷锋一样的人出现，鼓励小学生学雷锋、做雷锋。这部分内容相对抽象，因此插图设计上做了艺术化处理，将第1幅图的雷锋雕塑放大并以水印淡化的方式呈现，给人一种朦胧之感，借助插图暗指"哪里需要献出爱心，雷锋叔叔就出现在哪里"，点明内容主旨——雷锋精神永存。

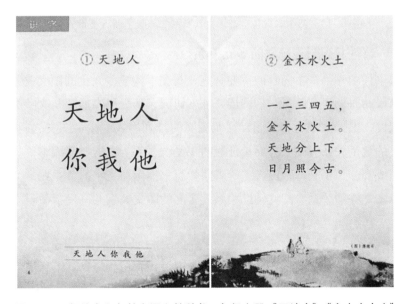

图4-16 部编本义务教育语文教科书一年级上册《天地人》《金木水火土》

图4-17 部编本义务教育语文教科书二年级下册《雷锋叔叔，你在哪里》

2. 图文并列关系

教科书图文并列关系指插图与文字是相互对应、并列的存在，借助插图更好地解释文字。这类图文关系在低学段教科书中较为多见，比如，目录插图、识字插图等。目录插图是一、二年级教科书编排的设计特点，每一单元的目录中选择该单元有代表性的内容插图与目录相对应（图4-18），相得益彰地说明单元内容，发挥单元导引的先行组织者作用，便于教科书使用者从总体上理解与把握内容。如2024年修订版一年级上册《日月山川》的插图（图4-19），结合一年级学生的认知特点与象形字的造字特点，结合自然界中存在的物体形状设计形象的图片，与所学的汉字相得益彰，插图设计简洁直观、色彩自然、生动形象，符合一年级学生的认知发展规律，帮助学生借助插图理解象形字的造字特点，会认、会写这些字，并且在学习中学会联想，促进学生形象思维的持续发展。

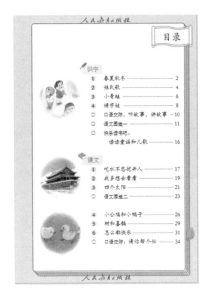

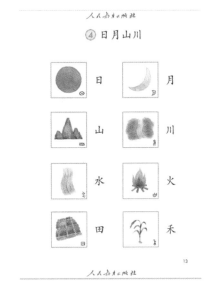

图 4 – 18　部编本义务教育语文教科书　　图 4 – 19　部编本义务教育语文教科书
　　　　　一年级下册目录　　　　　　　　　一年级上册《日月山川》（2024 年修订版）

3. 图文辅助关系

教科书图文辅助关系指教科书插图辅助文字内容，插图与文字内容看似独立，却从教科书文本价值出发对文字内容起到辅助作用，呼应内容主题，帮助学生对内容进行理解与掌握。"口语交际""语文园地"及部分选文的插图多为图文辅助关系，插图在合理的位置、以合理的比例呈现，不对文字造成干扰，做到图文界限分明，设计科学合理。这种插图具有一定的解释力，在增加文字表现力的基础上能够辅助学生理解文字。如，六年级上册《盼》设计了两幅插图（图 4 –20），第一幅描绘了主人公看到夜晚下雨的场景，图文同页且位于篇幅上方，位于图文同页上方的插图能辅助学生及时补充背景知识信息，整合文字各部分间的联系，使学生对文字内容建立整体表征；同时，插图因处于篇幅上方而产生强烈的视觉效果，更容易吸引学生的注意力，使学生将插图与文字相联系，更大程度辅助学生对文字的认知、理解与情感体验。第二幅插图则以独立图片呈现于文后，文后页插图能帮助学生加深对文字内容的理解、记忆及对重要知识点的把握，学生可以借助此类插图再次阅读内容，与自己的理解对照，保证正确把握文本内容①。《盼》的第二幅插图虽然在形式上独立于整篇内容文本，但生动地刻画出"我"在经历渴盼、急迫和无奈等心情后穿上新雨衣的喜悦之情。当学生读完课文内容，翻至文后看到这幅插图时，就会与主人公产生情感共鸣，文章通过插图实现主题的再确认与升华。

图 4-20　部编本义务教育语文教科书六年级上册《盼》

教科书插图因学科、学段差异较大，在相同学科内，因不同题材、不同体裁的内容，插图也会大有不同，因此，教科书插图创作与设计须遵循思想性原则、科学性原则、匹配性原则等，设计数量适中、色调适当、比例合适且符合学生认知发展特点与规律的插图，以多样化形式做到图文相符，实现图文搭配效果最优化②，以发挥教科书文本的多元价值。

①　张蓓. 小学教科书插图的科学性和适用性研究［J］. 课程·教材·教法，2017（6）：19－24.

②　同①.

第五章

教科书中的先行组织者

　　作为教学文本的教科书，包括正文知识内容，还有诸多其他要素。教科书组成部分一般分为教科书正文系统与辅助系统。其中辅助系统由助教和助学两部分组成：助教部分包括各种编辑说明（前言或导读）、目录、单元、小结、作者简介、课文图表、教学目标、教学步骤、教学提示、课文附录和注解等；助学部分包括各种编辑说明（前言或导读）、课文目录、单元、小结、作者简介、课文图表、课（单元）前预习、课（单元）后各种活动和问题练习、课文附录和注解、参考答案、相关链接等①。助教部分的编辑说明（前言或导读）、目录、单元导引、作者简介、课文图表、教学提示等能帮助学生更快进入知识内容的学习，起到向导与辅助理解的作用，可视为教科书的先行组织者。教科书中的先行组织者具有哪些心理学价值，有哪些类型？教科书中的前言、目录、单元导引等内容作为先行组织者，又发挥着怎样的心理学价值呢？本章试图探究教科书中的先行组织者，以期解决以上问题。

第一节　教科书中先行组织者概述

　　先行组织者是美国认知心理学家奥苏贝尔提出的概念，强调教师在课堂教学中为学生提供引导性材料，旨在帮助学生搭建新旧知识之间的联系，促进学生对新知识的认知，发展与完善认知结构。从动态的教科书使用层面来看，先行组织

---

　　①　石鸥. 教科书概论［M］. 广州：广东教育出版社，2019：29.

者是一种教学策略；从静态的教科书编写层面来看，教科书知识文本中也存在先行组织者。教科书中的先行组织有着不同的类型，在引导学生理解和应用知识方面发挥着积极的心理学价值，共同促进学生获得知识、提升能力、丰富情感态度价值观及培养美感。

一、先行组织者的心理学价值

先行组织者对学生理解新知识具有引导意义与桥梁作用，能够帮助学生更好地理解新知识，建立新旧知识之间的联系，促使学生有意义学习，促进原有认知结构的拓展与完善。在学习新知识时，学生积极主动地回忆旧知识，也是一种复习，能促进知识的巩固与应用。由此可见，教材的先行组织者在引导学生理解、保持和应用知识方面发挥着积极的心理学价值。

（一）先行组织者促进学生开展有意义学习

为了促进学生对知识的理解与掌握，奥苏贝尔提出了有意义学习的概念，有意义学习是基于学生学习的性质，相对于机械学习提出的，是以符号、概念、命题为代表的新知识、观念与学习者认知结构中原有的知识、观念建立起实质性的、非人为的联系。实质性联系是新的知识、观念与学习者已有认知结构中的知识、观念建立内在联系，而非字面上的联系；非人为的联系是指新知识、观念与已有认知结构中的知识、观念建立的联系是符合逻辑关系的，而不是随意的。促进有意义学习有内外两个条件：外部条件是学习材料是具有逻辑意义的；内部条件是学习者具有有意义学习的心向，学习者认知结构中必须具有适当的知识，以便与新知识进行联系，学习者必须积极主动地促进新知识与已有认知结构中的旧知识相互作用[①]。

静态的教科书如何使学生将即将学习的新知识同化到已有的认知结构中呢？教科书中的先行组织者为促进学生新旧知识建立联系起到了桥梁作用，教科书的精心设计和科学化设计保证了知识内容间的逻辑联系，这是促进学生有意义学习的外部条件。内部条件方面，有意义学习的心向和积极促进新旧知识相互作用主要体现在课堂教学实践层面。学期类、单元类、（节）课类、知识点类这四种陈

---

① 莫雷. 教育心理学 ［M］. 北京：教育科学出版社，2007：54.

述性先行组织者在引导学生学习新知识时，在不同程度上激发学生回顾已有认知结构中的旧知识或经验，这些内容或者是从教科书中获得的符号、概念、命题，或者是从实际生活中获得的生活经验、观念、意识等，这些是学生认知结构中适当的旧知识，属于内部条件。这些旧知识在学生有意义学习心向的激发下，积极主动地变为促进新旧知识相互作用的认知活动，促进知识的同化。先行组织者作为一种引导性材料，帮助学生明晰新知识的重难点，将注意力集中在将要学习的新知识中的重点部分，开展有层次、有目的的学习活动，帮助学生实现新旧知识的同化，促使学生回顾旧知识，识记、理解新知识，并使学生在教师的讲解中与反复的练习后学会灵活应用新知识，更大范围地将所学的新知识灵活地迁移到其他学科或实际生活中。

（二）先行组织者帮助学生积极遗忘

知识的保持是通过记忆来实现的，记忆是知识保持的核心心理因素。但是知识在人脑中保持的时间和人脑对知识的容量是有限的，于是便会出现人们对学习过的知识不能回忆和再认，或者回忆和再认时出现错误的现象，这种现象就是遗忘。从同化知识的过程看，遗忘可分为消极的遗忘和积极的遗忘。消极的遗忘是指对新的知识或上位的命题发生了遗忘，或与同化它们的原有知识产生了混淆，从而使知识产生了实质性的"损伤"，导致知识无法回忆、再认或提取。积极的遗忘是指习得新的知识或上位的命题后，对一些下位的命题和具体的事例或细节发生了遗忘，这种遗忘不会导致知识的实质性"损伤"，反而减轻了记忆的负担。消极的遗忘是知识学习中应该尽力克服的，这也就是学习过程中为什么需要复习，而积极的遗忘则能促进认知结构的优化，减轻学习者的认知负担。

教科书中的先行组织者帮助学生在回顾旧知识的过程中理解新知识，学生能够在教师引导下回忆起认知结构中的旧知识，说明学生对知识没有产生消极的遗忘，那它又如何促进学生学会积极遗忘呢？先行组织者是学生学习新知识的引导性材料。为了更好地引导学生进入新知识的学习，进而理解、同化、灵活运用新知识，先行组织者会借用学生认知结构中已有的旧知识或经验引起学生认知上的不平衡状态，勾起学生对新知识学习的兴趣、好奇与欲望，使学生在对已有旧知识的复习回顾中进一步学习新知识，从而实现旧知识的更新换代，即在一次次的先行组织者的引导中，新知识 B 与已有的旧知识 A 相互作用，新知识被同化，而在下一次的知识学习中，先行组织者中出现的旧知识 C 就是之前被同化的新知识 B，这样一来，最开始的旧知识 A 就被"遗忘"了，而这种遗忘不是知识发生实质性"损伤"而导致无法回忆或提取，而是一种积极的遗忘——它能减轻大脑记忆的负担，使得学生以更加轻松的姿态投入学习，认知结构在此过程中也实现了优化与完善。

（三）先行组织者引导学生形成新知识概貌

认知学习理论认为学习是个体积极主动地形成新的认知结构的过程，其实质是形成反映事物整体联系与关系的认知结构。认知结构指由个体通过感知、概括、类比等方式对知识或生活经验形成的观念结构，是一组相互关联的、具有逻辑意义的观念体系。个体认知结构的形成是从无到有、从简单到复杂、从具体到抽象的过程。就学生的认知结构而言，学生的生活经验、学习的符号、概念、命题等都可以在适当情况下被同化进入认知结构，不断地实现认知结构的拓展与完善。

教科书中的先行组织者使学生清楚地将已有认知结构中的旧知识与新知识建立起联系，在提供旧知识的基础上巧妙地导出新知识，且这时呈现的新知识更多的是一个框架式的知识——这种先行组织者在教科书的前言如"编者的话"、单元的概述、一节课的导引等中表现得尤为明显。教科书的"编者的话"等类似的学期类先行组织者，首先提出以前分别学习了哪些内容，再对应地将新学期即将学习的新内容罗列成框架式知识体系，帮助学生了解与知晓学习的重难点与学期目标，促进学生建立关于新知识的概貌。以人教版数学教科书六年级上册"编者的话"为例，关于知识的内容分为四个部分，第一部分指出同学们在前面学习中已经掌握的分数加、减法运算的方法，本学期将学习分数乘法和除法；第二部分提到利用已学过的数对来确定物体位置的方法，本学期将学习利用方向和距离确定物体位置的新方法；第三部分提到前面已经学习了包括圆在内的许多平面图形，本学期将了解更多有关圆的知识，探索圆的特征，了解圆的应用，并结合扇形和百分数的有关知识学习扇形统计图；第四部分提供富有探索性的数学广角，体现数与形的完美结合，让学生感受数学之美。因此，这学期的数学教科书需要学习的新知识主要有分数的乘法、分数的除法、物体位置、圆、扇形统计图、数形结合等内容，以框架的形式呈现在学生面前。在学期类先行组织者中，学生便可以清楚地获知新学期需要学习的新知识的总体框架，形成关于新知识的概貌，有助于学生做好学习的心理准备与心向，促进其有意义学习的开展。因此，先行组织者有助于学生形成关于某一学期、单元、节（课）或知识点的知识概貌，获得对新知识的框架性理解。

二、教科书中先行组织者的类型

先行组织者是先于学习任务本身呈现的一种引导性材料，它在学习者已经知道的和需要掌握的内容之间架起一座沟通的桥梁，帮助学生建立有意义学习的心向。教科书中的先行组织者有不同的呈现方式，不同呈现方式的先行组织者来自不同的类型，依据功能可将其分为陈述性先行组织者和比较性先行组织者，每种类型又可分为很多亚类型。

（一）陈述性先行组织者

陈述性先行组织者是以概括性的语言对新知识进行介绍的引导性材料，其概括性和抽象性要高于新知识。当学习者认知结构中缺乏适当的、包摄范围更广的上位概念时，便可借助陈述性先行组织者将处于下位概念的新知识同化到已有的处于上位概念的旧知识当中。换言之，陈述性先行组织者对旧知识的描述具有概括性、抽象性，为旧知识与新知识之间寻求连接与支撑点，以提高旧知识的可利用性。根据教科书各要素组成部分的存在形态与作用，陈述性先行组织者可分为学期类陈述性先行组织者、单元类陈述性先行组织者、（节）课类陈述性先行组织者、知识点类陈述性先行组织者等，呈现出由大到小，逐步具体化、逐步聚焦的态势。

第一，学期类陈述性先行组织。学期类陈述性先行组织者主要是对新学期整册教科书的总体性的说明，一般出现在前言或目录中，在掌握已有知识的基础上介绍学期新知识的总体样貌，帮助学生了解新学期知识的概况。在教科书前言中的"致同学们""编者的话""绪言""开篇"等板块设计学期类陈述性先行组织者。例如，人教版化学教科书九年级上册的"绪言 化学使世界变得更加绚丽多彩"，以理性的语言、来自生活的图片使学生知晓化学与我们的日常生活密不可分，引用古今中外的生动例子引导学生初步了解化学是什么，对化学形成科学的认知，激发学生学习化学的兴趣，并培养学生实事求是的科学精神与严谨态度。"绪言　化学使世界变得更加绚丽多彩"中列举了许多生活中的物质，其中提到最常见的盐，"化学是如此奇妙，在没有学习化学之前，你可能只知道食盐不过是一种调味品，可当你学习化学后，就会发现食盐的用途可多啦！……"帮助学生将已有旧经验与新知识建立紧密联系，树立有意义学习的心向。

第二，单元类陈述性先行组织者。单元类陈述性先行组织者主要是对某单元新知识的导引与说明，一般出现在一个单元的最前面，以概括、抽象的话语对单元内容作总体性描述，让学生了解这一单元的具体学习内容。部编本语文教科书三年级上册第一单元导引"美丽的校园，成长的摇篮，梦想启航的地方"。属于陈述性先行组织者，校园、摇篮是在已有知识结构中存在的，但新知识中关于美丽的校园、成长的摇篮又是怎样的呢？这段导语对即将学习的内容进行简要的介绍与说明，并列出两个问题使学生建立起对新旧知识相互作用的心理准备。这时单元类先行组织者起到联系新旧知识的桥梁作用，让学生学起来更加轻松、目标更加明确。此外，单元类陈述性先行组织者除了文字表述外，还常使用图片。

第三，（节）课类陈述性先行组织者。（节）课类陈述性先行组织者主要是对某一节课学习内容的导引与说明，主要出现在某一课正文的前面，通过联系学生生活实际、已有知识等形式引发学生思考，进而将已有的旧知识联系到即将学习的新知识当中，实现新旧知识的有意义联系。（节）课类陈述性先行组织者在教科书中也比较多。如原人教版高中政治教科书必修一（经济生活）中引入学生吃、穿、住、用、行、购物中运用货币的生活经验，从学生购物的生活经验入手展开对"货币"这一新知识的探究。对于某些较为抽象的问题，如宇宙、文化等内容，会从学生常识性的理解与思考中建立起新旧知识之间的联系。如教科版科学教科书三年级下册"太阳、地球和月球"这一主题下的第一课《仰望天空》，采取"聚焦"的形式，从学生的生活经验出发，引导学生了解：当仰望星空时能看到什么？太阳和月球又有哪些异同？等等，让学生带着这些疑问与思考进入新课的学习，从而帮助学生理解新知识，并快速地同化到已有认知结构中，实现认知结构的拓展。

第四，知识点类陈述性先行组织者。知识点类陈述性先行组织者主要是针对某一具体知识点所做出的导引与说明，有助于学生借助已有的知识经验来理解、掌握新知识与解决问题。这类先行组织者一般出现在知识内容中某一具体知识点旁边，以导引的形式帮助学生理解、掌握与应用知识。为了对某知识点进行说明或提示，教科书中通常会采用泡泡图标、插图等形式来表述知识。如人教版数学教科书三年级下册第一单元"位置与方向（一）"，这一单元需要学生将生活中立体的位置、方向以图形的方式平面化地呈现，再辨识其位置与方向。教材中有一道题目，要求学生根据学校示意图说出各建筑物的位置，在题目旁用泡泡图标显示出"地图通常是按上北下南、左西右东绘制的"这一知识的导引提示，学生可运用已学知识灵活地解决问题，实现新旧知识间的有意义联系。

（二）比较性先行组织者

比较性先行组织者是对新旧知识进行类比的组织者，从而增强新旧知识间的可辨别性。当学生未能很好掌握已有的知识，导致对概念的理解不清晰，不会灵活运用，也难以辨别新旧知识间的关系与区别时，便需要借助比较性先行组织者帮助学生区分新旧知识间的异同，理解其本质区别，从而帮助学生准确地发现和建立新旧知识间的联系，促进新知识的系统化与结构化①。比较性先行组织者主要着眼于类似知识间的比较，帮助学生了解知识间的区别与联系。如人教版数学教科书五年级上册中关于平行四边形面积公式的推导，在学习这个知识之前，需要让学生找出平行四边形与长方形的区别与联系，并发现如果要计算平行四边形的面积就需要知道长方形和三角形的面积，从而引导学生对长方形、三角形的面积公式进行回忆与巩固，在此基础上推导出平行四边形的面积公式。部编本中国历史教科书七年级上册第 4 课《夏商周的更替》"材料研读"板块引用了《礼记·礼运》"大道之行也，天下为公。选贤与能，……是谓大同。今大道既隐，天下为家，……是谓小康"。并根据这段话设置了一个思考题："材料中'天下为家'的'家'指的是什么？"学生头脑中已有了关于现代意义上"家"的认知结构，面对这一提问式的导引时，能更好地区分现代意义与古代意义上的"家"的内涵与联系，明晰两者间的区别，从而清晰地掌握知识。

---

① 莫雷. 教育心理学 [M]. 北京：教育科学出版社，2007：105.

第二节　教科书前言与目录中的心理学

教科书的前言与目录不仅为教师和学生提供学习信息，而且起说明与引导的作用。前言和目录常用来说明该科教科书编写的目的、主旨与学习方法等，激发学生学习兴趣；为教师和学生提供教学与学习内容的导引，帮助其了解单元知识概要，捕捉学习重点与难点，获得知识的概貌性认知，为学生学习做好心理准备。

一、教科书前言的类型

教科书前言是学期教科书知识呈现的先导性材料，具有先行组织者的性质。前言并非教科书的必要结构。因教科书的学科内容、编写意图等方面的差异，前言设计也有所不同。主要类型如下。

（一）书信体前言

书信体前言是以书信的格式呈现的，写信主体是教科书编写者，读信人是学生书信体前言，具备书信的全部要素，如称谓、正文内容、落款姓名与时间等，常以"致同学（们）""编者的话""写给同学们的话"等类似的表达作为前言的标题。教科书编写者以书信的方式亲切地告诉学生本学期教科书的学习目的、知识框架、重难点与知识呈现的先后次序等，为学生有目的地学习给予指导，帮助学生建立起新旧知识间的联系，让学生明确地感知到编写者的编写意图。这里主要选取人教版小学英语、人教版高中语文（2006 年版，2020 年重印）两科教科书展开分析。

各科教科书前言在总体上向学生介绍教科书的课程目标与学科特色，指明与旧知识的联系，列出本学期需要学习的内容与学习计划，指出学习的方法，介绍编写体例，最后给以鼓励性结束语。

小学英语教科书前言表述为"致同学"，三年级起点的人教版英语教科书在三年级上册的"致同学"中向学生介绍了几个朋友，增强学生学习英语的兴趣；说明本学期的学习内容与学习目的，即"你们会认识很多单词，能读懂英语小故事，能学会用英语和别人交谈，还能学会唱许多的英语歌曲和歌谣"；针对三年级起点的英语学习，学生肯定会遇到诸多问题与障碍，编者告诉学生听不懂也说不好的时候不要着急，减轻学生最开始学习英语的心理压力与紧张感；告诉学生学习的方法是"上课要认真听讲，多模仿录音，多努力学唱英语歌曲、歌谣，还要积极参加英语活动。要记住：别害羞，别放弃，大胆地说，大胆地唱！"最后祝愿学生与教科书中的几位朋友成为好朋友，一起度过快乐美好的学习时光。

高中语文的前言表述为"致同学们"，从总体上提到高中阶段的语文学习与以往不同，"最主要的，是你们主动选择和确定学习内容的机会多了"——这并不能算作严格意义上的学习方法，但对学生自主学习具有导向作用。此外，前言还介绍："语文教科书分为必修与选修两类，一共五册，在不到一个半学年内学完，其他时间都由你们根据自己的兴趣来选修。"重点介绍了必修语文教科书的编写体例及每一板块主要包含的内容与学习重点，同时指出各板块的学习目的，如"'名著导读'共选十部中外名著，每册安排两部。导读内容包括'背景介绍''作品导读'和'思考与探究'三个部分。希望能以此激发你们的阅读兴趣，培养良好的阅读习惯，提高思考能力与欣赏水平"。最后从总体上指出学生学习高中语文的目的与价值："同学们，愿这套教科书能帮助你们进一步提高语文素养和语文能力，培养初步的审美能力和探究能力，形成良好的思想道德素质和科学文化素质，从而为你们终身学习和个性的发展奠定坚实的基础。"

书信体前言采取与学生"说话"的方式，循循善诱地引导学生了解教科书的知识、学习目的与方法，为学生更好地学习该门课程奠定了心理基础，符合学生的心理发展特点。

（二）总括性前言

总括性前言是指教科书起始册次中的前言，一般从更加宏观层面引导学生对该门课程形成理性的认识，借用名人故事或言论介绍学习该教科书的目的、价值及学习内容，并提供学生学习该门课程的方法。

外研社《英语（一年级起点）》的前言标题就是"前言"，介绍了教科书知识内容选编的依据、教科书中的几个主角，并告诉学生将与他们一起在一系列有趣的故事、对话、游戏、活动和歌曲中学习英语；详细介绍了教科书所包含的10 个学习模块、1 个复习模块、4 个单词表、1 个补充阅读板块及 1 个综合运用实践项目；介绍了每一模块下面的学习内容及学习方法，如"学习模块的课文中呈现了一些语法内容，但不要求老师做理论的讲解，更不要求大家孤立地、脱离语境地掌握，只希望大家初步学会在恰当的语境中运用包含这些语法的句子"；该教科书将内容进行了数字化处理，有对应的网络教材，供学生在线学习使用；最后希望学生积极尝试、大胆实践，在参与活动、完成任务的过程中体会到学习英语的乐趣，实现英语的灵活运用和自由交际。

　　人教版《地理　七年级上册》的前言题为"绪言：与同学们谈地理"，主要从"地理课学习些什么？学习地理有什么用？怎样学好地理？"三个问题展开，分别帮助学生梳理初中阶段地理学科的学习内容、学习意义与价值，以及学习方法。关于学习地理的意义与价值，编写者提出学习地理"使我们懂得欣赏和尊重人类生活的世界""使我们具备全球观念和环境意识""使我们会用综合和动态的眼光分析问题""使我们掌握分析地理问题的多种技能"。对于初学地理的中学生而言，编写者为其指出学习地理的方法，如"要善于观察，发现问题""要会读图表，熟练运用""要联系实际，勤于实践""要放开手脚，拓宽视野"，地理学习的目的最后落脚在"让你感受世界和祖国的千姿百态，学会与地球进行终生的'谈话'，这对我们未来成为活跃的、有责任感的公民来说，是终身受用的"，这与核心素养的育人目标相契合。

　　人教版《化学　九年级上册》的前言题为"绪言：化学使世界变得更加绚丽多彩"，从身边的衣、食、住、行都离不开化学谈起，首先引导学生理解"什么是化学？"，借助学生日常生活经验引导其理解"化学是研究物理的组成、结构、性质以及变化规律的科学"。再介绍化学学科的发展历程，并在展望其未来发展中激发学生的学习兴趣："近年来，'绿色化学'的提出，使更多的化学生产工艺和产品向着环境友好的方向发展，化学必将使世界变得更加绚丽多彩。"在论述中，帮助学生在生活经验的旧知识中链接新知识，形成关于初中阶段化学知识的框架体系概貌，了解化学学科的价值与意义，体会化学家严谨务实与勇于探索的科学精神，这也是对学生学习莫大的鼓励。

（三）简介型前言

　　简介型前言以简洁的语言介绍本册教科书，但作为先行组织者，其先导性材料的角色并没有因此而被削弱，内容全面，涵盖了学习目标、知识内容框架、编写体例、学习重点、学习方法等内容。这类前言常表述为"前言""本册导引"等，这里主要选取人教版初中数学教科书展开分析。

人教版初中数学教科书前言的编写风格与小学阶段有很大的不同，小学阶段前言属于书信体前言，而初中阶段则为简介型前言。七年级上册是初中起始学期，这一册教科书的前言题为"主编的话"，从整套教科书使用的视角出发，向学生介绍了学习数学的理由主要是"数学应用很广泛""数学使人更聪明"，提出使用该套教科书学好数学的方法主要有"勤于思考，勇于探究，善于归纳；巩固基础，注重应用，提高能力；开阔视野，自主学习，立足发展"。此外，还立足于七年级上册教科书，让学生知晓学习的内容及每一部分学习内容的价值，最后预祝同学们在学习征途上不断奋进。这一册教科书前言使学生对初中阶段的数学形成整体认知，了解学习数学的思维与方法，并更细致地了解到本册教科书的知识内容，帮助学生做好学习准备。七年级下册到九年级下册，都以"本册导引"充当前言，比如八年级上册的"本册导引"清晰地介绍了该册教科书的编写依据，说明本册教科书为七至九年级的第三册。关于知识内容的介绍，"本册导引"回顾了学生已有认知结构中的旧知识，进而引出新知识，并用蓝色加粗字体做了特别标注，有助于引起学生的注意，使学生很快关注到本学期学习的知识点。同时，标示了每一内容的学习目标与能力培养目标，最后在结语中以激励性的话语提出"数学伴着我们成长，数学伴着我们进步，数学伴着我们成功，让我们一起随着这本书，继续畅游神奇、美妙的数学世界吧！""本册导引"让学生对本册教科书有了框架性的认识，使学生的思维不局限于数学教科书。

二、教科书前言的比较分析

根据前文所述，教科书前言有书信体前言、总括性前言和简介型前言三类，这三类前言有着不同的呈现方式，其目的都是让学生知晓学科教科书的学习目标、知识框架、学习方法等方面的内容，使学生产生浓厚的学习兴趣，促进学生获得知识、提升能力、发展素养。

（一）教科书前言的选取

依据教科书前言的三种类型与学科差异，分别从这三种类型中各选一例展开比较分析，考虑到学科差异，选取外研社小学英语教科书（图 5 - 1）、人教版初中数学教科书（图5-2），在比较分析中找出不同类型、不同学科教科书前言的异同。

图5-1　外研社英语（一年级起点）二年级上册

本册导引

亲爱的同学，八年级的数学学习就要开始了。

你将要学习的这本书是我们根据《义务教育数学课程标准（2011年版）》编写的教科书，这是你在七～九年级要学习的六册数学教科书中的第三册。

对三角形我们并不陌生，比如我们知道"三角形的内角和等于180°"。这个结论需要证明吗？又怎样证明呢？怎样利用这个结论求出四边形、五边形……的内角和呢？请你到"三角形"一章中去探索，在那里你不仅能够解决上面的问题，而且能够学到研究几何图形的重要思想和方法，并初步了解所学的图形知识在日常生活中的广泛应用。

"全等三角形"将带你认识"全等"这种图形间特殊的关系，并探索判断两个三角形形状、大小相同的条件，了解角的平分线的性质。学习了这些内容，你会对几何图形有进一步的认识，进一步学习几何证明的思想，提高推理论证和解决问题的能力。

在我们周围的世界，你会看到许多美丽的轴对称图形，在"轴对称"一章中我们将对轴对称图形作专门的研究，并学习画出各种轴对称图形，了解轴对称图形的知识在实践中的广泛应用。另外，在这一章，你会对等腰三角形这种重要的几何图形有进一步的认识。

我们知道，可以用字母表示数，用含有字母的式子表示实际问题中的数量关系。在"整式的乘法与因式分解"一章中，通过对整式的乘法运算的讨论，你将学到许多常用的重要运算性质和公式，知道更多的数量关系，加深对"从数到式"这个由具体到抽象的过程的认识。

数有整数与分数之分，式也有整式与分式之别。在"分式"一章你将看到，分式与分数就像姐妹一样，有很多共同的特征，在分式的身上你能很容易地找到分数的影子。学习了分式，你会认识到它是我们研究数量关系并用来解决问题的重要工具。

数学伴着我们成长，数学伴着我们进步，数学伴着我们成功，让我们一起随着这本书，继续畅游神奇、美妙的数学世界吧！

图5-2　人教版数学八年级上册

(二) 教科书前言的比较分析

本节将对外研社小学英语教科书、人教版初中数学教科书两科教科书前言中所展示的编写依据、学习目标、编写体例、对旧知识的提及、新知识框架、学习方法、学习重点、结束语等八个方面进行比较分析。

总体上这两科教科书前言的编写各有千秋，从不同侧面给学生呈现出学习该学科的先导性材料，帮助学生提前做好学习的预备，建立新知识的框架，了解知识的概貌。但它们在具体内容、结构上存在差异（表 5 - 1），表现为教科书的学科差异与前言设计的类型差异。

表 5 - 1　两科教科书前言比较

学科及版本	编写依据	学习目标	编写体例	对旧知识的提及	新知识框架	学习方法	学习重点	结束语
小学英语（外研社）	√	(√)	√			√		√
初中数学（人教版）	√	√	(√)	√	√	(√)		√

外研社小学英语和人教版初中数学在前言中明确指出教科书编写的依据是《义务教育英语课程标准（实验稿）》和《义务教育数学课程标准（2011 版）》。教师需在课程标准的指导下开展教学，因此，了解课程标准的内容就显得尤为重要。从这一层面来看，前言不仅有助于学生理解教科书的编写依据、体例及知识框架，也有利于教师教学的更好开展。

这两科教科书的前言均对学生的学习目标提出了要求，学习目标是对课程标准中课程目标的具体落实。外研社小学英语教科书前言是总括性前言，也是从总体上展现学习目标，"复习模块对前面 10 个模块所学的内容进行综合和融合性复习，使大家对语言知识和相应的语言技能得到进一步的巩固与提高"，这是对整套教科书进行总括性介绍，并指出每册教材所包含的学习板块与学习目标，因此表格中用"（√）"做出标注。人教版数学教科书是针对本册书的知识提出有针对性的学习目标，如"学习了这些内容，你会对几何图形有进一步的认识，有利于以后学习几何证明的思想，提高推理论证和解决问题的能力"。

在编写体例上，人教版高中语文教科书和外研社小学英语教科书均从整套书的编写出发，指出本套教科书编写体例中所设计的模块。如小学英语教科书的前言有编写体例的说明："修订后的教材每册包括 10 个学习模块（Module）、一个复习模块（Review Module）、四个单词表、一个补充阅读（Reading for Pleasure）板块以及一个综合运用实践项目（Project）。"同时对每一单元可能出现的学习模块设置进行了说明，在此基础上提出学习目标。数学教科书七年级上册以"主编的话"的形式表述前言内容，虽未对编写体例进行有意的说明，但在指导学生如何使用这套教科书时，分门别类地列出了教科书中的栏目，如在"勤于思考，勇于探究，善于归纳"中提到"这套书安排了'思考''探究''归纳'等栏目"，在"巩固基础，注重运用，提高能力"中提到"每章后面都有'教学活动'"，在"开阔视野，自主学习，立足发展"中提到"阅读与思考""观察与猜想""实验与探究""信息技术应用"等选学内容。这些内容属于编写体例中的构成部分，但因其并不是有意说明教科书编写体例，因此，用"（√）"加以标注。这样的设计在一定程度上体现了文科类学科与数理类学科的差异性，与文科类教科书相比，数学教科书更加强调知识的逻辑性、体系化。

前言中的提及旧知识方面，人教版数学教科书更强调学生要回顾旧知识，帮助学生做好链接旧知识与新知识的心理准备，"对三角形我们并不陌生，比如我们知道'三角形的内角之和等于 180°'。这个结论需要证明吗？又怎样证明呢？怎样利用这个结论求出四边形、五边形……的内角和？请你到'三角形'一章去探索"。对旧知识的回忆有助于学生巩固旧知识，并形成对新知识学习的期冀。

在本册教科书的知识框架上，人教版初中数学教科书前言详细地列出了知识框架；外研社小学英语教科书前言未明确列出本册教科书的知识框架，这与总括性前言的特征紧密相关。人教版数学教科书前言在回忆旧知识的基础上，列出本册教科书的知识框架，主要有"三角形、全等三角形、轴对称、整式的乘法与因式分解、分式"等，并且将每一个知识点标注为蓝色加粗字体，让学生能非常清晰地看到本册教科书的知识与框架；具体到知识点，编写者采取一条一条介绍的方式对每一条知识点的学习内容、学习目标等做出详细说明，如"在我们周围的世界，你会看到许多美丽的轴对称图形，在'轴对称'（蓝色加粗字体）一章中我们将对轴对称图形作专门的研究，并学习画出各种轴对称图形，了解轴对称图形的知识在实践中的广泛应用。另外，在这一章，你会对等腰三角形这种重要的几何图形有进一步的认识"。

在对学生学习方法的指导方面，外研社小学英语教科书前言对教师、学生及家长都给出了方法性的指导与要求——"学习模块的课文中呈现了一些语法内容，但不要求老师做理论的讲解，更不要求大家孤立地、脱离语境地掌握，只希望大家初步学会在恰当的语境中运用包含这些语法的句子。这一原则也希望老师在教学过程中以及家长在辅导孩子学习的时候注意"——这是给刚接触英语的学生以方向性的方法指导，引导学生建立初步的语感。初中数学教科书的前言并没有明确地指出学习方法，数学教科书七年级上册前言给出了使用这套教科书的方法，可以视作宏观层面的方法引领，因此用"（√）"标注。

在学习重点方面，外研社小学英语与人教版初中数学的前言在每一部分都做了详细的说明，但并未提及学习重点或范围。一方面是因为总括性前言主要是从整套教科书的角度出发的，不便于对一册教科书内容的学习重点进行更细致的说明；另一方面是因为这两科教科书在前言的最开始就述及课程标准是教科书编写的主要依据之一，而教师需要对课程标准有清晰的了解，以便于熟悉教学重点与难点，这在一定程度上解决了学习重点的问题。

这两科教科书前言的最后都有一段鼓励性的结语，期望学生在积极的学习行动中实现课程目标。外研社小学英语教科书前言鼓励学生积极尝试，大胆实践，主动学做——"相信你们会在参与活动、完成任务的过程中体会到学习英语的乐趣，实现英语的灵活运用和自由交际"。初中数学教科书前言在论说数学的价值与意义中激发学生学习的兴趣："数学伴着我们成长，数学伴着我们进步，数学伴着我们成功，让我们一起随着这本书，继续畅游神奇、美妙的数学世界吧！"这两科教科书前言的结语虽以不同的表达方式结束，但均旨在引导学生对该学科的学习产生兴趣，帮助学生走进学科知识内容。

三、教科书目录的心理学价值

"目"是篇名或书，"录"指用作记载物的名称。目录，指按一定次序开列出来以供查考的事物名目或书刊上列出的篇章名目（多放在正文前）[①]。教科书

---

① 中国社会科学院语言研究所词典编辑室. 现代汉语词典：第 7 版 [M]. 北京：商务印书馆，2016：928.

中都有目录，目录能非常明晰地对所学内容进行导引，具有先行组织者的性质。依照认知学习理论的观点，教科书目录不仅体现教科书知识内容的次序编排，更重要的是通过精练化的次序编排使学生能捕捉到即将学习的新知识，有意识地促进学生认知结构中已有的旧知识与目录中呈现的新知识发生联系，为学生有意义学习奠定基础。

（一）有助于教师的教学引导

目录意在说明书刊结构状态、文章标题页码等，查阅目录可以了解书刊的内涵①。目录发挥检索的作用，教科书目录也不例外。按照认知心理学理论的观点，目录这一导学设计有助于教师对学生的引导，帮助学生学会检索知识和明确知识点，引导学生学会学习，同时使教师更加明晰"用教材教"的价值与意义。教师引导学生借助目录快速检索知识。在什么情况下，学生会使用目录进行知识检索呢？一般而言，当学生对知识不是太熟悉又不想随意翻找时，教师便会建议学生从目录中查找页码，以快速定位到需要学习的内容。如，学生想快速检索到部编本语文一年级下册课文第8课《夜色》这篇课文，在教师没有指出"把书翻到第40页"时，借助目录查找便是省时、省力的查找方式。当学生体验过使用目录的便捷后，便会不自觉地将这种检索知识的方法运用到其他文本、文献的检索中。学生使用拼音或部首查字法查阅字典便是对这种方法的灵活运用。利用目录快速检索知识有助于节省学生的学习时间，相较于随意翻书查找来说，能使学生思绪保持较为平稳的状态，保持专注力，提升学习的效果。

一册教科书中的知识内容不可能全部都是重点，而是有所侧重。某些知识是需要重点掌握的内容，有些知识要求学生能理解，有些则只要求了解，这是因为不同的认知层次有不同的学习要求。那目录如何体现教科书的知识点呢？富有逻辑性的教科书目录呈现出的内容必然是单元、课或章、节提纲挈领式的知识点，帮助学生去粗取精，精简思路，促进学生更好地识记、理解。例如，部编本中国历史教科书八年级上册第一单元"中国开始沦为半殖民地半封建社会"，通过目标可知，从篇幅上看，这一单元共有18页的内容，有《鸦片战争》《第二次鸦片战争》《太平天国运动》3课内容，这也是重要的知识点。目录能帮助学生梳

① 李继文. 教科书目录功能与使用策略［J］. 中学历史教学参考，2019（6）：73.

理、记忆知识点，提升学生学习的效能。

（二）有助于学生建构关于知识的框架体系

　　教科书目录体现本册教科书学习内容的次序编排。学生如何在教师指导下将前后依次呈现的知识内容在头脑中建构成体系化的知识框架呢？依照奥苏贝尔的认知学习理论的观点，有意义学习的实质是新知识与学习者认知结构中已有的适当观念建立起实质的、非人为的联系，从而使认知结构不断发展。目录所呈现的关于知识的框架体系有助于学生为新旧知识建立起实质的、非人为的联系，从而促进认知结构的不断完善和优化。在不同的学习阶段，目录在帮助学生建构知识框架方面所发挥的功能有所不同，"在新学期或新课本开始使用时，运用目录介绍新学期学习内容或全书内容、篇章结构，做到'纲举目张'；在学习新的一章或单元时，运用目录介绍教材的章节结构或单元的知识结构；在复习课里运用目录进行知识归类，使知识条理化、系统化"①。换言之，首先，在学习之初，由于对本册教科书内容不熟悉，学生可借助目录了解教科书知识的整体单元构成与篇章结构，明晰各单元或章的主题。例如，教师指导学生翻看部编本语文二年级上册的目录，发现有"课文"和"识字"两大部分内容，有"识字表""写字表""词语表"3 个附录。其中，"课文"24 篇，"识字"4 篇，"口语交际"4个，"快乐读书吧"1 个，"语文园地"8 个。这便使学生在学期初形成了关于本册语文教科书的初步知识框架与概貌性的认知。其次，在单元或章的学习中，学生借助目录，仔细查看每单元或章下面的课或节的详细内容，了解各课或节的具体内容、彼此之间的相关性及区别。例如，当学生学习到部编本语文二年级下册第一单元时，发现第一单元共有四篇课文，分别是《古诗二首》（《村居》《咏柳》）《找春天》《开满鲜花的小路》《邓小平爷爷植树》，这四篇课文的关联是都在描写春天，但又是以不同的视角描写春天的。学生在学习了第一单元后，再查看目录，便会形成关于这一单元的知识结构，有助于学生从局部出发深入把握教科书知识的逻辑体系，在头脑中形成清晰的认知轮廓与结构，促进新旧知识发生作用，为以后章节的学习奠定基础。最后，在复习时，学生在教师的指导下借助目录，对教科书知识进行归类，促进学生在头脑中构建更加合理、稳固、富有

---

① 郭岩. 要重视和发挥课本目录的作用 [J]. 课程·教材·教法，1991（8）：51.

体系化的认知结构，促进知识的巩固与系统化、条理化。如此一来，学生在三个不同的学习时期，使用目录在头脑中形成的知识框架体系大致经历了三个阶段：从面上的初步框架，到局部的细致结构，再到整体的系统化结构的转化与提升过程，在此过程中，学生对知识的理解、掌握与灵活运用能力不断提升。

四、教科书目录的类型

教科书目录设计遵循学生认知发展的规律，不同学科的教科书目录有着不同的类型，符合学科知识的特点。在对教科书目录进行实证分析的基础上，笔者根据教科书目录呈现方式，将目录分为色条式目录、图文式目录、文字式目录和表格式目录四种类型。

（一）色条式目录

色条式目录是主要运用在以知识单元为单位的教科书中，在目录中不同单元名采用不同的色条。这类目录在小学阶段使用较为普遍，以形象直观为主，色彩艳丽，醒目，具有较强的辨识度，能很好地为师生使用教科书提供框架导引。部编本道德与法治、教科版小学英语、人教版小学数学、人教版小学英语、人教版小学音乐（简谱）、人音版小学音乐（简谱）、人美版小学美术等学科教科书采取色条式目录。这里主要选取人教版英语教科书三年级上册与人音版音乐教科书六年级上册进行分析说明。

人教版（三年级起点）英语教科书三年级上册的目录中（图5-3），每个单元名采用不同的色条标注，颜色艳丽，易于辨识，同时能激发学生的学习兴趣。通过查看目录可知，这一册教科书有6个单元、2个复习、单元词汇表、词汇表和常用表达法等内容。读者翻开教科书目录时，便能一目了然地知晓本册教科书需要学习的内容，形成关于本册知识的总体框架，提升学习的目标性与实效性。人音版音乐教科书六年级上册目录将色条做了动态处理（图5-4），不同的色条框组成不同的课，色条框内详细标注本课的主题与详细内容，具体且明晰。当学生以目录作为检索知识的工具时，便能很快定位到自己想学习的内容，并且能了解到相应的学习内容，形成关于知识的整体框架，如民歌系列"芬芳茉莉、悠扬民歌、赣南民歌"、西洋歌曲"美丽童话、七色光彩"、戏曲系列"京腔京韵"、爱国歌曲"赞美的心、两岸情深"等。每一课清楚地标注了学习的侧重点，如

"聆听""演唱""知识与技能""创编与活动"等，便于学生根据色条框内的章节要求明确学习目标与方向。

5-3　人教版（三年级起点）英语教科书三年级上册目录

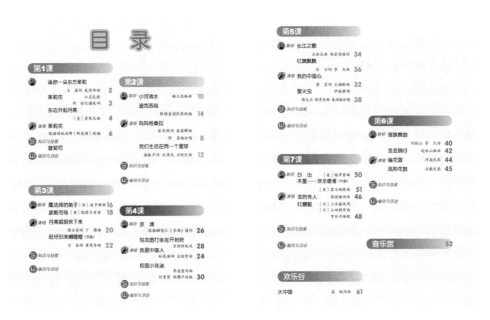

图5-4　人音版音乐教科书六年级上册目录

（二）图文式目录

图文式目录是教科书目录采用文字的形式罗列出本册教科书的知识次序，同时在每一单元的旁边配有一幅与单元主题内容密切相关的图片，即图文并茂的目录。这类目录的图片是对文字的辅助性解释说明，具有辅助性理解的作用，使学生看到图片便能捕捉到单元主题。北师大版数学、部编本语文（1～2年级）、教科版科学、人教版初中数学、人教版初中物理、人教版高中物理、人教版初中地理、人教版初中化学、西师版小学数学等学科教科书均采用图文式目录。这里主要选取部编本语文教科书一年级上册与西师版数学教科书一年级下册展开分析。

部编本语文教科书一年级上册目录中（图5-5），每一单元旁边都配有一幅图片，这幅图片或者是从本单元选择的、与某节内容紧密相关的图片，或者是体现本单元的核心内容。第一单元为"识字"，而旁边配的图片是一幅柳绿花红的图片，这幅图与单元中的《对韵歌》插图一致。"汉语拼音"单元配读拼音"a"的图，使人一目了然。西师版数学教科书一年级下册目录（图5-6）中，每一单元文字与图片的契合度都非常高，可以说图片是文字的另一种表达。总之，图文式目录在引导学生了解知识概貌的同时，能让学生借助图片了解单元知识的核心要点，有助于学生抓住重点学习，增强学生的学习兴趣与动机。

图5-5　部编本语文教科书
一年级上册目录（节选）

图 5 – 6　西师版数学教科书一年级下册目录（节选）

（三）文字式目录

文字式目录是以文字的形式表现教科书知识内容的序列等而形成的目录。这类教科书目录显得更加简洁。部编本语文（3~6 年级）、部编本初中历史、部编本初中道德与法治、冀教版小学数学、冀教版小学英语、沪外新世纪版小学英语、鲁教版小学英语、清华版小学英语、人教版小学美术、人教版高中地理、人教版高中化学、人教版高中数学、陕旅版小学英语、苏教版小学数学、湘少版小学英语、湘美版小学美术、外研社小学英语等学科教科书均采用文字式目录。这里主要选取部编本中国历史教科书八年级上册目录展开分析说明。

针对部编本中国历史八年级上册的学习，教师可引导学生根据教科书目录（图5－7）构建历史知识体系，明晰历史知识的框架，把握其脉络，真正将历史知识浓缩为精华，有效减少学生学习历史的负担，增长其学习兴趣，提高学生学习效率与质量①。引导学生以时间脉络浏览教科书目录，包括“中国开始沦为半殖民地半封建社会”“近代化的早期探索与民族危机的加剧”“资产阶级民主革命与中华民国的建立”“新时代的曙光、从国共合作到国共对峙”“中华民族的抗日战争”“解放战争”“近代经济”“社会生活与教育文化事业的发展”等八个单元，单元主题构成了知识框架的主干。学生在绘制思维导图时可根据目录画出主干，再写出更细致的内容。这样的目录设计有助于提高学生学习的主体性、主动性，增强学习的成效。学生在查看目录时，会发现历史事件发展的时间次序，且每个历史阶段具有显著的特征，能通过单元主题认识各个历史阶段的关键事件与特征，巩固历史知识，建构更加稳固的历史知识结构。

目 录

第一单元
中国开始沦为半殖民地半封建社会

第1课　鸦片战争……2
第2课　第二次鸦片战争……8
第3课　太平天国运动……13

第二单元
近代化的早期探索与民族危机的加剧

第4课　洋务运动和边疆危机……20
第5课　甲午中日战争与列强瓜分中国狂潮……26
第6课　戊戌变法……30
第7课　八国联军侵华与《辛丑条约》签订……34

第三单元
资产阶级民主革命与中华民国的建立

第8课　革命先行者孙中山……40
第9课　辛亥革命……44
第10课　中华民国的创建……48
第11课　北洋政府的统治与军阀割据……52

第四单元
新民主主义革命的开始

第12课　新文化运动……58
第13课　五四运动……61
第14课　中国共产党诞生……65

第五单元
从国共合作到国共对立

第15课　国共合作与北伐战争……72
第16课　毛泽东开辟井冈山道路……77
第17课　中国工农红军长征……83

第六单元
中华民族的抗日战争

第18课　从九一八事变到西安事变……88
第19课　七七事变与全民族抗战……93
第20课　正面战场的抗战……98
第21课　敌后战场的抗战……102
第22课　抗日战争的胜利……106

第七单元
人民解放战争

第23课　内战爆发……112
第24课　人民解放战争的胜利……116

第八单元
近代经济、社会生活与教育文化事业的发展

第25课　经济和社会生活的变化……122
第26课　教育文化事业的发展……127

第27课　活动课：考察近代历史遗迹……132

附录
中国近现代史大事年表（上）……134

图5－7　部编本中国历史八年级上册目录

（四）表格式目录

表格式目录是根据教科书单元内容对目录进行更加细致的设计，具备行、列

① 李继文．教科书目录功能与使用策略［J］．中学历史教学参考，2019（12）：73－74.

的功能表格的目录。这类目录如同简单的表格，清楚、细致地呈现各单元的具体安排与目标计划，具有较强的引导性。这类目录不多，粤教粤人版小学英语、人教版初中英语、人教版高中英语等教科书均采用了表格式目录。

表格式目录的亮点是以表格的形式对单元主题、目标、页码、语法结构等内容进行了巧妙的设计。粤教粤人版小学英语教科书目录设置了 17 行 3 列。第一行是表格标题，紧接着的 4 行为前 4 个单元，后面两行为 Review1 和 Culture 1：Family，再下来是第 5 ~ 8 单元，剩余六行为 Review2、Culture2：Animals and Countries、Bonus 1、Bonus2、Tapescrip Language、Checklist；三列从左到右依次是单元主题（Topics）、目标语言（Target Language）、页码（Pages），这种设计能让初学英语的小学生较快了解单元知识的核心与重点，有利于英语知识的识记。人教版初中英语教科书由于知识点的增加与内容广度的拓展，不再使用小学阶段的色条式目录，将目录设计为 9 行 7 列的表格（图 5 - 8）。第一行是表格标题，后面 8 行则是 8 个单元的内容；7 列从左到右分别是单元（Units）（包含页码）、主题（Topics）、功能（Functions）、语法结构（Structures）、目标语言（Target

Contents

Units	Topics	Functions	Structures	Target Language	Vocabulary	Recycling
❶ Where did you go on vacation? Page 1	Holidays and vacations	Talk about past events	Indefinite pronouns Simple past tense of regular and irregular verbs	Where did you go on vacation? I went to New York City. Did you go out with anyone? No. No one was here. Everyone was on vacation. How was the food? Everything tasted really good!	decide, try, wonder, dislike wonderful, bored anyone, someone, everyone, something, nothing, anywhere quite a few, of course, feel like, because of	stayed, visited, arrived, went, bought, ate, saw, felt, had, was, were interesting, boring, special, delicious, expensive, cheap, exciting, terrible, friendly, cold, wet, sunny, hot How was the weather?
❷ How often do you exercise? Page 9	Free time activities	Talk about how often you do things	How often...? Adverbs of frequency	What do you usually do on weekends? I always exercise. What does she do on weekends? She sometimes goes shopping. How often do you go to the movies? I go to the movies maybe once a month.	housework, junk food hardly ever, once, twice use the Internet, go online, such as, more than, less than, at least	exercise, watch TV, go shopping, go to the movies, eat fruit/ vegetables, drink milk, sleep always, usually, often, sometimes, never on weekends, every day, next week, last month
❸ I'm more outgoing than my sister. Page 17	Personal traits	Talk about personal traits Compare people	Comparatives with -(i)er and more both and as ... as ...	Is Tom smarter than Sam? No, he isn't. Sam is smarter than Tom. Does Tara work as hard as Tina? Yes, she does. Who's more hard-working at school? Tina thinks she works harder than me.	outgoing, hard-working, serious, loud, necessary, fantastic, similar, both, better loudly, quietly, clearly, truly as long as, in fact, be different from, be similar to, the same as, bring out, care about	sing, run, jump, work, study tall, thin, short, heavy, long hair, short hair, friendly, funny, smart, lazy, popular, quiet, shy fast, early, hard play the drums, get up
❹ What's the best movie theater? Page 25	Your town	Discuss preferences Make comparisons	Superlatives with -(i)est and most Irregular comparisons: good, better, best; bad, worse, worst	What's the best movie theater to go to? Town Cinema. It's the closest to home. And you can buy tickets the most quickly there. Which is the worst clothes store in town? Dream Clothes. It has the worst service. What do you think of 970 AM? I think 970 AM is pretty bad.	comfortable, fresh, poor, close, worse, worst cheaply, carefully, comfortably, beautifully, seriously so far, have ... in common, all kinds of, be up to, play a role, make up, for example	new, big, cheap, expensive, popular, exciting, interesting, creative, boring, funny, beautiful, good, bad quickly, well, fast, quietly

图 5 - 8　人教版英语八年级上册目录（节选）

Language）、词汇（Vocabulary）和应用（Recycling）①。当学生第一次看到这个目录时，能非常清晰地知晓每单元需要学习什么内容，形成关于知识的初步框架；而处于复习阶段的学生，能对照目录快速回顾单元的语法结构、词汇、句子等，形成关于英语知识的认知结构图。进入高中阶段，人教版英语教科书的目录比初中阶段简化了一些，但依然采取表格式目录。高中英语必修一目录（图 5-9）设计了 7 行 3 列的表格。第一行为表格标题，中间 5 行是 5 个单元的内容，最后一行为附录（appendices）；3 列从左到右分别是单元（Units）（包含页码）、主题（Topics）和功能（Functional items），这样的目录设计有助于学生捕捉到单元知识的关键信息，为复习巩固与新知识的学习提供便利。

CONTENTS

	Theme	Listening	Speaking	Reading
p. 1	WELCOME UNIT	Registering Learning styles	Making introductions and greetings	First Impressions Student Profiles
p. 11	UNIT 1 TEENAGE LIFE	School clubs *Predict content* Youth camps	Talking about future activities	The Freshman Challenge *Skim* A Letter of Advice The Face-down Generation
p. 23	UNIT 2 TRAVELLING AROUND	Getting ready to travel *Focus on key words* Booking air tickets	Making reservations	Travel Peru *Recognise text type* A Travel Plan to Xi'an Be a Good Tourist
p. 35	UNIT 3 SPORTS AND FITNESS	Inviting a friend to a sports event *Listen for main ideas* Sportsmanship	Agreeing and disagreeing	Living Legends *Make predictions* Going Positive Cool Cold Sports
p. 47	UNIT 4 NATURAL DISASTERS	News about natural disasters *Listen for details* Preparing for a disaster	Giving instructions	The Night the Earth Didn't Sleep *Use context to understand new words* Tsunami Hits Asia: Over 6,500 Dead The Story of an Eyewitness
p. 59	UNIT 5 LANGUAGES AROUND THE WORLD	Languages around the world *Reference* Different kinds of English	Asking for clarification	The Chinese Writing System: Connecting the Past and the Present *Scan* Learning English Polyglots: What Are They and Who Can Be One?

图 5-9　人教版高中英语必修一目录（节选）

总而言之，色条式目录、图文式目录、文字式目录及表格式目录各有特色，共同发挥着引导性的作用，帮助学生形成初步的知识框架。部分学科教科书在这几种目录类型中存在逐级过渡的现象，这里主要根据便利性原则选取部分版本的

① 编者注：在英语教材中，"Recycling" 通常指的是教材中用于复习、巩固和循环使用已学语言知识的板块或环节。此处翻译为 "应用"。

教科书展现不同类型目录在不同学段的呈现情况。如人教版数学教科书有两次过渡，从义务教育第一、二学段的色条式目录过渡到第三学段的图文式目录，再过渡到高中学段的文字式目录。图文式目录具有从色条式目录向文字式目录过渡的性质。有的学科教科书则有一次过渡，如部编本道德与法治（思想政治）从第一、二阶段的色条式目录过渡到第三阶段的文字式目录，人教版英语则从色条式目录过渡到表格式目录。这里，我们不能对这几种目录做出孰优孰劣的简单评判，但至少能看出教科书编写者努力使目录设计遵循学科特征、课程标准，同时遵循学生认知由具体思维向抽象思维发展的规律。

第三节　教科书单元导引中的心理学

单元导引是对一个单元学习内容的凝练与总结，它作为一种导学材料具有独特的心理学价值，"导学材料是帮助学生有效进行自学活动的提示性文字说明或图表。如果说，教科书对于学生来说是'不出声的教师'（音像教材除外），那么这位'教师'与学生联系的主要渠道之一就是导学材料"①。作为一种先行组织者性质的导学材料，单元与课的导引使学生为学习做好心理预热，对知识内容有初步的认知，或从相关的问题中获得认知启发。单元导引有着不同的类型，在不同学科中也有不同的形式。

一、单元导引的心理学价值

在教育活动中，教师与学生分别是教的主体与学的主体。阅读单元导引可帮助教师明确学生在学习活动中需要掌握的知识、技能、方法，及要培养的情感、态度、价值观等认知层面的要求，也能帮助学生了解本单元的知识主题和情感主题等，初步了解单元学习内容。

---

① 顾黄初，顾振彪. 语文课程与语文教材［M］. 北京：社会科学文献出版社，2001：127.

（一）有助于教科书使用主体明确教与学的任务

教科书主要以单元（或章）为单位编排知识内容，同一个单元的知识围绕一个主题展开，具有高度的相关性与紧密的联系。教科书使用者——教师和学生，能通过导引知晓单元学习主题，明确教科书单元的教学目标与学习任务。

对教师而言，教科书是教师开展教学、与学生发生联结的关键性中介材料。单元导引可帮助教师明确单元教学的知识范围，明确教学目标，为解读教材、有方向地开展教学做好准备。然而，由于"不同的教师对教科书规定的教学内容见仁见智，理解不一，因而处理方法可以产生很大的差异"①，单元导引在一定程度上使教师之间形成对单元知识内容较为一致的认识，能够帮助教师明确教学目标与任务，为教师教学提供方向，使教师对教材的理解和教学不因个人喜好而出现较大的偏差。学生是在教师引导下认识、学习教科书中的知识，教师对单元导引的解读，有助于学生形成阅读单元导引的意识与习惯。作为单元类先行组织者，教科书单元导引通常以一段话或一幅图的形式表明单元主题，单元主题中暗含了单元的学习目标、重点与任务，使学生带着目的，有计划、有针对性地开展学习，提升学习效率。

（二）有助于学生做好同化新知识的心理准备

单元导引是新单元前的引导性学习材料，旨在帮助学生形成对单元知识学习的概貌性认识，便于有方向、有计划地开展学习。如何实现这一编写意图呢？从认知心理学的理论看，学生对新知识的学习是建立在已有认知结构的基础之上的，单元导引立足学生已有知识经验，使学生从自己的知识经验出发关注学习内容，尤其是注意到对新的知识、技能、情感等内容的掌握是基于已有的旧知识。通过教科书单元导引这种人为的"干预"措施，能够将最能与新知识建立联系的、高度概括的观念"移植"进学生的认知结构中去，使学生在学习新知识时，能顺利地利用这些观念来掌握新知识，确保新旧知识间建立起实质性的联系②。在学生还没有学习新知识之前，借助学生认知结构中已有的知识或经验帮助其开

---

① 同①87.

② 王惠来. 奥苏伯尔的有意义学习理论对教学的指导意义 [J]. 天津师范大学学报（社会科学版），2011（2）：67－70.

启学习新知识的大门，做好学习的心理准备至关重要。当单元导引中的描述与学生认知结构中已有的旧知识或经验有较高的契合度，便能激发学生的学习兴趣，增强其学习动机，这便为学生理解旧知识、同化新知识做好了心理准备，能使学生积极、主动地投入即将开启的新知识的学习。

二、单元导引的类型

单元导引作为教科书导学系统的重要组成部分，其叙述方式与教科书知识的所属学科紧密相关。依据单元导引的叙述方式，可以分为陈述式单元导引、问题式单元导引、图片式单元导引等三种类型。

（一）陈述式单元导引

陈述式单元导引是以陈述的叙述方式表达单元内容的主题、学习目标、学习任务及策略的一小段引导性材料，是文科教科书常用的表述方式。这类导引以贴合学生知识经验的方式陈述单元主题内容，包括这一单元学习什么知识，如何学习，需要关注哪些学习要点等。部编本语文教科书在一、二年级没有设计单元导引，三年级之后加入了单元导引的设计。陈述式单元导引不是简单的平铺直叙，而是采取多种方式，诸如借助学生已有知识经验、引导学生想象、使用鲜明的观点、借助名言等形式，增强单元导引的情境性，启发学生在思考、体验与感悟中增长知识，树立正确的情感、态度、价值观。因此，笔者从已有知识经验、想象、名言、观点等四个方面对部编本小学段语文教科书单元导引进行统计，如表所示（表 5 - 3），运用名言和观点表述的单元导引相对较多，但没有规律可循。

表 5 - 2　部编本小学语文教科书陈述性单元导引的统计

单位：次

册次	陈述式单元导引			
	知识经验	想象	名言	观点
三上	2	2	1	2
三下	1	4	1	2
四上	1	1	3	3
四下	2	1	1	4

（续表）

册次	陈述式单元导引			
	知识经验	想象	名言	观点
五上	2	0	3	3
五下	1	1	2	4
六上	0	3	3	2
六下	1	1	1	3
合计	10	13	15	21

　　这里主要以部编本语文教科书三年级上册为例展开详细分析。三年级上册共有8个单元，其中陈述式单元导引就有7个。第一，陈述式单元导引使学生借助已有知识经验进行思考与感悟，如第一单元的单元导引是"美丽的校园，成长的摇篮，梦想启航的地方"，第二单元的单元导引是"金秋的阳光，洒在树叶上，洒在花瓣上，也洒在我们的心上"。在这两个单元中，"美丽的校园"和"金秋的阳光"都是学生非常熟悉的，学生在已有知识经验的基础上再思考与体悟"成长的摇篮，梦想启航的地方""洒在树叶上，洒在花瓣上，也洒在我们的心上"等，逐渐由具体到抽象的事物，促进学生认知的发展、情感的丰富。第二，使学生借助想象感受与体验未曾接触过的事物，如第三单元"横着想象的翅膀，游历奇妙的童话王国，看花儿跳舞，听星星唱歌"和第四单元"猜测与推想，使我们的阅读之旅充满了乐趣"，便是引导学生感受童话的奇妙，"看花儿跳舞，听星星唱歌"，"感受阅读的乐趣"，这是何等美妙的事情！这两个单元重在触发学生的心理感受，通过心理感受学会编童话、续编故事等。第三，使用鲜明的观点引导学生理解较为抽象的事物。如第六单元和第八单元的单元导引分别是"祖国，我爱你。我爱你每一寸土地，我爱你壮美的山河"和"美好的品质，犹如温暖的阳光，带给我们希望和力量"，这两个单元没有从学生已有认知经验出发，也没有引导学生展开想象，而是以鲜明的观点通俗化地表达出我们持有的情感、态度与价值观。第四，借助名言抛出单元知识的主题，如第五单元引用法国著名雕塑家罗丹的"生活中不缺少美，只是缺少发现美的眼睛"，引导学生发现美、感悟美、描绘美。以名言的方式引出单元学习的目标、内容与任务，给学生以知识的启发和榜样的力量，开阔学生视野，使学生在阅读中增强文学美感，在感受

中增进艺术美感。因此，单元导引中不仅能窥探到单元知识学习的内容，更能了解单元的学习目标，包括知识类目标、能力类目标及情感态度价值观类目标，使学生在教师引导下更好地开展学习，全面、健康、和谐地发展。

（二）问题式单元导引

问题式单元导引是以问题的叙述方式形成单元主题的问题情境，引发学生思考与探究，在此过程中明确学习目标、任务与策略的引导性材料。这类导引重在以问题的方式激发学生思考，使学生带着问题进入单元学习。问题中便包含了单元知识学习的内容，帮助学生结合已有的知识经验投入到新知识的学习中，明确学习目标、任务与要求，做好学习的预先准备。问题的设计有助于引起学生探究的欲望，激发学生学习的兴趣。问题式单元导引注重以情境性的问题启发学生，引发学生新旧知识的思维碰撞，在此过程中激发学生的学习兴趣，培养学生主动思考、勤于思考的学习习惯。在教科书中，问题式单元导引主要采用第一人称提问或第二人称提问两种方式，帮助学生明晰单元主题内容，促进学生做好学习的心理准备。

第一，第一人称提问是编写者将自己与教科书使用主体视为一体，直接向教科书使用者提出问题，切入主题，引发思考，这类问题的人称往往是"我们（或我）"。例如，教科版科学教科书三年级上册第一单元"水"的单元导引："水是我们身边最常见的液体。生活中的水还以哪些形态存在？它们是怎样相互转化的呢？水又是一种特殊的物质，很多物质都能溶解在水里。正是由于水具有这种特性，动物、植物和人类才能够生存在地球上。我们来研究一下水吧，看看不同的物质在水中会发生哪些有趣的事情。"这一单元导引在最开始便采用了问题式的叙述方式，"我们"给人一种亲近感，使学生更乐意结合自己的已有知识与生活经验展开思考，随后通过两个问题提示单元的部分学习内容，如"水到哪里去了，水沸腾了，水结冰了，水融化了"等内容，让学生产生探究水的形态的兴趣。第二，采用第二人称提问的单元导引，在称呼上以"你（或你们）"来表达，采用第二人称，从心理层面拉近读者与文本的距离，展现了学生与教科书之间的交谈状态。这种由"我"到"你"，而不是由"我"到"它"的关系便构成精神相遇、相互回应的对话关系①，充分体现了以生为本的育人理念，尊重学生学习的主体地位。例如，部编本小学语文三年级上册第七单元导引"自然赐给我们许多珍贵的礼物，你发现了吗?"这个导引中用"你"帮助学生了解本单元的学习主题是与大自然相关的内容，"你"可以带着导引中的问题去探索大自然的奥秘、去发现大自然的神奇，引导学生在学习过程中寻找自然的礼物，强调教育教学中学生的感受、体验与情感经历；进而激发学生的学习兴趣，增强学生的学习动机，突出学生学习的主体性、主动性，彰显教科书的"学本"价值。

（三）图片式单元导引

图片式单元导引是以贴近学生生活经验的图片展示单元内容的主题、学习目标与任务的一种引导性材料。这类导引与学生的认知发展紧密相关，在以数学为主的理科教科书中应用较多。这类导引通过单元主题图的形式交代学习与教学的内容，大多贴近生活，关注学生本身的直接经验与学习内容的关联性。以人教版数学教科书为例，图片式单元导引使用与学生生活经验紧密相关的图片，包括交通、学校生活、游乐园、家庭生活等方面的图片，这些图片形象直观、贴合学生生活实际经验，学生可借助图片回忆旧知识，做好新旧知识相互作用的准备。

三、单元导引的比较分析

相较于教科书前言与目录，单元导引对教科书使用主体的帮助与引导在目标上更加明确、内容上更加具体、任务上更加清晰，有助于指导教师结合课程标准与学生发展水平有计划地开展教学设计，做到有针对性地教学；有利于帮助学生梳理单元学习主题、学习目标、任务与方法，让学生更好地把握学习的重点，做到有目标地学习。

（一）教科书单元导引的选取

依据教科书单元导引的三种类型，笔者从这三种类型中各选取一科教科书展开比较，考虑到学科差异，选取部编本语文、教科版科学、人教版数学三科教科书，在比较中分析不同类型、不同学科教科书单元导引的异同。

---

① 李维鼎. 语文教材别论［M］. 杭州：浙江教育出版社，2004：45.

（二）教科书单元导引的比较分析

三科教科书单元导引的比较分析如表5－4所示。需要说明的是，比较三科教科书单元导引时，侧重关注其主要方面，比如语文和科学教科书的单元导引也有图片，但以背景插图的形式呈现，文字才是起主要引导作用的材料，因此不列入"图片式导引"；数学教科书的图片主要传达单元内容，帮助学生形成关于单元知识的框架与整体认知，使学生借助图片联系新旧知识、理解知识，进行初步的知识建构，因此列入"图片式导引"。这里主要从单元导引的语言表述与内容设计两个方面做比较分析。

表5－3　三科教科书单元导引类型分布

教科书	陈述式导引	问题式导引	图片式导引
部编本语文三年级	15	1	0
教科版科学三年级	0	6	0
人教版数学三年级	0	0	24

1. 语言表述

不同类型的单元导引在语言表述上有着较大差异，因此，本书对单元导引的分类主要依据其表述方式。首先，陈述式单元导引在部编本语文教科书中较多。部编本语文教科书三年级的单元导引由两个部分组成，前半部分主要介绍单元主题，语言生动凝练，主要借助情境描述、想象、名言、观点等方式表达主题，如三年级下册第一单元"飞鸟在空中翱翔，虫儿在花间嬉戏。大自然中，处处有可爱的生灵"，立足学生知识经验，为学生想象创设适当的情境，引导学生明确学习主题；后半部分"试着一边读一边想象画面。体会优美生动的语句。试着把观察到的事物写清楚"，则是在前文的基础上提出具体的学习要求，使学生了解单元学习任务。这段话语言表述简明扼要，重点突出，使学生结合前半部分的内容发挥想象力，体悟美好画面，在此基础上提出学习目标与任务要求，提示学生做好准备。其次，问题式单元导引在科学教科书中较多，其以问题的形式给学生以启发，并留下思考的空间。科学三年级上册第二单元的导引是"我们周围到处都有空气，我们也曾经观察过空气。空气有哪些有趣而独有的特征呢？空气在我们的生活中有什么作用呢？我们又可以用哪些新的方法去研究它呢？让我们去探索空气吧！"这个单元导引以问题的形式抛出单元主题，让学生带着思考进入单元新知识的学习。最后，数学的逻辑性与抽象性较强，作为先行组织者的单元导引如果采用抽象文字或符号公式进行叙述，则不符合学生的认知特点。按照学生认知发展的阶段性规律特点，数学教科书采取形象直观的方式呈现引导性材料是较合适的方式。

2. 内容设计

单元导引的内容设计主要涉及单元主题、单元学习目标、学习任务或要求、学习策略等方面。三科教科书导引不仅有语言表述上的差异，还有内容设计上的差异。

第一，在单元主题表达上，语文和科学教科书主要以文字的形式表达单元主题，图片是辅助，采用陈述式单元导引或问题式单元导引为学生创设思考的情境，鼓励学生去思考、去体验，在想象与感悟中明晰单元主题的内容；数学教科书则采用图片的形式，以贴近学生生活经验的图片直观地展示单元学习主题，具体形象，便于学生基于已有认知结构中的旧知识积极地同化将要学习的新知识。

第二，在单元学习目标上，语文教科书的目标设计相对较为全面，不仅有认知与能力方面的目标，还有情感、态度、价值观方面的目标。例如，"体会习作的乐趣""学习写日记""感受童话丰富的想象，试着自己编童话，写童话""学习写一件简单的事"等，这些目标有知识习得的目标、有写作能力训练的目标、有认知发展的目标、有情感的目标等，形成了多元、立体的目标体系，在单元知识中系统化地实现这些目标，能够培养学生的核心素养，促进学生全面、健康、和谐地发展。科学教科书将目标融入单元主题之中，学生需要在教师引导下方能理解。如科学教科书三年级下册第一单元导引"河水流淌，鸟儿飞翔，运动员奔跑，车辆行驶，卫星升空……这些运动与我们的生活息息相关。那么，怎样描述运动？运动有哪些形式？怎样比较运动的快慢？让我们一起来研究吧！"从这段导引能看出单元主题与"运动"相关，单元内容与几个问题相关，但没有更细致的目标设计，学生需在教师引导下结合对单元内知识的详细学习加以认识和理解。数学教科书在呈现图片的基础上，最后提出了暗含学习目标的问题，如三年级上册第六单元导引"你能提出用乘法解决的数学问题吗？"从中可知这一单元学习主题是乘法，单元学习内容应为利用乘法解决问题。

第三，在单元学习策略上，语文教科书以细腻的语言引导学生借助感受、想象、体悟、观察等方式获得知识，锻炼能力，培养情感态度价值观，换言之，单元导引的学习策略是实现学习目标的具体途径。学习策略是具有操作性质的一整套动作序列，语文教科书的单元导引中设计了较全面的学习策略。例如，部编本语文三年级下册第三单元的主题为"深厚的传统文化，中国人的根"，学习目标、要求与策略是"了解怎么围绕一个意思把一段话写清楚。收集传统节日的资料，交流节日的风俗习惯"，这里的动作序列包括"了解—围绕—写""收集—交流"，这是两个任务，第一个任务是在"了解"的基础上"围绕"着一个意思来把一段话"写"清楚，如果学生按照这个学习策略要求的动作序列开展学习的话，便能很好地完成学习任务、达成学习要求，最终实现学习目标。科学教科书中关于学习策略的设计相对较少，而数学教科书对知识的解答中就有认知动作序列，属于学习策略的内容，但并没有被明确提出，学生需在教师引导下有目标、有要求、有策略地开展高效学习活动。

第六章

教科书中的认知要素 （上）

教科书是提升学生认知的重要文本，认知要素主要包括感觉、知觉、记忆、思维、想象等。教科书中不同的知识类型，如陈述性知识、程序性知识和策略性知识等都融入了认知要素。研究者可基于教科书文本，从教科书知识内容的字体与字号、行间距、版面、插图、纸张亮白度、印刷墨色、明暗色调、纸张紧度（又称表观密度）、材质等方面的感知觉要素，教科书文本的文字表述、学习要求与任务、方法指导等方面的记忆要素，教科书知识中的直观动作思维、形象思维、抽象思维等方面的思维要素等对教科书中的认知要素展开实证探究。

第一节　认知要素概述

认知有广义与狭义之分，广义的认知与认识的含义基本相同，是人脑反映客观事物的属性与联系；狭义的认知是指信息加工的过程，是人类智慧活动的过程与产物，即人获取、加工、储存、运用信息的过程，包括感知觉、记忆、注意、想象、思维。①

一、感知觉

感知觉是由感觉和知觉两种心理因素组成的，是感觉和知觉的合称。② 感觉

---

① 周详，潘慧. 教育心理学 [M]. 天津：南开大学出版社，2014：3.
② 燕国材. 新编普通心理学概论 [M]. 上海：东方出版中心，1998：53.

是人脑对直接作用于它的客观事物的个别属性的反映，是最简单的认识活动，例如：眼看颜色、耳听声音、口尝味道等①。知觉是一种较为复杂的认识活动，是当前直接作用于感知器官的事物的整体和外在联系在大脑中的反映。知觉是在人的实践活动中发展起来的，具有整体性、选择性、理解性和恒常性等特征。知觉是在感觉的基础上产生和发展的，由于事物的个别属性和整体不可分，所以感觉和知觉也不可分，没有纯粹的感觉，也没有纯粹的知觉，所以合称感知觉②。就教科书而言，教科书开本大小、颜色设计、字体大小、行间距等均可以被主体感知到，从而使主体形成对教科书这一文本的最初印象。

二、注意

注意是心理活动对一定对象的指向和集中，指向性和集中性是注意的两个基本特征。指向性指心理活动选择某一事物为对象而离开其他事物，集中性是指注意时全神贯注，它表现在心理活动的紧张性或强度上。注意本身不是一个独立的心理活动，它是伴随着心理过程而存在的心理现象，是感知觉、记忆、思维、想象等心理过程的一种共同特性。注意是心理过程的开端，并且总是伴随着各种心理过程③。基于此，本书将不把注意作为单独的认知要素进行分析。

三、记忆

记忆是人脑对过去所经历过的事物的反映。记忆反映过去的经验，既有人们感知过的所形成的感性经验，也有人们经过思维活动所形成的理性经验，还有人们产生过的情感、情绪体验以及所学过的动作，包括识记、保持、再认或重现三个基本环节。识记是认识和记住事物，是记忆的开端；保持是巩固经验的过程；再认或重现是在不同情况下恢复过去经验的过程，三个环节紧密联系④。记忆是进行思维、想象等高级心理活动的基础。记忆根据是否有自觉目的、是否需要付出意志努力分为无意记忆和有意记忆，无意记忆是没有自觉目的，没有采取任何

---

① 燕国材. 新编普通心理学概论 [M]. 上海：东方出版中心，1998：53.
② 同①54.
③ 喻国华，徐俊贤. 普通心理学 [M]. 北京：中国科学技术出版社，1995：111.
④ 同③137.

记忆方法，也不需要做出任何意志努力的一种记忆。有意记忆则具有自觉的目的，采取一定的记忆方法，在必要时还要做出一定意志努力①。一般来说，对于语文教科书中《小马过河》《草船借箭》等课文所描绘的人物形象、生动场景就属于无意记忆，而对古诗、计算规则与定律、与重大历史事件相关的历史年代和人物等则属于有意记忆。根据识记的材料有无意义或识记者是否了解其意义将其分为机械记忆和意义记忆。机械记忆又称强记，识记者不需要理解事物的意义而单纯依靠对事物的重复，不需要或很少利用过去的知识经验，也不用采取多样记忆方法，是一种无意记忆。意义记忆又称理解记忆，是需要理解材料的意义，需要利用已有的知识经验，也要求采取多种多样的记忆方法的一种有意记忆②。一般来说，学生最开始学习的声母、韵母、英文字母、数字符号、化学元素符号等属于机械记忆，而计算规则、定律、课文背诵等属于理解记忆。

四、思维与想象

思维最初是人脑对客观事物的概括和间接的反映，思维是认知过程中的高级心理活动，是智力活动的核心和成分。思维总体上可分为具体思维和抽象思维，具体思维包括动作思维和形象思维，抽象思维包括形式思维和辩证思维（表6 - 1），不同思维的思维特点、思维形式及思维规律都有所不同，在认知过程中发挥着不同的作用。想象是人脑对旧形象进行加工改造，形成新形象的过程。在想象过程中，人脑所出现的事物的形象，并不是对过去感知过的事物形象简单地重复，而是对新事物形象的形成。根据想象是否有预定的目的分为无意想象和有意想象。无意想象是没有预定目的，不由自主地在头脑中产生新的形象的思维过程；有意想象是根据一定的目的，自觉形成新形象的过程，又可分为再造想象、创造想象。③ 想象也是思维的形式，为了论述的完整性，我们在教科书文本分析中将思维与想象合并在一起展开论述。

---

① 燕国材. 新编普通心理学概论 [M]. 上海：东方出版中心，1998：94.
② 同①95.
③ 喻国华，徐俊贤. 普通心理学 [M]. 北京：中国科学技术出版社，1995：174 - 175.

表 6-1　思维的种类及其特征①

思维分类		基本特征		
		思维特点 （间接性、概括性）	思维形式	思维规律
具体思维	动作思维	最小	动作（感知）	动作逻辑规律
	形象思维	较大	表象、联想、想象	描述逻辑规律
抽象思维	形式思维	更大	形式概念 形式判断 形式推理	形式逻辑规律
	辩证思维	最大	辩证概念 辩证判断 辩证推理	辩证逻辑规律

第二节　教科书中的知识类型

知识有广义和狭义之分，广义的知识指主体通过与其环境相互作用而获得的信息及其组织。狭义的知识一般仅指存在于语言文字符号或言语活动中的信息，如各门学科中的基本事实、概念、共识、原理等。② 知识有多种分类，依据获得方式可分为直接知识与间接知识，依据知识的反映程度可分为感性知识与理性知识，依据知识的存在方式可分为显性知识与隐性知识，依据知识及其应用的复杂多变程度可分为结构良好的知识与结构不良的知识等。现代认知心理学一般依据知识的不同表征方式和作用，将知识划分为陈述性知识、程序性知识和策略性知识。③ 教科书作为一种知识的集合呈现，静态的教科书文本中聚集了陈述性知

---

① 燕国材. 新编普通心理学概论［M］. 上海：东方出版中心，1998：113.

② 皮连生. 教育心理学：第三版［M］. 上海：上海教育出版社，2004：90.

③ 莫雷. 教育心理学［M］. 北京：教育科学出版社，2007：74.

识、程序性知识和策略性知识这三类知识，本节对教科书静态文本中所呈现的三类知识进行解析。

一、教科书中的陈述性知识

陈述性知识，又称为描述性知识，是关于"是什么"的知识，是关于事物及其关系的知识，主要用于区别和解释事物，是对事实、定义、规则和原理等的描述，如"我是一名小学生""北京是中国的首都"等便属于陈述性知识。陈述性知识通常以命题和命题网络的形式进行表征，符号、概念和命题以符合学生认知发展规律的形式存在于教科书文本中，呈现出由易到难的螺旋式上升样态。

（一）教科书中的符号

符号是信息的外在形式或物质载体，包括语言符号（如文字）、非语言符号（如图像、图标、图形等），是人们约定俗成地指称一定对象的标志物，符号总是具有意义的，意义也总是以一定的符号形式来表现的，符号的建构作用就是在知觉符号与其意义之间建立联系，并把这种联系呈现在我们的意识之中。

从皮亚杰提出的认知发展阶段来看，儿童在前运算阶段出现符号功能或象征，开始从具体动作中摆脱出来，凭借象征性图式在头脑里进行表象性思维。象征要求被表达物与象征物之间有明显的相似之处；而符号虽与被表达物之间客观上不存在相似之处，但主观上有紧密联系，如语言。儿童象征功能的出现是符号功能的基础与前提，为儿童进入学龄期奠定了思维基础。教科书编写遵循儿童认知发展的阶段性规律，如进入学龄期，从学习符号开始，训练学生的认知思维。

一方面，不同学科的符号指称同一意义。语文教科书一年级上册与数学教科书一年级上册都安排了较为简单的符号学习，语文中的"一、二、三"与数学中的"1、2、3"写法与外形均不同，却约定俗成地指称同一意义。教科书内容的同步安排，有利于学生将具有相同意义的不同符号对等起来，在认知结构中建立相应的等值关系，学生将语文教科书中的"一、二、三"与数学教科书中的"1、2、3"等关联起来，这为其以后的学习奠定基础，在后续的数学学习中，教科书会将语文教科书的"一、二、三"与数学教科书的"1、2、3"同时在数学教科书上呈现，前者为"读作"，后者为"写作"。符号间等值关系的建立有助于促进学生的认知发展，为思维的可逆性、抽象性奠定基础。

另一方面，教科书符号呈现出由易到难的编排特点。不同学科有不同的符号表征系统，教科书的符号系统体现出学科差异性，如语文教科书符号以拼音、文字为主，数学教科书符号以数字、数学符号等为主，来自不同学科的教科书符号总体上呈现出由易到难的编排特点，符合学生的认知发展规律。如语文教科书在一年级上册收录了日常较为浅显易懂的生字（如：天、地、人、你、我、他、一、二、三、四、五等）和拼音字母（韵母、声母、整体认读音节），随着年级的增高，学生的认知水平也逐步提高，课文中的生字难度也随之加大。数学教科书一年级有简单的"1、2、3"等数字符号，">""<"等数值关系符号。到高年级，随着知识的深入，符号也逐渐复杂，表示负数的"-"、表示百分数的"%"、表示体积的"V"、体积的单位"cm^3"等符号逐渐出现，难度逐渐增大，这种安排符合学生认知发展的连续性规律，使知识呈现循序渐进。

（二）教科书中的概念

概念是人脑对一类事物的本质特征的概括反映，是一类事物的共同的本质属性和关键特征。对概念的理解与把握是对学生的认知发展提出的更高要求，推动学生思维由具体形象思维向抽象逻辑思维发展。依据认知学习理论的观点，学生会经历概念形成和概念同化两个阶段，教科书较为灵活地将这两个阶段所要求的知识呈现在不同年级和不同学段的知识内容上。

第一阶段，教科书知识与概念形成。概念形成主要指从大量同类事物的不同例证中发现关键特征以形成概念，具有较强的直观性和具体性。学生概念的形成有赖于教科书相应知识的呈现，从学生学习层面的概念形成中窥探静态的教科书知识呈现，可促进教科书编写的科学性。针对一个具体的知识点，如关于加法的概念形成，数学教科书从 1 至 5 以内的加法开始反复地进行变式练习，旨在使学生先形成关于加法的概念。针对某一类相关的知识，教科书的概念形成做到了前后衔接与相互关联。人教版数学教科书小学段每一学期都有"认识图形"的内容，从学生身边的实物开始，因此在一年级上册安排了了解生活中各种立体图形的内容；一年级下册由立体图形转向对一个面的认识，包括三角形、正方形、平行四边形和圆等图形；二年级上册设置了对"角"的认识，要求学生学习锐角、直角和钝角，这为学生以后学习直角三角形、锐角三角形、钝角三角形等各类三角形奠定基础。这样一来，就形成了前后衔接、相互关联的知识体系，在帮助学生形成几何直观意识的同时，促进学生对于三角形、正方形、平行四边形等不同几何图形的概念形成。教科书引导学生从大量同类事物的不同例证中独立发现同类事物的关键特征，以促进学生概念的形成。

第二阶段，教科书知识与概念同化。概念同化主要指用定义的形式直接向学生呈现概念的关键特征，将呈现的概念的关键属性与自身知识结构中原有的概念相互耦合，就可让学生理解新概念。概念同化以概念形成为基础，在形成关于加法的概念后，教科书中的各种变式练习和比较能促进学生在教师引导下将加法的概念同化到自己的认知结构中，同时概念的并列结合学习将减法同化到认知结构中。关于三角形的概念同化，学生学习了角的概念，知道"角是由一个顶点和两条边组成"，根据两条边与顶点间的开口大小可分为锐角、直角、钝角和平角等，与三角形紧密相关的有锐角、直角和钝角。与生活紧密结合的图形认识，有助于学生概念形成，在此过程中，也促使学生的概念同化。到四年级下册学习"三角形"时，理解三角形是"同一平面上由三条边组成的闭合的图形"，这样一来，等腰三角形、等边三角形、直角三角形、钝角三角形等均被同化到三角形的概念系统中，这是一种下位学习，促进学生运用已掌握的概念来理解新概念，并将新概念同化到已有的认知结构中。

概念形成和概念同化在于训练学生的思维能力，使学生能对直观的、感性的知识材料进行分析、综合、抽象、概括、推理等深度加工，从而获得对事物的本质特征和内在联系的认识。教科书中的概念呈现由具体到抽象的衔接性，在引导学生概念形成的同时促进学生概念同化，这也是学生思维从形象思维逐步向抽象思维缓慢发展的过程，能促进学生认知水平的提高。

（三）教科书中的命题

命题是由符号和概念组成的复合意义，是人脑对不同概念之间的本质联系和内在规律的反映，即日常所说的规则、原理、原则，命题是知识的最小单元。命题以概念为前提，以符号为基础。

1. 教科书中的命题呈现

命题用于表述一个事实或描述一个状态，通常由一个关系和一个以上的论题组成，关系限制论题，一个命题只有一个关系，但其中包含的论题却可以不止一个。① 如在部编本语文教科书一年级上册的开篇"我上学了"以"我是中国人"作为小学生活的开始，"我上学了"这一命题中，"我"是命题谈及的话题，属于论题，"上学了"则是关系，对"我"的情况进行了限制，因此，命题的关注点就放在了"我上学了"这一论题上，而不关注"我"的其他方面。而在"我是中国人"这一命题中，只有一个关系，却有两个论题，分别是"我"和"中国人"，"是"则对这两个论题进行了限制，表明"我"与"中国人"之间的关系。通常情况下，命题用句子表达，但命题不等于句子，一个句子可以包含一个或多个命题。如：在人教版数学一年级上册"位置"单元中，"我举手发言用右手"，这个句子就包含了多个命题，至少包含了"我举手发言""举手发言用右手"这两个命题。"我举手发言用右手"这一句子有两个命题，在知识呈现的时候并不会将这两个命题分开呈现，它代表了一个整体的观念，而句子是日常交流观念的载体，因此会使用命题而不是句子将观念同化进入已有的认知结构中。

如果命题之间存在相互关系，则构成了命题网络，两个或多个命题常因为有某个共同的成分而相互联系在一起，从而构成命题网络，或称为语义网络。命题按层次网络结构储存，相互有联系的信息组成网络。② 部编本语文教科书一年级上册第十一课《项链》中"小娃娃嘻嘻地笑着，迎上去，捡起小小的海螺和贝壳，穿成彩色的项链，挂在胸前"，这句话是一个命题网络（图 6 - 1），其共同成分为"小娃娃"，"嘻嘻地笑着""迎上去""捡起""穿成""挂在"均是与"小娃娃"相互联系的关系，这便构成了相互关联的命题网络。

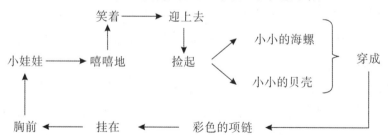

图 6 - 1　根据部编本语文教科书一年级上册第十一课《项链》整理的命题网络

---

① 陈琦，刘儒德. 当代教育心理学 ［M］. 北京：北京师范大学出版社，2007：254.
② 同①255.

数学、物理、化学等学科教科书中的陈述性知识多以原理、规则的形式呈现，如人教版数学二年级上册"长度单位"单元中"尺子是测量长度的工具，尺子上的'厘米'就是一个统一的长度单位"，关于测量工具与长度单位以命题的形式陈述出来，便于学生理解、记忆与运用知识。教科书中有单一命题的知识，也有一个句子包含一个或多个命题的知识，更有命题网络。教科书命题呈现与学生认知发展水平紧密相关，小学低学段的命题网络多由较为简单的句子组成，随着年级的增高，命题网络难度逐渐增加，句子结构的复杂性与内涵的深刻性均有所增强。

2. 教科书中的命题同化

认知心理学假定，人的认知结构是在观念的抽象、概括和包容程度上按层次组织的。[①] 教科书知识以命题或命题网络的形式表征，学生对命题根据新旧观念的概括水平及其联系方式不同，有下位学习、上位学习和并列结合学习三种同化模式。

首先，是教科书中的下位学习。当学生已有的有关观念在包摄和概括水平上高于新观念时，新旧观念（或知识）之间构成类属关系，或称为下位关系，这时新旧知识之间的相互作用过程称为"下位学习"。教科书中关于运算的呈现依次是加法、减法、乘法、除法和混合运算，这样的顺序符合学生认知发展顺序，有利于学生用已学过的加法同化减法、乘法和除法。学生学习了"角"的命题，在头脑中形成关于角的认知结构，二年级学生以形象思维为主，以直角三角尺为标准学习直角，将直角同化到角的上位概念中，进而同化锐角和钝角。学生学习了教科书中关于面积的知识，接下来再学习平行四边形、梯形、三角形等面积的知识，并将此同化到已有的"面积"这一认知结构中。

其次，是教科书中的上位学习。当学习者的认知结构中已经形成了几个观念，现在新的内容要在几个已有观念的基础上设置一个包摄性更广、概括水平更高的概念或命题时，就产生"上位学习"，新知识与原有知识之间是一般与特殊的关系。人教版数学五年级下册编写了"长方体与正方体"的知识模块，六年级上册有"圆"的知识，六年级下册则学习"圆柱、圆锥"。圆柱和圆锥的知识

属于新的知识命题，在学习该知识之前，学生已经形成了关于长方体、正方体及圆等知识命题的认知结构，而圆柱、圆锥的知识命题概括水平更高，具有更广的包摄性，这就需要将新的知识命题同化到已有的观念中。

最后，是教科书中的并列结合学习。当新的知识与认知结构中的已有观念既不属于类属关系，也不属于总括关系时，而只是并列关系，这种学习称为并列结合学习，这类知识间属于并列关系。如语文教科书以主题为单元的编排设计，一个单元内部，知识命题间不存在类属或总括的关系，而是并列的关系。部编本语文教科书一年级下册课文《秋天》和《小小的船》之间并不存在类属或总括的关系。物理教科书中关于"质量与能量"的知识命题、思想政治教科书中关于"需求与价格"的知识命题等均属于并列结合学习，由于新旧知识间不存在上述特定关系，为了提升并列结合学习的知识同化效果，就需要运用一定的学习策略。

二、教科书中的程序性知识与策略性知识

（一）教科书中的程序性知识

程序性知识，又称为操作性知识，是关于"怎么做"的知识，是一种经过学习自动化的关于行为步骤的知识，难以用语言陈述清楚，只能借助于某种活动形式间接推测其存在的知识，实际上是传统意义上的技能，[①] 如"如何解答一道数学运算题"等属于此类知识。

学生的知识系统不仅需要"是什么"的陈述性知识，也需要"怎么做""如何做"的程序性知识和策略性知识，如果说陈述性知识更加关注学生的知识储备量，那么程序性知识和策略性知识则更加注重学生对于知识理解基础上的灵活运用，学生能否将获得的知识由认知层面转化为能力层面，是其综合能力素质高低的体现。

程序性知识是关于行为步骤的知识，程序性知识在各科教科书文本中的分布呈现出不均衡的特点，程序性知识在数学、物理、化学等自然科学学科的教科书中更加常见。在数学教科书中，一年级最开始的"1~5的加减法"便属于程序

---

① 莫雷. 教育心理学 [M]. 北京：教育科学出版社，2007：74.

性知识，学生需要在具体的操作步骤下学会加法。程序性知识的安排也遵循由易到难的认知发展规律，从加法、减法到乘法、除法和混合运算，从整数运算到分数、小数的运算，以及各类图形的面积计算等均属于程序性知识。程序性知识由产生式或产生式系统来表征，简单的产生式只能完成单一的活动。经过练习，多个产生式可以组成复杂的产生式系统。当产生式 1 的活动为产生式 2 的发生提供了条件时，互相联系的产生式构成了产生式系统，产生式系统是复杂技能的心理机制。

程序性知识在语文教科书中相对较少，长期以来，以概念、术语、定义呈现的语言知识较多，结合语言现象具有可操作性和训练价值的语言知识较少。程序性知识在语文教科书中较少的情况使得学生学习语文知识更倾向于识记与理解，这在一定程度上减少了对学生智力技能的培养与训练，削弱了学生知识应用的能力。部编本语文教科书编写时有意增强了程序性知识的比重，在语文教科书中以图标等形式为学生标注学习的步骤，极大地提升了学生学习的效率，增强了学生对知识的理解与应用。如：部编本语文教科书一年级上册"语文园地一"以"泡泡"图标的形式为学生呈现出汉字的写法步骤，使学生清楚知晓关于书写规则的具体操作步骤，有助于规范学生的书写。

（二）教科书中的策略性知识

策略性知识是关于如何学习和如何思维的知识，是个体运用陈述性知识和程序性知识去学习、记忆，以及解决问题的一般方法和技巧。如"怎么写好作文？"有研究指出，在本质上，策略性知识也属于程序性知识，但和一般的程序性知识有所不同，一般的程序性知识是完成某种具体任务的操作步骤，而策略性知识则是学习者用来调控学习和认识活动本身的，其目标是更有效地获取知识和运用已有知识来解决问题。① 因此，这里的策略性知识侧重于对学习知识与技能过程中的方法与技巧，需与程序性知识区分开来。策略性知识是关于方法与技巧的知识，让学生"学会学习"比学习知识本身更重要，在让学生学会学习的课程理念指导下，教科书编写者在教科书中有意加大了策略性知识的比重，增加了学生对于知识的应用能力与认知技能方面的训练。

---

① 莫雷. 教育心理学［M］. 北京：教育科学出版社，2007：75.

　　教科书以生动的书面语言、插图、图标等形式呈现策略性知识，这样的方式使学生知晓如何学习和如何思维，使学生得以灵活运用已习得的陈述性知识和程序性知识。策略性知识在语文与数学教科书中的呈现方式有所不同，针对语文教科书中的策略性知识还没有系统的研究。在部编本语文教科书中，策略性知识在课文、课后练习、习作、口语交际、快乐读书吧、语文园地等板块中呈现，为学生提供具体的方法或技巧指导，帮助学生灵活运用语文陈述性知识与操作性知识。以"习作"为例，语文课程标准（2011 年版）从三年级开始要求学生根据学习内容学会写作，部编本语文教科书三年级上册（2022 年重印版教材）开始设置了"习作"板块，旨在指导学生写作，让学生学会写作的方法与技巧。写作是对语文知识的综合运用，是借助平时积累，包括阅读、思考、观察、书写等，按要求书写对应文体的过程，这一过程需要提供写作方法指导。例如图 6 - 2，"习作"给出了写作要求、方法性的范例指导，让学生在写作练习中掌握描写一个人的技巧，学会这一文体具体的写作步骤与方法。

猜猜他是谁

　　我们来做一个"猜猜他是谁"的游戏吧！

　　选择一个同学，用几句话或一段话写一写他。不能在文中出现他的名字，但是要让别人读了你写的内容就能猜出你写的是谁。

图 6 - 2　部编本语文教科书三年级上册"习作"范例

　　一般情况下，相较于语文教科书而言，数学教科书中的策略性知识较多，且与程序性知识相关性较为紧密，有些程序性知识本身就需要利用相应的策略加以认知与理解。例如，人教版数学教科书二年级上册第一单元"长度单位"中，教科书编写者使用陈述性知识表述了厘米是一个统一的长度单位，并说明如何使用测量长度工具的尺子进行测量，紧接着给出了几种具体的测量 1 厘米的方法，如从尺子刻度"0"开始测量两根手指的长度、食指的宽度、便利贴的宽度、纸条的长度等。这样学生就知道了测量物体长度的方法，并且懂得较短的物体使用"厘米"作单位。策略性知识为学生提供了思维指导，使学生能使用合理的方法解决问题。

随着学生认知水平的提高，数学教科书难度逐步增大，学生习得策略性知识的价值更加凸显。提供策略性知识的目的是让学生能从宏观的角度考虑问题，并运用相应的策略来认知、分析、解决问题。策略性知识能使学生了解思维框架，在数学学习中树立解决问题的策略意识，学会优化解题策略，并应用多样化的策略解决问题。如一题多解的思路使学生在认知、分析和解决问题时不再拘泥于某一种解题思路，而能突破思维局限，树立更加宏观的知识应用策略观；举一反三的变式训练使学生树立解题的策略意识，学会用最优的方法分析与解决问题。

第三节　教科书知识类型中的认知要素

陈述性知识、程序性知识和策略性知识在教科书中或以单独的形式呈现，或以交叉融合的形式呈现，各类知识以不同形式呈现的目标之一是培养与提升学生的认知水平，促进学生在感知觉、记忆、思维、想象等各个方面能力的综合提升，引导学生由机械记忆过渡到理解记忆，促进学生的思维由低阶思维向高阶思维发展，鼓励学生发展创新意识，提升创造想象的能力。感知觉、记忆、思维、想象等认知要素在动态的教育活动中能显性地促进学生认知各要素的发展，而静态的教科书文本知识为发挥教科书的教育效果提供了基础，也透露出教科书编写者对学生认知发展的标准、要求与期待。

一、教科书知识中的感知觉要素

感知觉要素主要体现在教科书的编排体例上，如字体、字号、行间距、插图、页面色彩明亮程度、纸张材质等方面，这些编排体例与设计是编写者对教科书知识的二次开发，是有意识的创新，具有激发学生学习兴趣的作用，以引起学生对知识内容的关注。

（一）教科书中的视觉

教科书知识中的视觉是教科书知识呈现为文本时产生的视觉刺激，包括字体、字号、行间距、版面、插图等。学生借助视觉感知教科书文本，教科书设计需遵循符合教科书心理卫生标准，起到保护学生视力、避免用眼疲劳的积极作用。教科书字体、字号、行间距、版面、插图等均给教科书使用者以视觉刺激，科学的教科书编写体例、文字与插图的编排符合学生的用眼习惯，有助于学生形成良好的视觉映象，为教科书的合理使用提供坚实的基础。关于教科书字体、字号、行间距、版面、插图等视觉要素在第四章已论述，此处不再赘述。

（二）教科书中的触觉

触觉是肤觉的一种，指外界物体接触皮肤表面（不引起皮肤变形）所引起的感觉，是对视觉获得信息的进一步完善与补充。人们用触觉能感知物体表面的光滑度、柔软度、硬度及黏性等，能获得关于物体较全面的、精准的信息。教科书使用者用视觉感知到教科书文本的字体、字号、行间距、色彩明暗等信息，而借助触觉则可感知到教科书纸张材质的具体信息，如教科书纸张的薄厚、轻重、平滑程度等，产生不同的触觉体验，带给使用者不同的心理感受，从而影响教科书使用者对教科书的整体观感。《儿童青少年学习用品近视防控卫生要求》规定：彩色印刷的教科书内文用纸定量应不小于 $70.0 \mathrm{~g/m^2}$；单色印刷和双色印刷的教科书内文用纸定量应不小于 $60.0 \mathrm{~g/m^2}$。《中小学教科书用纸、印刷质量要求和检验方法》规定：教科书封面应使用 $120 \mathrm{~g/m^2}$ 及以上的彩色胶版印刷纸或符合相关规定的涂布美术印刷纸，彩色插页应使用 $90 \mathrm{~g/m^2}$ 及以上的彩色胶版印刷纸、胶版印刷纸或涂布美术印刷纸。美术教科书彩色内文应使用涂布美术印刷纸。纸张在印刷过程中不应有透印和明显的掉毛、掉粉现象。纸张平整，纤维组织应均匀，色泽应一致，每批纸张均不应有明显差异。纸面不应有影响印刷使用的外观纸病，如砂子、硬质块、褶皱及各种条痕、斑点、透光点、裂口、孔眼等，无纸片、残张、破损、折角等①。《中小学生教科书卫生要求》对教科书纸张紧度、重量也做出了明确规定，指出教科书纸张的紧度不宜低于 0.85 g/cm³；单本教科书重量小学不宜超过 300 g，中学不宜超过 400 g②。国家标准对教科书纸张、材质、纸张紧度、重量等方面做出了明确的要求，在增强教科书美感的同时，完善与丰富教科书的触觉体验，带给个体更加舒心的心理体验，达成教科书与使用者心理沟通、交流的目的，提升教科书使用者对教科书的心理认同与接纳程度，这是开启合理使用教科书、愉悦学习的先决条件。

（三）教科书中的嗅觉

嗅觉是由散布在空气中的具有挥发性的物质颗粒作用于鼻黏膜中的嗅觉细胞而引起的感觉。当嗅觉细胞兴奋后，由神经纤维组成的嗅神经，经神经冲动直接传入大脑皮层的嗅觉中枢，引起人的嗅觉③。从物理意义上看，教科书文字印刷所散发的油墨气味会在个体使用教科书时产生嗅觉。《中小学教科书用纸、印刷质量要求和检验方法》与《中小学生教科书卫生要求》等国家标准均指出教科书印刷墨色均匀，印页折标的印刷实地密度测量值为 0.9～1.3。教科书的嗅觉因素体现在印刷时需要考虑油墨的设置，一方面保障教科书印刷质量，另一方面确保教科书符合学生的身心健康发展的需要，给人带来愉悦的使用体验，真正发挥教科书"书香"的心理学价值。

教科书文本中蕴含着各种感知觉因素，以其独特的形式引导学生选择并注意知识内容，提高对知识的辨识度，强化对知识的理解。为了提升学生使用教科书的感知觉效果，教科书编写者以创新的方式表达文本内容，激发学生的兴趣，吸引学生的注意力，减缓学生的视觉疲劳，以达到让学生辨识知识、理解知识、提升美感体验的目的。具体表现有：

第一，教科书对需要强调的知识以颜色标记等形式凸显。单元内或一节课内

---

① 中华人民共和国国家质量监督检验检疫总局，中国国家标准化管理委员会. 中小学教科书用纸、印刷质量要求和检验方法：GB/T 18359－2009［S］. 北京：中国标准出版社，2009.

② 中华人民共和国国家卫生和计划生育委员会，中国国家标准化管理委员会. 中小学生教科书卫生要求：GB/T 17227－2014［S］. 北京：中国质检出版社，2014.

③ 张道祥. 当代普通心理学［M］. 长春：吉林大学出版社，2006：61.

知识点的重要性不同，需要区分重点知识与难点知识。容量有限的教科书，不可能以复杂的文字指出哪些知识是重点，哪些知识不是重点。这就需要在教科书编排设计时融入人为的创新设计，如对某些文字、数字等以标红、标蓝等形式呈现，强调该知识点的重要性，增强学生对知识的注意与选择。对于一年级的学生而言，学习汉字笔顺的规范写法、认识多音字等内容是基本任务之一。教科书如何引导学生按正确的笔画顺序书写汉字呢？在部编本一年级上册语文教科书第四课《四季》中，文后列出了"天、四、是"三个生字，不仅要求学生会写，还要求按正确的笔画顺序书写。因此，在田字格上面出现字的笔画顺序提示，到某一笔画时，该笔画就被标注为红色，写过的笔画则为黑色，帮助学生明晰笔画顺序，减少书写错误或不规范书写的情况。同时，在识字框里，用红色标注汉字的偏旁，用蓝色标注多音字，在学习过程中引起学生的重视，引导学生在日常学习中认识并记住常用的偏旁，学会多音字的不同读法。数学教科书也会以类似的方式对需要强调的知识采取标红等方式加以凸显。数学符号是相对抽象的概念，多与被表达的事物没有客观上的相似之处，需要人为地赋予其某种意义，使符号与被表达的事物在主观上紧密联系。人教版数学教科书一年级上册第三单元"1～5的认识和加减法"中呈现"比大小"的知识时，引入数学符号"＝""＞""＜"，教科书对这几个符号的写法及读法都以标红的形式呈现，吸引学生注意，在教师引导下，学生学会并理解这些符号的意义与使用规范，在反复练习与应用中实现对知识的理解与掌握。对知识用特定颜色标注不限于符号类知识，对学生学习具有重要作用的陈述性知识、程序性知识等，也可以采用特定颜色标注来吸引学生的注意。

对相关内容采用特定颜色进行标注的做法主要依据知觉选择性这一特性。知觉的选择性是指人们根据当前的需要，有选择地将外来刺激物中的一部分作为知觉对象，以进行组织加工的过程。在对汉字的学习中，学生从汉字这些外来刺激物中选出红色的笔画顺序作为知觉对象，对其进行有目的的、有方向的感知，以熟练、正确地书写汉字的笔画顺序。

第二，对需要强调的知识填充彩色文本框以引起学生的注意。在第一、二学段教科书的设计上，色彩填充是使用较多的方式之一。例如，人教版数学教科书目录用了色彩填充的色条设计学期目录，数学、语文、英语、道德与法治、科学、历史等学科教科书中对特定内容均使用了色彩填充的文本框,一方面色彩填充给人眼前一亮的视觉冲击,能激发学生的学习兴趣;另一方面色彩填充在文档编辑中能鲜明地将某些重要内容凸显出来,便于识别与引起注意。例如,部编本语文教科书的"口语交际""交流平台""习作""快乐读书吧""书写提示""资料袋""词句段运用""日积月累""阅读链接"等板块均采用不同颜色填充,使知识内容凸显出来,吸引学生的注意,进而选择与识记。填充的颜色多选用淡绿、淡蓝、淡粉、淡黄等清新亮丽的颜色,与黑色文字形成鲜明的对比,看起来清新自然,让人眼前一亮,产生较好的视觉效果。同时,第一学段教科书正文中往往设计一些色彩填充的泡泡提示,是对正文内容的提示或补充,指引学生思考的方向,引起学生对相应知识点的关注与思考。如部编本语文教科书一年级下册呈现了"从前""喜鹊""叽叽喳喳""安安静静"等词语(图6-3),泡泡提示语:"像'安安静静'这样的词语我还能说几个。"这一提示引导学生关注该知识点,并在已有认知结构中检索 AABB 型词语,引发学生回忆与思考,促使学生开展深层次的有意义的学习。

图6-3 部编本小学语文一年级下册内容示例

数学教科书对重点知识也采取色彩填充的设计方式。例如,人教版数学教科书的单元(节)标题、"成长小档案""你知道吗?""生活中的数学""整理与复习""数学游戏"、题目的解析过程、题目(一年级上册)、答案填空(第一学段）等板块均采用不同的色彩填充，将需要强调的知识内容凸显出来。这里，数学教科书色彩填充文本框遵循学生认知发展的阶段性规律，对刚进入一年级的小学生，读懂题意是学习与解决数学问题的关键，因此，一年级上册数学教科书题目多以淡黄色填充，从而使学生在做题时关注题干要求，分析数学条件，学会抓住关键因素进行分析，帮助学生养成认真阅读数学题目、分析题目的良好习惯，为进一步深入思考和解决问题奠定认知基础。第一学段练习题中的答案填写，多以淡黄色填充，以引起学生的关注，进而将知觉对象从众多内容中迅速地选择出来。这种方法可以提高学生的注意力，提升练习效率，并帮助学生养成良好的思维习惯与书写习惯。学会阅读并理解题目，养成良好的思维习惯、书写习惯等是第一学段的教学目标之一，能为下一学段的学习奠定良好的基础。在特定的板块采取与正文不同的色彩填充文本框能增强视觉效果，帮助教师实现不同的教学目标和帮助学生完成学习任务。如单元（节）标题的色彩填充文本框引起学生关注，使学生形成对单元知识学习的心理准备；题目解析过程的色彩文本框引导学生关注解题思路与步骤，形成良好的思维习惯；对某些知识点设置彩色文本框引起学生对要点知识的重视与关注；"你知道吗？""生活中的数学""数学游戏"等板块以颜色鲜亮的彩色文本框引起学生的注意以拓宽学生的数学视野，积淀数学文化；"成长小档案"和"整理与复习"板块以色彩填充文本框，使学生关注要点知识的复习巩固。

　　第三，采用直观插图等形式激发学生的学习兴趣。插图是教科书知识的辅助形式，是对抽象知识的直观呈现。在第一、二学段教科书中有较多色彩艳丽、内容匹配，富有思想性、科学性与时代性的插图，能激发学生的学习兴趣，引起学生对知识的关注。教科书不同板块有不同的插图设计，能培养学生美感，达到不同的教育效果。封面插图对整册文本内容具有统领作用，使学生透过封面，感受到教科书内容所传达的信息，领悟教科书的内容与精神。有些教科书的目录插图，以导引的形式引导学生理解单元知识的概要，做好学习的心理准备；单元插图是在单元内容前设计的图片，一般会考虑学生的生活经验，又与本单元知识内容紧密相关，帮助学生建立单元新知识学习与已有认知结构的联系，为学生有意义学习提供充足条件。课文中的插图即正文插图，与具体知识点紧密相关，帮助学生理解新知识，并运用已有认知结构的旧知识同化新知识，实现认知结构的完善与拓展。练习中的插图能辅助学生更好地理解题目，更好地达成巩固与运用知识的目的。插图具有形象、直观等特性，小学低学段的学生以形象思维为主，直观、形象的知识性插图能激发学生的学习兴趣，引起学生对知识的关注，更好地辅助学生理解与领悟知识。例如，部编本语文教科书一年级上册对"汉语拼音"这种抽象的符号的学习（图6-4），要求学生在学会汉语拼音的同时，还要会读四种声调的拼音。为了增强汉语拼音学习的直观性与形象性，用小汽车在不同路况行驶的图片类比汉语拼音四种音调，直观易懂。学生在教师的引导下，通过观看图片便能区分四种不同的音调，从而流利地读出来，达到理解与掌握知识的目的。相较于语文教科书，数学教科书插入更多直观的图片、表格，以激发学生学习兴趣，辅助学生理解知识。数学教科书在第一、二学段依据学生的认知发展阶段，设计了大量与知识内容相匹配的图片、表格。这是因为第一、二学段的学生以形象思维为主，并且逐渐向抽象思维过渡，而数学知识中有大量抽象的数理演算、空间知觉与推理等内容，借助直观的插图能以形象直观的方式增强学生的学习兴趣，减少枯燥感，同时，插图能引导学生理解知识，促使学生高效地同化新知识，巩固与完善认知结构。

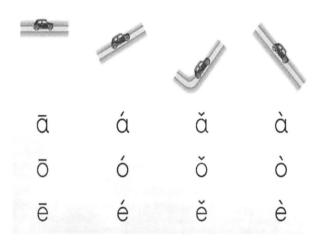

图6-4　部编本小学语文一年级上册"汉语拼音"示例

二、教科书知识中的记忆要素

记忆是学生对过去所经历事件的识记、回忆、再认或重现，从这一概念描述来看，记忆要素在教科书中更多的是通过习题、练习等形式呈现的。通过习题中的识记要求帮助学生理解与巩固知识，并达到灵活运用知识的目的。关于记忆要素，不同学科、不同知识类型有着不同的表达方式，灵活地融汇在教科书知识中。

（一）教科书陈述性知识的记忆要素

对知识的记忆是在理解知识的基础上，对知识保持记忆，防止或减少知识遗忘，以促进知识应用的认知活动。陈述性知识的记忆主要通过朗读、背诵、书写等方式达成对知识的识记与内化，在反复的复习中使头脑中存储的知识由短时记忆进入长时记忆，便于知识的储存、再认与提取，并在必要时能被自如地提取出来，达到知识应用与迁移的目的。

由于学科差异，陈述性知识在不同学科教科书中的呈现有所不同。例如，对部编本语文教科书一至六年级课文（不含语文园地）涉及"读""写""背"等与识记知识紧密相关的词汇进行统计（表6-2），其中要求学会记忆并运用汉语拼音，识记3000字，会写2500字，识记2267个词汇，要求朗读的课文292篇，要求背诵的课文73篇。

表6-2　部编本语文教科书一至六年级记忆要素简表

学期	识字	写字	汉语拼音/词汇		朗读	背诵
一上	300 个	100 个	声母	23 个	20 篇	10 篇
			韵母	24 个		
			整体认读音节	16 个		
一下	400 个	200 个	—		27 篇	7 篇
二上	450 个	250 个	223 个		29 篇	10 篇
二下	450 个	250 个	266 个		27 篇	4 篇
三上	250 个	250 个	257 个		23 篇	5 篇
三下	250 个	250 个	311 个		26 篇	8 篇
四上	250 个	250 个	245 个		24 篇	6 篇
四下	250 个	250 个	191 个		28 篇	5 篇
五上	200 个	220 个	237 个		26 篇	4 篇

（续表）

学期	识字	写字	汉语拼音/词汇	朗读	背诵
五下	200 个	180 个	141 个	23 篇	3 篇
六上	–	180 个	235 个	21 篇	6 篇
六下	–	120 个	161 个	18 篇	5 篇
总计	3000 个	2500 个	2267 个	292 篇	73 篇

首先，文字符号的识记量、写字量呈现先增长再减少的趋势。一年级上册要求的识字量是 300 个，一年级下册增长到 400 个，二年级为每册 450 个，三年级降低到每册 250 个，五年级要求的识字量降低到每册 200 个；要求会写的字从一年级上册的 100 个增长到一年级下册的 200 个，二、三、四年级增长到每册 250 个，到六年级下册写字量降低到 120 个。其次，对知识记忆的要求呈现出分层化特征，符合学生的认知发展特点。小学语文教科书符号类的陈述性知识有汉语拼音（声母、韵母、整体认读音节）、汉字等，这类知识的记忆要素在语文教科书中有如下表达：识字、写字、读一读（把音节读准）、比一比等。针对第一学段的学生，识记与书写汉字是学习语文知识的基础。从认识汉字"天""地""人""你""我""他"开始，较复杂的汉字先要求学生识记，不必书写，属于较低水平的记忆要求；而对于基础性的汉字则不仅要求识记，还要求会正确书写，并能熟练识记和运用，这是更高层次的记忆要求。再次，随着年级升高，要求记忆的概念类的陈述性知识逐渐增多。从二年级开始，要求识记的除了汉字之外，还有概念性的词语，这是因为要丰富学生的符号系统，为其进行更深层次的学习奠定基础。最后，命题类知识需要通过朗读、背诵等形式记忆。朗读时不仅要求学生大声朗读来理解与识记文本内容，还要求学生有感情地朗读、分角色朗读或默读，使学生学会体悟文本内容的情感，培养学生积极正向的情感、态度与价值观；一般而言，选文要求朗读，但对于较重要的内容，除了朗读，还要求背诵，这是为了让学生在反复朗读与背诵的基础上达到对知识的理解，并进入长时记忆，做到灵活地提取与运用知识。

符号类陈述性知识是学生进一步学习的基础与前提，而概念和命题类的陈述性知识则能促进学生知识结构的完善与系统化，促进学生在认知、情感、态度、价值观等方面全面、和谐发展。小学语文教科书中关于概念和命题类陈述性知识的表达主要有：读一读、记一记、背一背、朗读、背诵等，这是要求在掌握符号类陈述性知识的基础上借助诵读、背诵等方式掌握概念、命题类陈述性知识，实现知识由短时记忆进入长时记忆，在反复地读、记、背的过程中巩固知识。这里的知识并不是毫无趣味的文字堆砌。为了激发学生的兴趣，朗读又有自主朗读、分角色朗读、默读等形式，这种在情境中感知与记忆知识的方式，增强了知识的趣味性，有利于学生的识记与理解，从而减少机械记忆，增加理解记忆。语文教科书中"日积月累""和大人一起读"等板块设计也有助于学生对知识的理解与拓展。在读、记、背的过程中，帮助学生理解与掌握概念，在已有知识经验的基础上同化新知识，促进认知结构的进一步完善与拓展。同时，掌握记忆与运用知识的技巧与方法，做到处于长时记忆存储状态的知识能随时被灵活地提取与运用。

借助对知识的直观感知与逻辑概括，形成对知识的理解，帮助记忆知识，最终目的是促进知识的灵活运用与迁移。不同学科的知识类型、呈现方式有所差异，对于知识的记忆要求也有所不同。数学教科书中有大量的数学符号需要学生理解、识记和运用。例如，人教版数学教科书设置了"数一数""写一写"等内容来达到对数学符号的理解与识记。学生在"数一数"中认识数，并以"写"的练习方式巩固对数字的记忆，将其存储到长时记忆中。

数学知识具有较强的抽象性与逻辑性，如何将抽象的逻辑性知识直观地表达以促进学生的理解与记忆呢？为了更好地促进学生对知识的理解与建构，数学教科书陈述性知识主要通过图文结合，文字为主、图片为辅，文字为主三种方式表达不同学段的知识，呈现出显著的认知发展的阶段性特征。首先，第一学段数学教科书主要以图文结合的方式表达陈述性知识，结合学生认知发展规律，以形象直观的插图呈现知识，帮助学生理解与记忆。人教版数学教科书一年级上册第二单元"位置"，学生通过观察直观的插图便能看出"大卡车在动车的上面，轮船的上面是动车，大巴的前面是大卡车"，借助插图理解"上、下、前、后"的概念，并在反复的练习与复述中识记，掌握各个概念间的相关关系，并学会表达简单的命题，完善自己的认知结构，为以后学习更加复杂的命题知识奠定认知基础。其次，第二学段数学教科书采取文字为主、图片为辅的方式表达陈述性知识，辅助学生对陈述性知识的理解、记忆与应用。人教版数学教科书四年级上册第一单元"大数的认识"中的"亿以内数的认识",文字的陈述性知识告诉学生什么是数位:"在用数字表示数的时候,这些计数单位要按照一定的顺序排列起来,它们所占的位置叫作数位。"这是关于"数位"的陈述性知识,用红色标注"数位"这个词,引起学生的注意,使学生知晓这是一个重要概念。但这样的陈述表达略显抽象,于是在文字下方呈现一个数位表,使学生一目了然地理解并记住"数位"的概念。结合文字表述与图表展示,能较好地引导学生理解与记忆该知识,促进学生新旧知识的同化,巩固与拓展认知结构,在此基础上才能促进知识的迁移和灵活应用。最后,第三学段的数学教科书主要以文字形式表达陈述性知识,学生借助逻辑思维理解并记忆知识。第三学段数学教科书设计的插图明显减少,除单元导引部分的插图外,文中几乎没有插图,涉及几何知识的内容则以直观的几何图形辅助学生理解,帮助学生在直观感知、操作确认中开展思辨论证与度量计算。第三学段知识内容的逻辑性明显增强,主要以文字的形式表达命题,且对于命题中重点概念的字体用蓝色标注,引起学生关注。这样的呈现符合学生的认知发展由具体到抽象的规律,便于学生记忆与理解,有利于学生更好地在已有知识基础上建构新知识。

(二)教科书程序性知识中的记忆要素

要落实"怎么做",需要运用推理、决策、解决问题等知识,其中包含了程序性知识和策略性知识。关于"怎么做"的知识体现了智慧,但智慧并不是表现在经验的结果上,也不表现在思考的结果上,而表现在经验的过程中,表现在思考的过程中①。换言之,思考的过程、解决问题的过程就是思维操作的过程,在这一过程中,可以看出智慧的操作程序与策略,使内在的、隐性的思维成为可视化的操作流程。教科书中不仅有大量的陈述性知识,引导学生理解、记忆与应用知识,也有许多程序性知识,帮助学生获得解决问题的方法、策略与流程,为学生提供知识学习的导引,促进学生在教师引导下对信息进行深入分析与理解,训练学生的思维,提高学生思维的流畅性,培养学生的创新精神与实践能力。与陈述性知识不同,程序性知识一旦习得,经反复练习所掌握的操作步骤与程序是较难遗忘的,因此,程序性知识的记忆更多的是强调学生学会知识的步骤、程

---

① 史宁中. 教育与数学教育 [M]. 长春:东北师范大学出版社,2006:197.

序，在实践中多加练习，以便能进入长时记忆，在必要时能灵活提取与应用。

第一，关于符号的书写策略与程序。

符号是学习概念、命题的基础与前提。引导学生规范书写各类符号（如文字、数字等），一方面是教师"教"的职责，教师在教学实践中指导学生遵循一定的写作规范正确书写文字或数字等符号，这是师生互动中动态知识的呈现，是教师教学状态的实然反映；另一方面，对于静态的教科书文本而言，教科书编写者的职责是以颜色标注、插图、提示语等形式有意识地引导学生关注书写的顺序、格式等方面的内容，使学生通过阅读教科书便可查看与习得写字规范的技巧、方法与策略。静态的教科书文本在动态的师生互动中实现其知识的应然价值，促进学生获得关于书写的操作方法与程序策略。例如，部编本语文教科书一年级上册"语文园地一"的"书写提示"中，以泡泡提示的方式从写作姿势、笔顺规则等方面给学生提示，告诉学生书写时注意坐端正，握好笔，笔顺规则从上到下、从左到右。这样的设计使刚进入小学一年级的学生开始练习书写时就懂得书写技巧与程序，养成良好的写字习惯。到三年级后，学生的书写工具由铅笔转为钢笔，部编本语文教科书三年级上册"语文园地二"的"书写提示"给出了钢笔执笔姿势、不同笔画顺序和书写规则，帮助学生在教师引导下学会正确使用钢笔书写文字。数学教科书中的符号也涉及程序性与策略性的方法、技巧。例如，人教版数学教科书一年级上册以"无声的语言"指出数字符号的正确写法，每个数字内部用红色箭头明确标注书写笔顺，以书写框里第一个数字为示范，后面有六个虚线的数字，学生可通过临摹的方式描红书写，最后独立完成书写。从看书写顺序、示范和临摹，到自己独立书写，是识记的过程，也是掌握书写规则、程序的过程。文字、数学符号等的书写顺序，涉及思维操作过程，而思维步骤是快速且内隐的认知操作，教科书中以插图、提示语、颜色标注等创新性设计将内隐的认知操作外化为可观、可见的动作操作与策略，以引导学生较快地学会书写。

第二，关于数学教科书中解决问题类知识的记忆。

"怎样做""如何做""解决问题"等是程序性知识的常用表达，与陈述性知识通过朗读、背诵、书写等方式实现识记的目的不同，这类知识的理解是基于对知识背后的思维操作程序的理解与掌握，一旦掌握操作程序，便能较快地领悟知识，经多次练习后，就可掌握与巩固知识，并且不容易遗忘。这里以数学教科书程序性知识中的解决问题类知识为例进行论述。程序性知识的产生式表征能帮助学生理解与掌握解题步骤，在数学教科书中，解决问题的程序性知识呈现出显著的阶段性特征，产生式表征的程序形式在不同学习阶段有所不同，以帮助学生对解决问题类知识进行深刻的理解与记忆。

首先，一、二年级数学教科书采取外显化的语言表述解题思路，启发学生理解与记忆。第一、二学段的学生形象思维占据主导，较难理解抽象的产生式的运算步骤，教科书编写者遵循学生心理发展水平与规律，对一、二年级解决问题类的程序性知识，会以问题的形式出现，给予学生启发，帮助他们思考如何解答。例如，人教版数学教科书小学二年级第六单元"有余数的除法"关于解决问题的知识点："22 个学生去划船，每条船最多坐 4 人。他们至少要租多少条船？"讲解中分三步引导学生思考：第一步"知道了什么？"让学生在题干中寻求已知条件，分析关键点"至少"的含义；第二步"怎样解答？"根据已知条件与分析列出算式；第三步"解答正确吗？"核实解答是否正确，并对问题做出回答。分三步将学生需要在头脑中思考与计算的思维程序罗列出来，以可视化的思维步骤帮助学生分析、理解抽象知识，在反复练习中熟记与理解解决问题的方法与规则，并在下次遇到类似的问题时能灵活解决。

其次，三至六年级也是采取外显化语言表述的方式列出解题思路，启发学生理解与解决问题。不同的是，三至六年级在引导时的语言表述上发生了变化，分别是"阅读与理解""分析与解答""回顾与反思"，虽然分析与解决问题的方式相似，但更加注重学生的主体探究，让学生认真阅读题目，理解题干的主要条件，进而依据条件理解与解答题目，最后，引导学生自己对整个解题程序进行回顾和反思："你的估算合理吗？"

最后，第三学段主要以抽象的产生式表征知识解析过程。进入第三学段，学生的认知发展进入形式运算阶段，思维的抽象性增强，能进行一定的概括，能根据逻辑推理、归纳或演绎等方式解决问题，其思维发展水平已接近成人的水平①。遵循学生认知发展的规律，教科书在知识的呈现上与前两个学段有较大的

---

① 陈琦，刘德儒. 教育心理学［M］. 北京：高等教育出版社，2011：40.

不同，抽象性增强，难度加大。关于解决问题的程序性知识，不管是代数还是几何，都明确地列出解题步骤，使得思维可视化，但与前两个阶段有很大的不同，主要是思维可视化的步骤是以较为抽象的数理步骤展现的，而非启发性的问题。这样一步一步地列出解答，清晰明了，但当学生不理解某一步骤时可能就会出现无法解答下去的情形。因此，在这一学段，理解与掌握知识内在的逻辑步骤是记忆与巩固知识的基础，能帮助学生顺利地解决问题，并实现知识的迁移。

第三，关于语文教科书中阅读与写作类知识的记忆。

语文教科书中关于"是什么"的陈述性知识较多，但也有程序性知识。语文教科书中关于怎样写日记、怎样朗读课文等均属于程序性知识，是教给学生"怎么做"的知识，在语文学习中的表述常与"技能""技巧"等相伴随，如阅读技巧、写作技巧等。这类知识一旦掌握要领便不容易被遗忘，能较快地提取与应用。

首先，关于阅读类知识的记忆训练。语文教科书中有大量关于阅读指导的内容，如：如何有感情地朗读，体会课文所表达的情感；怎样朗读能更好地表达句子的意思；如何学会默读并思考；如何学会分角色朗读，体会不同人物的角色特征；等等。这些内容均属于程序性知识的内容。在语文教科书中，阅读类的程序性知识多以学习要求、练习任务等形式出现。如，部编本语文教科书一年级上册第四课《四季》文后提出："朗读课文。背诵课文。你喜欢哪个季节？仿照课文说一说。"学生在教师引导下掌握朗读要领，结合课文内容有目的地背诵，再仿照课文说四季，有一定的程序与策略。不过需要注意的是，阅读类知识的操作程序并不像数学中解决问题的程序性知识被外化得那么明显，常不易被觉察。涉及"怎么做"的知识类型时，需要落实带有步骤性的阅读方法、技巧，在反复的练习中帮助学生掌握阅读技巧，学会阅读。

其次，关于写作类程序性知识的记忆练习。关于如何写作的知识也属于程序性知识，语文教科书在三年级开始增设"习作"板块，明确向学生指出先写什么，再写什么，写作要领是什么等一系列问题。例如，部编本语文教科书三年级上册第三单元"习作"主题是"我来编童话"，给出"国王、黄昏、厨房、啄木鸟、动态、森林超市、玫瑰花、星期天、小河边"等词语，引导学生结合这些词语发挥想象力创编故事，并要求学生写作之前想一想"故事里有哪些角色？故事发生在什么时间？是在哪里发生的？他们在那里做什么？他们之间发生了什么故事？写完以后小声读一读，看看句子是否通顺，然后分小组交流各自写的故事。"这几个需要思考的问题为学生指出写作的程序与策略，写完后还要求学生"读一读"，核查句子是否通顺，让学生知道写作不仅需要分步骤写出每一部分的细节内容，还需要有全局观念，从整体上把握。当学生在不断的练习中掌握写作的技巧与规则，便在头脑中形成了关于不同文体习作的写作程序、策略与规则，能较快地搭建起写作框架，而关于作文的具体内容的丰富性则依赖于学生日常阅读积累而培养的文学素养。

三、教科书知识中的思维要素

思维是信息加工的过程，是认知活动的核心。人的认知活动经过感觉器官对信息的输入、登录，知觉对信息的识别，注意对信息的选择，记忆对信息的储存与提取，思维对信息的加工演算，由思维进行分析、比较、分类，并把它归入某一概念或类别，以及用相应的语词或判断形式进行表达等一系列复杂过程①。思维是培养学生认知能力的关键，也是教科书知识内容选择、设计与编排关注的重点。思维要素关涉教科书的编写质量，影响教师对教科书的理解与学生对教科书的领悟，进而影响教师的教学成效。教科书知识中的思维要素设计有什么特点，遵循着怎样的心理学规律、原理等一系列问题是需要借助教科书文本展开深入研究与思考的话题。

（一）教科书知识中的直观动作思维

直观动作思维是与观察动作同时发生的思维，它凭借主体对客体的直接感知，在主体对客体进行感知的实际操作过程中进行，往往是对感觉所做的一种自发性解释②。直观动作思维主要依靠动作来进行思维，思维与动作不可分，对个体感知发展具有重要作用。然而，依赖于直观动作的思维更多的是一种依赖于具体情境的经验性的感性认识，属于较低层次的思维。动作思维的主要任务是协调主体的感知和动作，在实物性操作的协调过程中产生有关行动的概括或使某种问

---

① 齐雨. 主体感知活动的本质及其方式 [J]. 中国人民大学学报，1990（3）：35.
② 同①.

题得到解决，感知和动作一旦中断，思维过程也就终结①。皮亚杰认知发展阶段理论认为儿童在 2 至 7 岁处于前运算阶段，其中的 4 至 7 岁为直觉思维阶段，直觉思维即直观动作思维，这个阶段是儿童思维由前概念思维向运算思维的过渡时期，此时，儿童会进行分类、排序、确定数量等简单思维运算，但不知道这样做是根据什么原则。为了更好地引导学生的思维过渡，在第一学段特别是一年级教科书中设计了关于动作思维的诸多内容，引导学生借助自己的动作或观察他人的动作来展开思维。人教版数学教科书一年级上册教科书知识内容中有"猜一猜、连一连，我说你做，写一写、比一比，摆一摆，读一读、做动作"等需要动作参与的思维练习，使学生在动作参与下，形象直观地获得对事物的认知，形成关于知识的感性认识。例如，在第一单元"准备课"中设置了"摆一摆""数一数""连一连"等环节帮助学生做好学习新知识的准备，学生用手做出"摆一摆"动作的同时就伴随有信息加工的思维活动。如摆出 5 个三角形和 4 个圆形可直观地比较数量的多少，形成直观认知，便可得出三角形比圆形多的结论，从而帮助学生形成动作思维。在有目的的学习活动中，学生将带有遗传性质的动作（如吮吸、抓握等本能动作）不断反复重演，使一些动作习惯化，并逐渐产生有目的的动作，进而使手段和目的日益取得协调，产生感觉运动性智慧结构及相应的动作思维②。这一例子中，"摆一摆"的动作与"数一数"的感知很好地协调起来，帮助学生解决判断哪个多哪个少的问题，并形成了初步的行动概括，为后续思维更深层次的发展奠定了基础。

　　语文教科书中也有关于直观动作思维的知识设计，如何让刚入学的一年级小学生学会写汉字？教科书课文后的田字格里写有完整的汉字，在田字格上方则用标红字体写出每一个汉字的笔画顺序（图 6-5）。学生在学习这些汉字时，可以用手在空中比画汉字的笔画顺序，也可以用笔在田字格中根据老师提出的书写要求先模仿练习，这种方式在一定程度上也是将动作与思维紧密结合在一起的，是形成关于汉字的动作思维，产生有关笔画顺序的行动概括的过程，当学生停止比画这一动作时，头脑中关于笔画顺序的思维活动也终止。刚学习书写汉字的小学

---

① 张正军. 思维的本性、类型及演进 [J]. 甘肃社会科学, 1993 (4)：17.
② 同①.

生，对笔画顺序不熟悉，书写速度慢，而"写"这一动作的背后伴随着思维的活动，他们会顺着写的动作思考"第一笔写完后，第二笔是什么呢？笔画应该怎样写？"等问题；经过反复练习，写字动作熟练的同时，思维也得到训练，在这一过程中学生不仅获得了知识，更锻炼了思维，行动概括能力也得到提升。教科书知识编排遵循学生认知发展的基本规律，直观动作思维阶段形成的行动概括能力为更深入的教科书知识设计提供基础和前提。

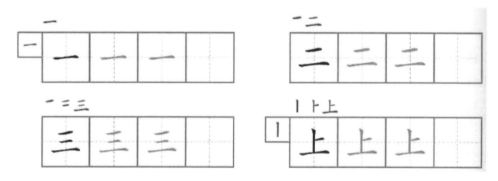

图6-5　部编本小学语文一年级上册生字书写示例

（二）教科书知识中的形象思维

形象思维与动作思维一样，都属于具体思维，但两者间的思维形式有着较大差异，动作思维主要依靠动作感知外部事物，而形象思维的思维形式主要有表象、联想和想象等，能从具体事物中获得表象并进行逻辑思维和群集运算。思维有一定的概括性与间接性，但仍不能完全脱离具体事物。

1. 关于教科书知识中的表象

表象是指基于知觉在头脑内形成的感性形象，包括记忆表象和想象表象。记忆表象指过去感知过的事物的形象在头脑中的重现，感知过的事物不在面前而在脑中再现出来的该事物的形象；想象表象指人通过想象过程而创造的新形象。人脑是在对记忆表象进行分析、综合、联想、夸张、拟人化、典型化等加工改造的基础上产生的①。静态教科书文本用将特定文字以色彩标注、字体加粗、插图、

---

① 林崇德，杨治良，黄希庭. 心理学大辞典：下卷［M］. 上海：上海教育出版社，2004：1366.

泡泡提示语等方式引起学生注意，使学生在教师引导下在头脑中形成关于某一知识的表象，进行对知识的内在加工与演算；教学过程中，教师的教学语言与神情动作等均有助于学生形成对某一知识的表象，提高记忆力及促进高级思维活动的形成。记忆表象使得学生的思维逐渐由依赖动作转向依赖具体直观的事物。这里动作思维并没有完全被取代，在第一学段各科教科书内容设计中可得到印证。随着思维的发展与思维结构的形成，学生的思维逐渐过渡到依赖直观事物上，借助直观事物开展内隐性的思维操作，形成内在的思维结构，在思维结构中形成关于某一事物的具体形象，帮助学生理解、记忆与建构知识，促进已有认知结构的完善与拓展。不管是记忆表象还是想象表象，都是学生形成的关于某一具体事物表浅的、感性的思维结构，其中认知活动的思维概括性依然不高。

2. 关于教科书知识中的联想

联想是由某一概念或事物联系到另一概念或事物的思维活动，也是一种依赖于具体事物的形象思维。第一、二学段的教科书中关于联想的知识内容设计相对较多。教科书编写者将心理学知识巧妙地运用到教科书编写中，即便在同一学段的不同年级，知识呈现的联想方式也是有所差异的。比如，在小学一年级由于学生已有知识经验相对欠缺，教科书在引导学生联想时更加强调新知识与学生生活经验的联系，例如，部编本语文教科书一年级上册，在系统学习声母、韵母、整体认读音节后，在"语文园地"中进一步复习巩固，结合所学的汉语拼音让学生说出自己名字里的声母与韵母，将所学的本体知识与学生的实际情况联系起来，引发学生的思维活动，使学生将汉语拼音联系到关于自己姓名的拼音上来，在提高知识趣味性的同时，增强知识的应用性。对于这一内容，还可以与学生生活经验联系起来开展思维活动，将汉语拼音联系到生活实际中的植物、动物和玩具、文具等物品的音节，促进学生进行内在的思维活动，形成关于拼音的思维结构。小学一年级数学教科书同样采取与学生生活经验紧密相关的内容引导学生联想，人教版数学教科书一年级上册"位置"认识"左、右"，问及"左手和右手可以做什么？"这是一个非常开放的问题，却与学生生活经验紧密相关，在引导学生认识"左、右"时，还形成了关于两只小手其他用途的认识，拓展了学生的思维，激发学生进行联想，并在此基础上大胆想象。

随着学生学科知识认知结构的逐步建立，教科书知识设计逐渐以逻辑推理取代直觉思维，但仍离不开具体情境。各科教科书中都有关于形象思维的知识内容，以数学教科书为例，第一学段关于类群集运算的内容引导学生结合图片或自己的生活经验对物品进行分类，找出不是同类的事物，培养学生结合物体多种特点，关注群体的结构特征，而不仅仅是单个事物的特征，这样的思维训练有助于提升学生思维的概括化水平。数学教科书关于大小、多少的排序是根据归类和顺序关系对事物进行综合性的具体运算，并能对多种事物间的大小、多少关系进行传递性的关系推导。比如，北师大版数学教科书有"方糖放进杯子，哪杯最甜?"一题。这一题是排序题，按"最甜—适中——般"的顺序排列，随着学生认知水平提升，学生不仅会排序，还会找出其中的关系，并用符号表示它们间的相互关系：如果 A > B，且 B > C，那么 A > C。从排序到传递性比较，体现的是思维水平的进一步发展，涉及将关系进行逻辑组合以理解某些结论的能力。经反复练习，学生思维具有一定的弹性，具有可逆性，能够操作多种变式练习，思维认知水平也逐步提升。

3. 关于教科书知识中的想象

想象是对头脑中已存储的表象进行加工改造形成新形象的心理过程，教科书知识引导的想象主要是有意想象，包括再造想象和创造想象。再造想象是在已有事物的基础上，在头脑中形成新形象的心理过程。为了落实各学科课程标准关于培养创新型人才的要求，各科教科书在知识内容选择、问题设置及插图设计等方面均有意融入想象要素。第一，关于数学知识的想象。以数学教科书中的空间观念与几何直观为例，空间观念主要是指根据物体特征抽象出几何图形，根据几何图形想象出所描述的实际物体，想象出物体的方位和相互之间的位置关系，描述图形的运动和变化，依据语言的描述画出图形等①。空间观念在义务教育数学教科书中有着明显的体现，比如"位置""观察物体""图形的运动"等内容在空间观念上均具有直观性、形象性等特性，有助于发展学生的空间观念，训练学生的形象思维，并促进形象思维顺利地发展过渡到抽象思维。小学数学教科书空间观念的知识设计遵循循序渐进的原则，由易到难，易于学生理解与掌握。几何直

---

① 中华人民共和国教育部. 义务教育数学课程标准：2011 年版 [S]. 北京：北京师范大学出版社，2011.

观是在空间观念的基础上进一步发展起来的，有助于提升学生的认知理解力、空间想象能力与解决问题的能力。从这一角度看，几何直观是一种意识，是一种能力，更是一种思维方式①。《义务教育数学课程标准》（2011 年版）指出："借助几何直观可以把复杂的数学问题变得简明、形象，有助于探索解决问题的思路，预测结果。几何直观可以帮助学生直观地理解数学，在整个数学学习过程中都发挥着重要作用。"② 几何直观在义务教育学段数学教科书中有大量的内容，比如"认识图形""角的认识""轴对称""长方形和正方形""面积""平行四边形和梯形""三角形""多边形"等内容，学生要利用几何图形描述和分析问题。教科书编写者将几何直观与空间观念的内容交叉编排设计，使学生在空间感知能力提升的基础上提高空间想象力、认知理解力。

以语文教科书中知识的想象要素为例，语文教科书在想象要素的设计上，尽力培养开放、批判与多元的想象力。据统计，部编本义务教育小学语文教科书出现"想象"这一词汇共计 62 次，其中第一学段 36 次，第二学段 26 次，借助具体事物展开想象的内容随着学段增长而有所变化。关于想象的知识内容设计，语文教科书从基础知识入手，逐步将知识扩展到学生的生活领域，与学生生活经验紧密结合，不仅提升学生的想象力，同时也培养学生解决问题的能力，在引导学生学会认知的同时学会热爱生活。选文中优美的文字带给学生无限遐想，富有意境的插图帮助学生更好地想象，课后问题设计让学生在立足知识的基础上展开丰富的想象。例如，部编本语文一年级上册"口语交际"板块主题是"小兔运南瓜"，要求学生根据图片说出小兔运南瓜的故事，在图片下面有两个问题，分别是"小兔可以用哪些方法把南瓜运回家？""你喜欢哪种方法？为什么？"并在右下角用淡黄色便签条的形式写出鼓励的话"大胆说出自己的想法"，引导学生思考小兔会使用哪些方法把南瓜运回家，这就需要学生结合自己的实践经验与生活智慧，想出更多的可行的好办法，并讲出其中的原因。在看图说话的口语交际中，小学生借助图片说出自己的所见、所想，结合自身经验，展开想象的翅膀，

---

① 王强国. 几何直观的内涵、分类与教学要领. 中小学教师培训［J］. 2019（6）：60 - 64.

② 中华人民共和国教育部. 义务教育数学课程标准：2011 年版［S］. 北京：北京师范大学出版社，2011.

让故事情节更加丰满、翔实。想象是创新的基础，鼓励学生敢于突破常规，大胆想象，培养孩子的创新意识，是教科书编写工作需要重点考量的问题。创新是核心素养的必备品格和关键能力之一。

（三）教科书知识中的抽象思维

抽象思维是运用概念进行判断、推理的思维活动，是人类特有的复杂而高级的思维，从个体发展的角度来看，儿童的动作思维和形象思维首先发展起来，抽象思维较晚出现。从这个意义上讲，这三种类型的思维水平有高低之分，但后一种思维的出现并不意味着前一种思维的消失①。概念、判断（命题）、推理是理性认识的基本形式，也是思维的基本形式。判断（命题）是对思维对象有所判定（即肯定或否定）的思维形式，由概念组成，同时又为推理提供了前提和结论。推理是由一个或几个判断推出一个新判断的思维形式，是思维形式的主体②。由此可见，推理中蕴含了判断，本节主要从推理角度审视教科书知识中的抽象思维。抽象思维以形象思维为基础，但又不直接依赖于具体事物，具有较强的间接性与概括性。教科书编写注重对学生抽象思维的培养，在各科教科书中逐渐融入抽象思维的知识内容，引导学生在分析与综合、比较与分类的基础上学会判断与推理，逐渐提升学生思维的间接性与概括性，体现教科书编写的螺旋式上升，彰显知识内容的循序渐进。

推理是一种重要的思维形式，是人们认识事物的一种思维方式，在日常的学习、工作与生活中被广泛使用。依据不同的划分标准，推理有不同的分类。依据前提命题的多少，可将推理分为直接推理和间接推理；依照前提和结论之间是否有蕴含关系，可把推理分为必然性推理和或然性推理；依据前提是简单命题还是复合命题，可把推理分为简单命题推理和复合命题推理；依据是否能进行始终不失其必然性的连续逻辑推演，可将推理分为演绎推理和非演绎推理，非演绎推理包括归纳推理和类比推理③。在对学生推理能力的培养上，教科书中的知识注重全方位地引导学生，促进学生各类推理能力的发展，其中，演绎推理与非演绎推理是教科书特别是数学教科书更加关注的内容。《义务教育数学课程标准》（2011 年

---

① 郑希付，陈娉美. 普通心理学［M］. 长沙：中南工业大学出版社，1997：148.

② 徐锦中. 逻辑学［M］. 天津：天津大学出版社，2001：2 – 3.

③ 同②105 – 106.

版）在培养学生推理能力的内容中指出：推理是数学的基本思维方式，也是人们在学习和生活中经常使用的思维方式。推理一般包括合情推理和演绎推理。合情推理是从已有的事实出发，凭借经验和直觉，通过归纳和类比等推断某些结果；演绎推理是从已有的事实（包括定义、公理、定理等）和确定的规则（包括运算的定义、法则、顺序等）出发，按照逻辑推理的法则进行证明和计算。在解决问题的过程中，两种推理功能不同，相辅相成，合情推理用于探索思路，发现结论；演绎推理用于证明结论。从推理形式上，推理一般有演绎推理、归纳推理和类比推理，从推理形式上看，由特殊到特殊的推理是类比推理。①

　　演绎推理的一般形式是"大前提—小前提—结论"的"三段论"，大前提是已知的一般原理，小前提是所研究的特殊情况，结论是根据一般原理，对特殊情况做出的判断。当前提为真时，结论必然为真；当前提为假时，结论必然为假。在数学教科书第一、二学段有关图形的内容便涉及演绎推理。例如，"长方形是平行四边形，三角形不是平行四边形，所以三角形不是长方形""长方形是平行四边形"是大前提，"三角形不是平行四边形"是小前提，大前提与小前提均为真的情况下，证明"三角形不是长方形"的结论也为真。演绎推理用以证明某种数学结论，随着学段的升高，这类推理的知识内容不断增多，进入义务教育第三学段和高中后，用于证明数学结论的知识内容明显增多。其他学科教科书中也有很多演绎推理的知识内容，比如在物理教科书中，"所有的金属都能导电，因为铜是金属，所以铜能够导电"。

　　归纳推理是由部分到整体、个别到一般的推理，是科学发现的重要途径，例如，由"铜、铁、铝等金属能导电"这一个别化的前提，归纳出"一切金属能导电"。归纳推理得出的结论具有猜测的性质，结论是否真实、正确，还有待实践检验或逻辑证明。例如，"对自然数 n，当 n = 0，1，2，3，4，5，6 时，$n^2 - n + 11$ 分别等于 11，11，13，17，23，31，41"，由此得出结论"对所有自然数 n，$n^2 - n + 11$ 都是质数"，但是在进行逻辑证明与演算时，当 n = 11 时，$n^2 - n + 11 = 121$，121 是能被 11 整除的数，不是质数，这便推翻了"对所有自然数 n，

　　① 中华人民共和国教育部. 义务教育数学课程标准 [S]. 北京：北京师范大学出版社，2011：9.

$n^2 - n + 11$ 都是质数"这一结论。再比如，"麻雀、大雁是会飞的鸟类，因此，所有的会飞的动物都是鸟类"，前提"麻雀、大雁是会飞的鸟类"是真的，然而，所得出的"所有的会飞的动物都是鸟类"这一结论中却又有反例存在，蝙蝠虽然会飞，和鸟类一样有翅膀，但没有羽毛，是哺乳动物，而不是卵生动物，可知上述结论是错误的。诸如此类的还有"鲤鱼、草鱼生活在水里，所以生活在水里的都是鱼类"，这里的反例之一就是鲸，鲸虽然生活在水里，却不是卵生的鱼类，而是哺乳动物。由此可见，归纳推理得出的结论不一定完全为真，需要进行深入的逻辑论证或实践检验，在正例与反例都合理的情况下，结论才有可能为真。

类比推理与归纳推理都属于或然推理，类比推理又称为类比法或类推法，是根据两个或两类对象之间存在某些相同或相似的属性，而推出它们的另一属性也相同或相似的推理。例如，A 具有 a、b、c、d 属性，B 具有 a、b、c 属性，B 也具有 d 属性①。在数学、语文、物理、化学、思想政治、历史等学科教科书中，引导学生对于新知识的学习，以学生熟悉的知识经验类比到新知识中便是类比推理能力的培养。比如，苏教版数学五年级下册"等式的性质"，在学生认识方程的意义后，通过在天平两端各加上或减去相同克数砝码使天平平衡的操作，从中得出"等式两边同时加上或减去同一个数，所得结构仍是等式"，有了这样的认知基础，引导学生对"同时加上或同时减去同一个数"与"同时乘或除以同一个数"进行类比推理，得出"等式两边同时乘或除以同一个数，所得结果也仍然是等式"②。需要指出的是，类比推理需要在两个对象之间进行比较，需要凭借对一个对象的认识来认识另一个对象，但类比推理不同于比较和比喻。后者只能帮助人们理解已有知识，而类比推理却可以根据已有知识推出新的知识③。

四、教科书认知要素的设计要求

通过对教科书知识内容中各认知要素的分析，可以看出感知觉、记忆、思

---

① 刘江. 逻辑学：推理和论证 [M]. 广州：华南理工大学出版社，2004：190.

② 顾晓东. 小学数学教材中的类比推理及教学策略 [J]. 教学与管理，2015（20）：39－42.

③ 同①190.

维、想象等认知要素不是孤立地设计到教科书知识内容中的，而是相互关联、密切交融地呈现着知识，形成了体系化的知识脉络，有助于学生掌握系统化的知识，学习正确的知识策略，提升思维水平，促进创造性思维的进一步发展。不同学科教科书有着不同的编排体系与知识逻辑体系，由此形成不同认知要素的组合呈现方式。各认知要素在教科书中的知识呈现不是单一、独立的，而是紧密关联在一起的，形成了立体多维的知识呈现形式，使教科书认知要素间相互交融，而在具体的呈现形式上，又有所侧重，遵循教科书编排的心理逻辑与学科逻辑。

（一）教科书中的感知觉要素设计应合理有度

感知觉作为初级的心理活动，是借助感官帮助个体对事物形成整体认知的基础。教科书整体的视觉观感、触觉等会使学生形成关于教科书的第一印象，进而影响其后续的深入学习。就各学科教科书的共性而言，教科书的开本大小、封面设计、字体、行间距等均考虑到对学生的影响，期待以最佳的效果呈现在学生面前。同时，教科书因学科知识的差异，在设计上也表现出诸多的不同。比如，语文教科书较为注重意境的营造、色彩鲜亮，部编本小学语文一年级上册《对韵歌》课文，朗朗上口的对韵歌，远处的高山流水、近处的柳绿桃红，这样的意境渲染有利于学生对课文的理解与记忆，同时培养学生热爱大自然，培养其欣赏美、感悟美的能力。以背景的形式呈现图片是部编本语文教科书的一大特色，且图片较好地契合了课文内容，营造出相应的阅读意境。数学教科书则较为强调数形结合，从第一学段的"图主文辅"到第二、三学段的"图辅文主"，多种多样色彩的图片是为了更好地论证"数"的知识，包括数学概念、几何直观、数学统计等，均有图片辅助学生理解，培养学生的数感、数学思维、创造性思维。教科书中的感知觉要素不能被无限夸大，而应根据学生的身心发展特点合理有度地设计，颜色对比、排版字体字号、行间距等设计安排均需符合学生的认知发展规律，能较好地激发学生使用教科书的兴趣。

（二）教科书中的记忆要素应符合学生的认知发展水平

由于学科知识类型的差异，语文知识中陈述性知识相对较多，数学知识中程序性知识相对较多，陈述性知识容易遗忘，而程序性知识一旦习得就较难遗忘。语文教科书中从小学一年级开始便有较多需要背诵记忆的内容，如识记汉语拼音、背诵课文等，由于学生原有的认知结构中关于汉语拼音的内容较少或不系统，因此，学生对于识记文字符号——汉语拼音，最初更多使用的是机械记忆的方式；而对于背诵课文，从静态的教科书文本的插图、各种导引设计等细节能看出教科书编写者引导学生进行理解记忆的努力，帮助学生在记忆时形成关于知识的形象图景，促进其更好地记忆知识。随着学生认知水平的提高，需要记忆的内容量与难度也相应有所提高，学生逐渐形成由机械记忆到理解记忆的平稳过渡。相较于数学教科书，语文教科书中程序性知识相对较少，如何写日记、写作文等这类知识以指导语的形式标注出来，并在实践中得以熟练掌握。数学教科书的各类符号是与各类图形紧密结合在一起的，有助于记忆、理解与应用。关于数学公式、原理等陈述性知识的记忆也与解决问题的程序性知识密切关联，而解决问题的程序性知识以解题步骤的形式呈现，可视化地呈现思维脉络，在解题的过程中实现知识的理解与记忆。

（三）教科书中的思维要素应体现循序渐进的原则

总体上，学生的思维发展从具体的形象思维向抽象的逻辑思维发展，教科书遵循这一认知发展规律，以此引导学生思维逐渐向抽象逻辑思维发展，并有意培养学生的创造性思维。不同学科教科书均关注从学生生活经验出发联想知识，这类知识在第一学段呈现较多。然而，不同学科教科书在培养学生思维发展上有所差异，语文教科书更关注学生发散思维的培养，多以开放性问题鼓励学生思考与想象。如部编本语文六年级上册第 4 课《花之歌》，课后有一篇习作《变形记》，要求是："《花之歌》是花的自述，想象奇特，读来很有趣味。如果你有这样一个机会，把自己变成另一种事物，会发生什么呢？你可以变得很小，如一只蚂蚁，一棵草，一粒石子；也可以变得很大，如一头大象，一辆汽车，甚至是一个星球。变形后，你生活的世界将随之发生改变……"这是一篇习作练习，鼓励学生展开想象的翅膀，大胆合理地想象，并记录下事件发生的全过程。这不仅锻炼学生的语言表达能力，更是对学生思维的训练，帮助学生在发散思维中审视与认识自己，更好地构建个体与外界的关系。数学教科书在第一学段以直观教学为主，教科书知识设计了较多的直观图片辅助学生理解知识，随着学生思维水平的提升，教科书知识的难度也在逐渐增加，诸多知识设计要求学生发挥想象力、创造力才能更好地解决数学问题，而想象力、创造力是思维的高级表现形式，在一步步的知识设计与引导中，促进学生由低阶思维向高阶思维发展。

第七章

教科书中的认知要素 （下）

　　任何学科教科书均会涉及其内容的广度与难度，教科书内容的广度与难度是基于学生的身心发展规律和课程标准而确定的。一方面，优秀的教科书内容范围科学合理，知识点数量合适、难度适中，符合学生的认知发展规律，使学生在"跳一跳"的"最近发展区"内发掘潜能。另一方面，从学生教科书使用的层面看，于教师而言，适宜的教科书广度与难度有助于教师在把握学生已有知识水平与课程标准的基础上确定知识的重点与难点；于学生而言，广度与难度适宜的教科书内容有助于减轻学生过重的学业负担，提升学习效能。教科书内容的广度与难度是判断教科书编写是否合乎学生身心发展规律的参考指标之一，在一定程度上反映教科书文本的质量与科学性。静态教科书内容的广度与难度直接影响着动态教科书的使用效果，影响着学生的课业负担，因此，对静态教科书内容的广度与难度的客观分析，有助于为教科书编写质量的进一步提升提供理论依据与参考。

第一节　教科书内容的广度

　　教科书内容的广度框定知识点的数量多少、知识面的宽窄程度及习题的数量多少等方面。从遵循学生身心发展规律出发，确定合理的教科书内容广度在一定程度上有利于提升教科书编写的质量，提高教科书使用的效果。

一、教科书内容广度的概述

　　广度，"广"指面积、范围宽阔，与"狭"相对。"度"取 dù 的读音时，有诸多释义，多指计算长短的器具或单位，如尺子、刻度；事物所达到的境界，如程度、高度、风度；分角的单位，一圆周角分为 360 度，如角度；依照计算的一定标准划分，如温度、湿度、经度、纬度、浓度等；电能的单位，一千瓦时电量的通称；法则，应遵行的标准，如制度、法度；哲学上指一事物保持自己的质的界限；过，由此到彼，如度日、度假；量词，次，如一度、再度等。这里"度"取"事物所达到的境界"这一释义。因此，"广度"意为事物广狭的程度，即事物的范围。

随着教科书研究的深入，对教科书内容广度的研究在近几年逐渐引起学界的关注，有学者对高中数学新课程前后立体几何板块多版本教科书进行比较研究得出：不同版本知识点分布有所差异，学生对知识点容量的评判主要依赖于学生已有的知识点容量、教学时间、教科书内容的科学体系及知识点的学习目标等因素；在知识面上，不同版本教科书涵盖知识面的宽窄程度不具有显著差异，但新版教科书更注重某一学科知识与其他学科的联系，促进学科知识融合，拓宽学生的知识面和知识应用的范围，以提高学生的实践应用能力；在习题数量上不同版本教科书存在差异，且不同版本教科书的课程目标有所侧重[1]。有学者对语文教科书的内容属性所包括的知识系统、选文系统、练习系统和助读系统各部分进行了举例分析：从数量上看，知识系统含有不同类型的知识分量和不同学段的知识分量；选文系统包括不同语体选文的数量、不同文体选文的数量两方面；练习系统包括课后练习的数量、自主活动的频次；助读系统包括每篇课文的注释数量、不同类型的插图数量等，形成了全面、系统的语文知识广度的考量依据[2]。有学者对人教版三套小学数学教科书"简易方程"内容展开量化分析，教科书内容广度指教科书内容所涉及的范围或领域的广泛程度，通常与教科书内容所含知识点的数量有关，由此提出了内容广度和可比内容广度统计公式，内容广度是同一知识主题下不同版本教材所含知识点的多少并集中有 n 个知识点，其中第 i 套教科书有 n_i 个知识点，则第 i 套教科书内容广度为 $n_i \div n$（$\leqslant 1$）。将第 i 种教科书

---

[1]　吴乐乐. 高中数学新课程前后立体几何版块比较研究［D］. 重庆：西南大学，2011：55.

[2]　张心科，文艺，赵瑞萍. 教材研究框架的建构及使用：以语文教材为例［J］. 课程·教材·教法，2019（1）：26－33.

该知识主题的可比内容广度界定为 $G_i = n_i \div n \div \beta_i$ （$i = 1$，2，3，…）①。本节关于教科书内容广度主要指教科书知识内容的容量，主要包括教科书知识点的数量、知识面的宽窄、例题及课后习题的数量等方面。如果说教科书内容广度是从量上对教科书内容的数量、范围进行框定，那么教科书难度则是在质上确定教科书内容的深度，以难易程度反映内容的认知思维深度和知识的可接受度。

二、教科书内容广度的实证分析

总体而言，教科书内容广度是关于教科书文本中知识点数量的多少，从量上对教科书编写提出要求。语文教科书与数学教科书遵循学科知识特点与学生身心发展规律，积极探索与研究适合学生接受的内容数量。从数量上对教科书内容广度进行统计分析，便于对教科书内容的数量情况与广度做出直观的判断。这里主要以语文、数学两科教科书内容数量分布情况做出简要的统计分析。

（一）语文教科书内容广度的量化统计

研究主要选取部编本义务教育第一学段语文教科书，根据教科书目录上呈现的知识板块进行篇数的统计。总体而言，部编本语文教科书是由单元—选文—习题等组成整体的文本内容，它们既相互联系又有所差异，彰显教科书编者意图，遵循学生身心发展规律，体现课程标准的要求。

1. 语文教科书内容广度的总体概况

按照语文教科书目录上呈现的内容，对部编本语文教科书第一学段一至三年级的内容数量进行统计。由统计（表 7 – 1）可看出，"汉语拼音"是一年级上册的内容，共有 13 篇；一年级、二年级设计了"识字"板块，共 26 篇，且呈现出逐渐递减的趋势，一年级上册共 10 篇，到二年级下册就只设计了 4 篇；单元是依据"语文园地"与单元标号确定的，均为 8 个单元，共计 48 个单元；课文是除汉语拼音、识字之外的选文内容，共计 139 篇，从课文数量上看，呈现逐渐增多的趋势，一年级上册课文数量为 14 篇，到三年级下册课文数量多了 1 倍，增至 28 篇。一至三年级的口语交际均设计为每册 4 篇，进入三年级增加了"习作"

---

① 刘久成. 小学数学"简易方程"内容量化分析：基于人教版三套教科书的比较 [J]. 课程·教材·教法，2019（8）：73.

和"综合性学习"板块，三年级上册开始设计习作，共计 15 篇，三年级下册设计了 1 次综合性学习；课后的语文园地共计 46 篇，因三年级上册增加了一篇习作例文、三年级下册增加了一次综合性学习，因此，语文园地在三年级设计为每册 7 个，一、二年级均为每册 8 个。部编本语文教科书增强了对阅读的要求，每一册教科书在某一单元后设计了"快乐读书吧"拓展学生的阅读，引导学生养成良好的阅读习惯。而这样的设计表现出较强的编者意图，比如，一、二年级的"快乐读书吧"都设计在第一单元之后，三年级上册的"快乐读书吧"设计在第三单元，三年级下册的"快乐读书吧"设计在第二单元。这样设计的依据是什么呢？这很大程度上体现出编写者的主观能动性，"不论谁成为教科书内容的选择者、确定者、研制者，不论是个体还是群体，不论选择教科书内容的是怎样的优秀专家或专家群，有一点可以肯定：任何人选择与确定教科书内容时，都会带有一定的主观性。学者有不同的文化背景，因而都不可避免地要利用各种前提并无法摆脱各种偏见，而这些前提和偏见会干扰他们对外部知识空间的认知和理解，在这个意义上，每个教科书内容的确定者都从自己的'前见'出发理解教科书的外部知识空间，选择和确立教科书内容"①。习题包括课后思考题和语文园地中的各类习题，共计 977 个习题，习题形式涵盖读、写、练等各种形式，既注重知识的工具价值，也观照知识的人文价值，融体验、感悟、内省等情感、态度、价值观的内容于一体，共同促进学生的全面发展。

表 7 - 1　部编本义务教育第一学段语文教科书的内容数量统计表

项目	汉语拼音	识字	单元	课文	口语交际	习作	综合性学习	语文园地	快乐读书吧	习题
一年级上册	13	10	8	14	4	—	—	8	1	152
一年级下册	—	8	8	21	4	—	—	8	1	165
二年级上册	—	4	8	24	4	—	—	8	1	183
二年级下册	—	4	8	25	4	—	—	8	1	180
三年级上册	—	—	8	27	4	8	—	7	1	148
三年级下册	—	—	8	28	4	7	1	7	1	149
总计	13	26	48	139	24	15	1	46	6	977

① 石鸥. 教科书概论 [M]. 广州：广东教育出版社，2019：107.

2. 课后习题的量化分析

从语文教科书知识来看，有陈述性知识、程序性知识和策略性知识，这些知识需要被理解、记忆、探究和灵活应用。基于此，本书将部编本语文教科书习题分为记忆型习题、理解型习题、探究型习题和应用型习题四类，按照记忆、理解、探究、应用的认知层次要求促进学生认知水平的提升。

记忆型习题重在要求学生识记知识，加深学生对知识的记忆，以达到不容易遗忘的目的，在必要的时候能对知识进行再认，并能将相关知识从头脑中提取出来。这类知识需要在读、写、背中加强，"朗读""背诵""想一想，填一填""读一读，记一记"等栏目内容均属于记忆型知识，这类知识在第一学段学习中相对较多。例如，部编本语文一年级下册第十五课《文具的家》（图7-1）课后习题首先要求"朗读课文"，在此基础上"读一读，记一记"与课文相关的字"新""平""些"，学会组词，这样就达到了对知识的灵活记忆，将记忆与应用结合起来，在举一反三中学会关于汉字的运用。

◎ 朗读课文。

◎ 读一读，记一记。

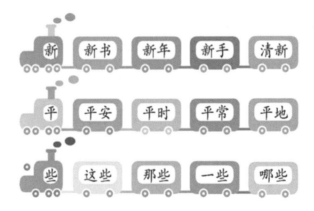

图7-1　部编本语文一年级下册第十五课《文具的家》课后习题

理解型习题重在强调学生对于知识更深层次的认知与加工，理解课文的字、词、句、段落、层次及其语言内涵等内容。当然，记忆与理解是相互联系的认知活动，记忆过程需要理解活动的参与，理解的认知活动又以记忆为基础。例如，部编本语文一年级上册第七课《青蛙写诗》课后习题第一题"朗读课文，说一说青蛙写诗的时候谁来帮忙了"，这一题是朗读题，在熟读识记的基础上，加深对课文的理解，进而帮助学生更好地记忆与分析课文内容。第二题是"青蛙写的诗里有逗号和句号，请你圈出来"，对于一年级学生而言，标点符号是较为抽象的知识内容，属于符号学习，对于抽象知识以符合学生认知发展特点的形式呈现出来，增强知识的趣味性，激发学生的学习兴趣，使学生在轻松快乐的氛围中习得关于标点符号的知识。这一题的设计，将课文内容与标点符号学习结合起来，引导学生学习逗号、句号、冒号、省略号等标点符号的使用。结合课文内容理解与记忆知识是进行探究与应用知识的基础。

　　探究型习题注重学生对知识的主动思考与探究，探究型习题又分为自主探究型习题和合作探究型习题。首先，自主探究型习题强调学生主体对知识的自主思考与探索，养成独立自主的良好学习习惯。例如，部编本语文一年级上册识字第九课《日月明》（图7-2）课后习题"你能猜出下面这些字的意思吗"，引导学生对汉字进行拆解，利用偏旁和构字部件认识新字，理解"会意字"的内涵，教给学生部分汉字的认识方法。自主探究型习题相对较多，部编本语文一年级下册第十八课《小猴子下山》课后习题"结合插图，说说小猴子看到了什么，做了什么，最后为什么只好空手回家去"，引导学生结合插图自主探究课文内容，分析小猴子的心理。自主探究能较好地帮助学生在已有知识经验基础上对知识进行有意义的内部建构，是自我与自我的内部对话，在自我对话中提升认知水平。其次，合作探究型习题强调学生之间在相互合作中共同研讨某一知识内容，并学会解决问题，同时培养学生的合作共享精神。例如，部编本语文三年级上册第六课《秋天的雨》课后习题"课文从三个方面写了秋天的雨，和同学交流你最感兴趣的部分"，这道题不仅要求学生掌握课文中三个方面写秋天的雨的内容，还要求学生和同学交流分享最感兴趣的部分。学生指出对哪一部分最感兴趣并需要说出充足的理由，这一过程便是探究的过程，且在和同学交流中使自己的想法与思考更加完善。合作探究型习题是学生在与外界对话交流的同时进行着内部的自我认知建构，将他人的想法与自己的认知经验及思考紧密关联起来，丰富自己的思考与认知。这两类的探究型习题均强调学生对于学习的主动性与自主性，鼓励学生独立思考，提高学生发现问题、解决问题的能力，建构语言认知，培养语文素养。

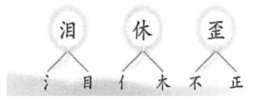

图 7 - 2 部编本语文一年级上册识字第九课《日月明》课后习题

应用型习题重在考查学生是否能将记忆、理解、探究所得的知识灵活地拓展运用，能否解决问题。应用型习题对学生认知能力提出更高的要求，是多种认知活动综合作用后的落脚点，强调将所学知识与学生实际相联系来解决问题。例如，部编本语文一年级上册第九课《明天要远足》课后习题"你有过这样的心情？和同学说一说"，这个问题要求学生结合对课文内容的理解与自己的情况说出自己是否有过文中所表达的心情，将知识与学生的已有经验紧密结合起来；这一题在强调知识应用的同时，还强调同伴间的合作与交流，达到对学生思考、应用、合作等各种能力的培养目的。

结合语文习题题型，对部编本义务教育第一学段语文教科书课后不同类型习题进行统计，以发现其中的数量差异（表 7 - 2）。

表 7 - 2 部编本语文教科书一至三年级课文题型比例统计

题型	一年级上册	一年级下册	二年级上册	二年级下册	三年级上册	三年级下册
记忆型习题	22	41	40	38	22	35
理解型习题	8	11	19	24	29	29
探究型习题	7	7	17	18	23	18
应用型习题	7	11	21	18	14	12
总计	44	70	97	98	88	94

记忆型习题总体上呈下降趋势，随着年级的增长要求识记的内容逐渐减少，而要求理解、探究与应用的内容随之增加。记忆是理解、探究知识的基础。一年级上册记忆型习题有 22 篇，有 8 篇内容是汉语拼音，这些内容在实践中是要求

学生记忆的，但课后并没有做出知识记忆的相关要求。一年级要求记忆的知识数量相对较多，是基于学生建立更加完整的认知结构的考虑。《义务教育语文课程标准（2011版）》明确要求学生能在一、二年级"积累自己喜欢的成语和格言警句，背诵优秀诗文50篇（段）"①，课程标准的要求在教科书中得以显著体现。在对课文知识的记忆上有对整篇课文的记忆要求，也有对字词句的记忆要求。整篇课文的记忆要求，不仅要求"朗读课文"，还要求"背诵"，有些课文则是要求背诵课文某一部分，或默读课文，或分角色朗读课文。在反复的读与背中帮助学生记忆与理解知识。对于字的记忆要求，体现为课后识字表与写字表，识字表里的生字只要求认识，达到再认的水平，写字表里的生字则要求不仅会再认，还要求会写、会灵活应用。对于词的记忆要求，课后的"读一读，记一记"，将"字"与"词"结合起来帮助学生记忆。对于句子的记忆要求，课后会将课文中重点的句子列出，要求学生读句子，并注意加点的词，将"词"与"句"结合起来，例如，部编本语文二年级下册第十六课《雷雨》课后习题"读句子，注意加点的词，再把句子抄写下来"。对语文知识的记忆是发挥语文知识本体性价值的重要途径，有助于学生积累与拓展知识，并为进一步提升语文素养奠定基础。

理解型习题与探究型习题呈逐渐增长趋势，分别从一年级上册的8道、7道增长到三年级下册的29道和18道，一定程度上符合学生的认知发展规律，随着学生思维水平的提升，引导学生借助具体事物、插图或学生的知识经验来思考与想象。理解型习题与探究型习题相互关联，理解型习题强调学生立足于课文知识的思考，能说出对课文内容的理解；探究型习题则强调学生在知识基础上的深层次思考与探索，是思维水平的进一步提升。在教科书课文习题中，这两类习题大多时候是分开的，但有时候也会与记忆型习题或应用型习题关联起来，比如，部编本语文二年级上册第十七课《要是你在野外迷了路》课后习题"朗读课文，说说课文中写了哪几种'天然的指南针'，它们是怎样帮助人们辨别方向的"，这一习题首先要求学生朗读，熟悉课文内容，接下来分析课文中"天然的指南

---

① 中华人民共和国教育部. 义务教育语文课程标准：2011年版［S］. 北京：北京师范大学出版社，2011：6.

针"的类型，是对课文内容熟悉基础上的理解与分析，最后探讨这些"天然的指南针"如何帮助人们辨别方向，带有探究的性质。

应用型习题总体上呈现先增长后减少的趋势，并且在四种题型中占比相对较小。应用型习题重在训练学生对所学知识的应用，语文知识的应用主要表现为结合课文内容应用知识，属于知识的学科内应用，将所学知识运用到生活中，以解决生活实际问题，明白某个道理，例如，部编本语文二年级下册第十九课《大象的耳朵》课后习题"'人家是人家，我是我'，结合生活实际，说说你是怎么理解这句话的"，这一问题引导学生在理解文中所出现知识的基础上，将知识运用到生活中，帮助学生树立正确的认知，并学会理性认识自己，实现知识内容的主题升华。

（二）数学教科书内容广度的量化统计

数学教科书的内容广度主要以不同知识点的习题数量体现，依照《义务教育数学课程标准》所设计安排的"数与代数""图形与几何""统计与概率""综合与实践"等四部分课程内容统计数学习题数量。研究选取人教版（2012年版）和北师大版（2012年版）义务教育数学教科书第一、二学段习题数量进行量化统计比较分析，"数与代数"课程内容的题型主要有填空题、计算题与应用题三大类，"图形与几何"的题型主要有填空题、计算题、应用题与作图题四大类，"统计与概率"的题型主要有填空题、计算题与探究题，"综合与实践"偏重对学生综合素养的培养，不做题型划分。

在"数与代数"的知识内容中（表7-3），总体来看，北师大版与人教版的应用题在三种题型中占据了相当比例，占比分别为45.38%、32.52%；填空题次之，占比分别为33.43%、37.19%，两版教材均强调学生对基础知识的理解与掌握；计算题最少，占比分别为21.19%、30.29%。总体上来看，两版教科书均强调对知识的应用，而在占比上稍有差异。人教版在填空题与计算题上的占比高于北师大版，北师大版在三种题型的分布上呈现出较大的差异性，人教版三种题型的题量分布比例相对较为均衡，三种题型的比例均保持在35%左右，由此可以大致看出两版教科书在对学生知识考查、能力训练等方面有所侧重。

表7-3　北师大版和人教版小学数学"数与代数"习题数量统计表

项目	填空题		计算题		应用题	
	数量/道	百分比/%	数量/道	百分比/%	数量/道	百分比/%
北师大版	677	33.43	429	21.19	919	45.38
人教版	981	37.19	799	30.29	858	32.52

　　在"图形与几何"的知识内容中（表7-4），总体上，北师大版与人教版的应用题所占比例在四种题型中最多，占比分别为50.07%、41.76%，"图形与几何"中的应用题重在知识应用中培养学生的空间观念、几何直观，这与课程标准对学生空间观念、几何直观的培养目标要求相契合，且注重发展学生的应用意识与创新意识①。填空题次之，占比分别为27.53%、24.01%，两版教材均强调学生对基础知识的理解与掌握。处于第三位的则出现了不一致，人教版计算题占比位列第三，为23.01%，北师大版作图题占比位列第三，为17.55%。总体上来看，两版教科书均强调对知识的应用，而在占比上稍有差异。在"图形与几何"里，作图题是一种特殊的应用题，从应用题题型数量占比大致可以看出北师大版相较于人教版更加注重知识的应用，而人教版各类题型占比相对较为协调，在题型设计上更加注重学生对图形几何知识的理解、巩固与应用。

表7-4　北师大版和人教版小学数学"图形与几何"习题数量统计表

项目	填空题		计算题		应用题		作图题	
	数量/道	百分比/%	数量/道	百分比/%	数量/道	百分比/%	数量/道	百分比/%
北师大版	193	27.53	34	4.85	351	50.07	123	17.55
人教版	169	24.01	162	23.01	294	41.76	79	11.22

　　在"统计与概率"的知识内容中（表7-5），总体而言，北师大版与人教版的探究题所占比例在三种题型中最多，占比分别为86.49%、74.53%；填空题次之，占比分别为12.16%、17.92%，两版教材均强调学生对基础知识的理解与掌握，人教版占比相对较高；计算题最少，占比分别为1.35%、7.55%。"统计与概率"重在培养学生的数据分析观念、推理能力等，并在此过程中培养学生对知

---

　　①　中华人民共和国教育部. 义务教育数学课程标准：2011年版［S］. 北京：北京师范大学出版社，2011.

识的应用意识和创新意识。在强调核心素养落地的基础教育改革实践中，教科书编写也做出了相应的变化，两版教科书均强调对知识的探究，注重培养学生的创新意识，在占比上稍有差异，北师大版占比相对较高。

表7-5　北师大版和人教版小学数学"统计与概率"习题数量统计表

项目	填空题		计算题		探究题	
	数量/道	百分比/%	数量/道	百分比/%	数量/道	百分比/%
北师大版	18	12.16	2	1.35	128	86.49
人教版	19	17.92	8	7.55	79	74.53

综上所述，两版数学教科书内容广度在不同知识内容中的分布存在差异，可以看出不同版本教科书的编者意图，总体上两版教科书均强调学生对知识的应用能力，注重培养学生的创新意识，关注学生对知识概念的领会，借助多种题型的训练使学生在理解、掌握知识的基础上达到知识迁移的目的，促进学生认知结构的拓展，增强学生数理统计能力、空间知觉能力、想象力、动手操作能力等多项能力的发展，着力提升学生的核心素养。

第二节　教科书内容的难度

相较于教科书内容数量上的广度统计，教科书内容难度的影响因素更多，统计起来更为复杂。从动态教科书使用上，内容难度是在内容数量合理的基础上根据学生认知发展规律、学时数、教师教学水平等综合考量后进行的科学设计。从静态教科书文本角度出发，主要对教科书文本中呈现的认知要素进行认知水平与层次的划分，以大致判断教科书内容的难度。

一、教科书内容难度的概述

难度，通常指个体完成某项工作或达到某个标准的困难程度，困难程度的高低一方面取决于工作的难易程度或标准的高低，另一方面取决于个体的能力水平和努力程度。在工作的难易程度或标准的高低程度一定的前提下，个体的能力水平和努力程度便是至关重要的因素，当个体的能力和努力难以完成工作任务或达不到标准要求，个体便会觉得难以完成工作或达不到标准，困难就此产生。当个体的能力水平和努力程度与工作任务或标准要求相差越多，个体感受到面临的困难就越大，个体便会产生完成这个任务或达到标准有难度的想法。由此可见，在工作任务或标准要求一定的情况下，难度与个体的能力水平、努力程度紧密相关，与广度不同，难度主要是指主观上的①，带有较强的主观色彩。

教科书内容难度指学生理解教科书知识内容时思维的难易程度，涉及学生个体因素的教科书内容难度分析主要属于教科书使用环节的研究范畴，探讨因素会更加复杂。对于静态教科书文本分析而言，将学生视为常量，在对教科书难度进行分析时将学生这一因素予以忽略。鲍建生在 Nohara（诺哈拉）研究的基础上从探究、背景、运算、推理与知识含量等五个维度统计分析中英两国初中数学教科书期望的综合难度，用 d_i 表示综合难度，统计方式为 $d_i = \dfrac{\sum_j n_{ij} d_{ij}}{n}$（$\sum_j n_{ij} = n$；$i = 1，2，3，4，5$；$j = 1，2，\cdots$），中国初中数学教科书在五个维度上的综合难度分别为 1.55、1.13、3.72、2.15、2.23，英国初中数学教科书在五个维度上的综合难度分别为 1.79、1.51、1.84、1.50、1.28②。王建磐与鲍建生在自己已有研究基础上，将难度因素改为背景、数学认知、运算、推理和知识综合五个方面，从而计算出高中数学教科书例题在每个因素上的加权平均值为 $d_i = \dfrac{\sum_j n_{ij} n d_{ij}}{n}$（$i = 1，2，3，4，5$；$j = 1，2，\cdots$），其中 d_i 表示第 i 个难度因素上的加权平均值，d_{ij} 表示第 i 个难度因素的第 j 个水平的权重，直接采用等级权重，即 $d_{ij} = j$；n_{ij} 则表示这套教科书例题中属于第 i 个难度因素的第 i 个水平的题目的个数，而 n 是样本。显然，对任何 i，都有 $\sum_j n_{ij} = n$③。吴立宝等人对中、澳、美、英等十国数学教科书通过主因素分析确定习题的难度（N），从要求水平（YQ）、知识点

① 巴班斯基. 教学教育过程最优化：第二版 [M]. 吴文侃，译. 北京：教育科学出版社，2001：79.

② 鲍建生. 中英两国初中数学期望课程综合难度的比较 [J]. 全球教育展望，2002（9）：48－52.

③ 王建磐，鲍建生. 高中数学教材中例题的综合难度的国际比较 [J]. 全球教育展望，2014（4）：101－110.

个数（ZS）、背景（BJ）三个方面进行统计，确定计算公式为 $N_i = \alpha \times YQ + \beta \times ZS_i + \gamma \times BJ_i$（$i = 1$，2，3，4，5），其中 α、β、γ 分别为要求水平、知识点、背景，分别为 0.38、0.36、0.26，以此统计出十国数学教科书的难度[1]。史宁中等人提出影响课程难度的基本要素至少有三个：课程深度、课程广度和课程时间，只要有足够的时间，绝大多数学生都是能够理解课程内容的，由此建立课程难度系数的模型：$N = \alpha \times S/T + (1 - \alpha) \times G/T$，其中 N 表示课程难度，S 表示课程深度，G 表示课程广度，T 表示课程时间，S/T 表示可比深度，G/T 表示可比广度，α 满足 $0 < \alpha < 1$ 被称为加权系数，反映课程对于可比深度 S/T 或可比广度 G/T 的侧重程度[2]。邝孔秀等人在已有研究的基础上，从内容广度（C_1）、内容深度（C_2）、习题难度（E）三个维度构建小学数学教科书难易程度的数学模型 $N = 0.2C_1 + 0.5C_2 + 0.3E$，并应用该模型对中、日、韩、新、美、英、法、德、俄、澳 10 国有代表性的 12 套小学数学教科书的难度进行了定量分析。研究得出，中国人教版小学数学教科书的综合难度居第 5 位，内容广度居第 7 位，内容深度居第 6 位，习题难度居第 5 位[3]。已有的研究有从动态的教科书使用的角度研究教科书难度，也有从静态的教科书文本的角度分析教科书难度。本书主要关注教科书编写层面的静态教科书文本，而较少考虑动态的教科书使用，加之动态层面的教科书知识内容难度的影响因素更为复杂与多变，基于此，主要将研究视角放在静态的教科书文本的实证分析上，窥探教科书知识内容的呈现方式与认知水平层次，进而对教科书内容难度做出判断。

二、教科书内容难度的实证分析

教科书内容难度是一个相对的概念，难度可以从横向与纵向两个层面来观测：横向上表现为教科书各知识内容的难度差异，反映一册教科书的整体难度状况；纵向上表现为不同年级教科书在某一知识内容上的难度变化，反映学年、学

① 吴立宝，王建波，曹一鸣. 初中数学教科书习题国际比较研究 [J]. 课程·教材·教法，2014（2）：112 - 117.
② 史宁中，孔凡哲，李淑文. 课程难度模型：我国义务教育几何课程难度的对比 [J]. 东北师大学报（哲学社会科学版），2005（6）：51 - 55.
③ 邝孔秀，姚纯青，蔡庆有，等. 中国小学数学教科书的难度分析：国际比较的视角 [J]. 比较教育研究，2015（9）：73 - 78.

段教科书知识内容难度的变化趋势。本书对义务教育小学段一至六年级北师大版数学教科书与人教版数学教科书的内容难度展开实证分析，以探析其在横向上知识内容的难度差异与纵向上不同年级知识内容的难度变化，以期为教科书编写提供理论依据与参考。

（一）两版数学教科书内容难度的研究方法与框架

首先，在研究方法上，选定的两个版本数学教科书文本材料主要采取文本分析法和比较研究法开展研究。文本分析法是分别对两个版本小学数学教科书内容难度进行综合解析；比较研究法是在文本分析的基础上，将两个版本小学数学教科书习题进行横向与纵向比较，得出研究结论。

其次，在研究框架上，采用王建磐与鲍建生2014年提出的难度模型 $d_i = \dfrac{\sum_j n_{ij} n_{ij}}{n}$ （$i=1，2，3，4，5；j=1，2，\cdots$），结合综合难度因素、难度水平及解释说明等，从背景、数学认知、运算、推理、知识点含量五个因素入手，对教科书文本内容进行静态分析（表7-6）。每个因素都分为3~4级水平，并分别赋值。在难度模型中 d_i 表示第 i 个难度因素上的加权平均值，d_{ij} 表示第 i 个难度因素的第 j 级水平的权重，这里直接采用等级权重，即 $d_{ij}=j$，n_{ij} 表示这种教科书习题中属于第 i 个难度因素第 j 级水平的题目数，n 是这种教科书的习题总数。显然，对于任何 i（$i=1，2，3，4，5$）都有 $\sum_j n_{ij}=n$[①]。最后根据计算所得的五个因素的结果，画出反映习题综合难度的五边形模型，并根据图形的整体态势分析教科书中习题的综合水平和难度特征，并以此推断两个版本教科书习题的难易程度。

---

① 鲍建生. 中英两国初中数学期望课程综合难度的比较 [J]. 全球教育展望，2002 (9)：48-52.

表 7-6　教科书的综合难度因素、难度水平及解释说明、相应赋值

综合难度因素	难度水平及解释说明	相应赋值
背景	无背景	1
	个人生活：学生生活经验背景	2
	公共常识：大多数人（包括学生）知道，但不一定由亲身经历得到的知识	3
	科学情境：与科学有关	4
数学认知	计算：操作性记忆水平	1
	概念：概念性记忆水平	2
	领会：说明性理解水平	3
	分析：探究性理解水平	4
运算	无运算	1
	数值计算：计算中没有未知量，计算结果为数值	2
	简单符号运算：两步以内（包括两步）且含有未知量或符号的运算	3
	复杂符号运算：两步以上且含有未知量或符号的运算	4
推理	无推理：包括数值计算与符号运算，以及对显而易见的事实、公式、法则、性质等不需辨别的认知	1
	简单推理：两步以内（包括两步）的推理	2
	复杂推理：两步以上的推理	3
知识点含量	1 个知识点	1
	2 个知识点	2
	3 个及以上知识点	3

为了保证数据的一致性，减少误差，在探究两版小学数学教科书内容难度的横向比较与纵向比较时，均采用该模型进行统计与比较，从中发现小学数学教科书编写中的优势与不足，思考教科书难度与学生身心发展规律的契合度，审视教科书内容编写与知识内容逻辑序列的关系。

（二）两版数学教科书内容难度的横向比较

习题是数学教科书中为帮助学生进行数学练习而编制的题目，旨在帮助学生

巩固深化新知，领悟数学思想方法。如果说数学中的例题教学是引导学生形成理性认知、进行知识建构的过程，那么习题则是帮助学生对知识点进行练习巩固、反思总结、变式应用、提炼数学思想方法，并反作用于实践的过程，这是培养能力、开拓思维、熟练技能的过程，也具有发挥习题设置功效的作用①。因此，习题的综合难度在一方面反映出习题是否与知识内容相匹配，另一方面彰显习题编制是否遵循学生的身心发展规律，体现不同版本教科书的风格与编写意图，所以，对教科书习题的综合难度进行研究有助于明晰教科书知识点分布、难度指数，推进教科书编写的科学化。

数学教科书知识内容难度是依据《义务教育数学课程标准》中关于习题难度的要求确定的，反映学生解答习题时思维的难易程度。学生解答习题的难度不仅与文本中的习题有关，也与学生本身以及教学活动有关。从学生个体因素及教学活动层面讨论习题难度，影响因素更多，更为复杂。这里主要从静态教科书进行文本分析，研究习题潜在认知水平和作答要求与学生参与任务程度的关系②。本研究在考查两版小学数学教科书知识内容难度时，依照的是《义务教育数学课程标准》（2011版）所设计的"数与代数""图形与几何""统计与概率""综合与实践"等四部分课程内容，且未进行更加细致的知识点划分。由于"综合与实践"注重对学生综合能力的锻炼与考查，注重学生自主参与的学习获得，在其中，考查学生综合运用"数与代数""图形与几何""统计与概率"等知识和方法解决问题的能力，学生可以在课堂上完成，也可以课内外结合完成。北师大版小学数学教科书将其融合到其他内容板块中，并未单独设计，鉴于此，本书主要对"数与代数""图形与几何""统计与概率"展开内容难度的比较分析。

1. 关于"数与代数"内容难度的横向比较

北师大版与人教版小学数学教科书"数与代数"知识内容涉及的题型主要有填空题、计算题与应用题，运用难度模型从背景、数学认知、运算、推理、知识点含量等方面展开统计分析，获得各维度的难度值。分析两版小学数学教科书"数与代数"综合难度（图7-3）可知，在背景、数学认知、运算、推理上两版

---

① 张优幼. 基于学生认知的小学数学习题设置［J］. 教学与管理，2017（20）：43.
② 鲍建生，徐斌艳. 数学教育研究导引：二［M］. 南京：江苏教育出版社，2013：276.

教科书难度水平相当，而在知识点含量上有较大差异，北师大版为1.6063，人教版为2.1817，这很大程度上与两版教科书的习题设计有关，北师大版倾向于在题干下面单独列出几个问题，而人教版则是一个题干对应一至两个问题，这便使得两版教科书知识点含量表现出较大差异。

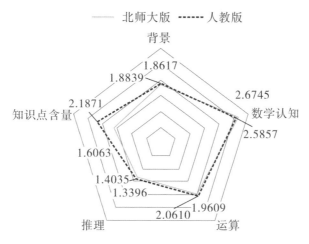

图7-3　北师大版与人教版小学数学教科书"数与代数"内容的综合难度雷达图

第一，在背景维度上，习题的背景水平主要指习题描述关注与学生生活背景紧密相关的内容，强调观照学生的生活经验与知识的联系。主要包括无背景、个人生活、公共常识及科学情境四个指标。两版教科书在背景维度上的综合难度水平相当，北师大版综合难度值为1.8617，人教版综合难度值为1.8839，说明两个版本均强调借助学生个人生活经验，以形象、直观与学生熟悉的情境化场景帮助学生建立新旧知识的联系，促进知识的理解与同化，帮助学生在理解习题背景的基础上思考与解决问题。这样的设计符合小学生的认知发展规律，小学生以形象思维为主，逐渐向抽象逻辑思维过渡。

第二，在数学认知上，主要关注学生对数学知识的理解、领悟与分析的能力，主要包括计算、概念、领会与分析四个指标。《义务教育数学课程标准》（2011版）指出学习者能有意识利用数学的概念、原理和方法解释现实世界中的现象，解决现实世界中的问题。基于数学认知而开展的理解、记忆、计算与探究，强调学生对知识的过程性理解，注重引导学生在习题探究中培养创新思维。北师大版与人教版小学数学教科书在数学认知水平上的综合难度分别为2.6745、

2.5857，并未表现出较大差异，均体现出数学教科书对课程标准的具体落实，也符合学生的认知发展规律，促进学生认知能力在对知识的过程性理解与创造中得到提升与发展。

第三，在运算上，运算能力是数学学科核心素养的基本要求，培养学生的运算能力有助于学生理解运算的算理，寻求合理简洁的运算途径解决问题①。《义务教育数学课程标准》明确提出根据法则和运算律正确地进行运算，通过理解运算的算理，寻求合理简洁的运算途径解决问题的要求。"数与代数"习题运算的比较主要从无运算、数值运算、简单符号运算与复杂符号运算四个指标展开。北师大版与人教版小学数学教科书在运算水平上的综合难度分别为1.9609、2.0610，符合课程标准对学生运算能力的训练要求，使学生从认识数、符号等开始进行各种数值运算与简单符号运算，进而开展复杂符号运算，为以后更高学段的学习奠定基础。

第四，在推理水平上，教育活动是一项复杂的、主动的、个性化的活动，强调对学习内容进行观察、实验、猜测、计算、推理、验证的过程。数学课程标准注重培养学生的推理能力，促进学生合情推理与演绎推理的思维发展。"数与代数"推理水平主要包括无推理、简单推理与复杂推理三个指标。在这一维度上，人教版的综合难度水平为1.4035，略高于北师大版（1.3396），这在一定程度上体现出编者意图，也使得不同版本的教科书彰显自己的特色。总体而言，两版教科书填空题在推理维度上的设计与学生认知发展由具体思维到抽象思维的发展相契合，呈现出由易到难的设计趋势，层层递进，在无推理运算与简单推理运算的基础上学会复杂推理，鼓励学生独立思考、深入探究。

2. 关于"图形与几何"内容难度的横向比较

北师大版与人教版小学数学教科书"图形与几何"知识内容涉及的题型主要有填空题、计算题、应用题与作图题，运用难度模型从背景、数学认知、运算、推理、知识点含量等方面展开统计分析，获得各维度的难度值。关于两版小学数学教科书"图形与几何"内容的综合难度如下图（图7-4）所示。

---

① 中华人民共和国教育部. 义务教育数学课程标准：2011 年版［S］. 北京：北京师范大学出版社，2011.

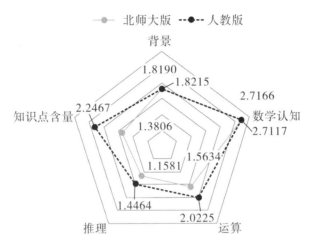

图7-4　北师大版与人教版小学数学教科书"图形与几何"内容的综合难度雷达图

在知识背景与数学认知上，两版教科书的综合难度基本相当，说明两版教科书均关注借助学生的生活经验、知识背景来设计"图形与几何"的相关知识练习，帮助学生对知识的理解、内化，实现认知结构的拓展；两版教科书均强调学生对"图形与几何"基本概念的理解、领会，在此基础上学会分析。关注学生的背景知识是为了更好地调动学生学习"图形与几何"的积极性，增强直观性，强调数学认知是为了学生进一步的运算、推理奠定基础；在运算、推理与知识点含量维度上，人教版小学数学教科书难度水平高于北师大版小学数学教科书；关于运算，人教版在简单符号运算与复杂符号运算水平上高于北师大版；关于推理，人教版在简单推理与复杂推理水平上高于北师大版；在知识点含量上，北师大版为1.3806，人教版为2.2467，这很大程度上与两版教科书的习题设计有关，北师大版倾向于在题干下面单独列出几个问题，而人教版则是一个题干对应一至两个问题，这便使得两版教科书知识点含量表现出较大差异。

3. 关于"统计与概率"内容难度的横向比较

"统计与概率"在小学阶段的题量并不大，但引导学生树立数据分析观念，学会数据的多种分析方法，了解随机性与发生概率，使学生具备一定的运算能力与推理能力，并学会灵活应用知识，这是小学阶段的课程目标。因此，"统计与概率"的内容对于小学生构建整体的知识结构、促进其核心素养的发展至关重要。北师大版与人教版小学数学教科书"统计与概率"知识内容涉及的题型主要有填空题、计算题与探究题，运用难度模型从背景、数学认知、运算、推理、知识点含量等方面展开统计分析，获得各维度的难度值。关于两版小学数学教科书"统计与概率"内容的综合难度如下图（图7-5）所示。

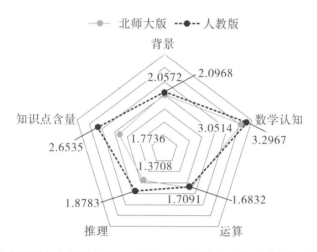

图7-5　北师大版与人教版小学数学教科书"统计与概率"内容的综合难度雷达图

在"统计与概率"的习题设计上，两版教科书在背景、数学认知、运算上的综合难度基本相当，说明两版教科书均关注借助学生的生活经验、知识背景来设计"统计与概率"的相关知识练习，将抽象的知识具体化，帮助学生对抽象知识进行理解与领会，在此基础上学会知识的灵活运用；两版教科书均强调学生对"统计与概率"基本概念的理解、领会，在此基础上学会分析。在数学认知维度上，人教版综合难度为3.2967，北师大版综合难度为3.0514，综合难度差异不大，两版教科书均强调学生对知识概念的领会与分析，两者间的难度差异主要表现为人教版小学数学教科书在计算与概念指标上低于北师大版教科书，在领会与分析指标上高于北师大版教科书，而计算与概念是数学认知中较为基础的认知能力，领会与分析是在此基础上的能力提升，人教版更加注重对学生运算能力、推理能力、创新意识等素养的培养。在运算维度上，两版教科书综合难度差异不显著，北师大版和人教版分别为1.7091、1.6832，这一结果与数学认知维度中北师大版计算与概念指标高于人教版的指标密切相关。在推理维度上，人教版更加注重对学生推理能力的培养，综合难度值为1.8783，北师大版综合难度值为1.3708，这与人教版注重学生的领会、分析能力培养紧密相关。在知识点含量上，北师大版为 1.7736，人教版为 2.6535，这很大程度上与两版教科书的习题设计有关，北师大版倾向于在题干下面单独列出几个问题，而人教版则倾向于一个题干对应一至两个问题，这使得两版教科书知识点含量表现出较大差异。

（三）两版数学教科书内容难度的纵向比较

教科书内容难度的纵向比较是纵览教科书内容的难度状况，具有一定的体系性与逻辑性，能够看到内容难度的时间变化趋势。在教科书内容难度的纵向比较上，主要以北师大版与人教版小学数学教科书的"数与代数"内容展开比较分析，从中发现两版小学数学教科书在"数与代数"内容上的难度变化与趋势。"数与代数"的题型主要有填空题、计算题和应用题，从背景、数学认知、运算、推理与知识点含量等五个维度展开，在对三种题型难度进行统计的基础上，从四个维度对"数与代数"内容展开综合难度的统计分析。关于知识点含量，两版教科书的习题设计有较大的差异，北师大版倾向于在题干下面单独列出几个问题，而人教版则倾向于一个题干对应一到两个问题，这便使得两版教科书的知识点含量表现出较大差异。因此，不对知识点含量这一维度展开比较。

1. **两版教科书"数与代数"内容背景维度的综合难度**

在横向比较中，北师大版与人教版小学数学教科书均关注学生的背景知识，从学生的实际生活经验出发设计习题的比例分别为46.1%、52.2%，结合学生背景知识而设计的习题，一方面为了吸引学生的兴趣，另一方面为了增强学生对知识的理解，促进新旧知识的联结。从对"数与代数"背景维度的综合难度的纵向比较（图7-6）可以看出，从一个版本的教科书来说，知识难度水平表现出一定的螺旋式上升，而不是直线上升；从两个版本教科书的比较来说，知识难度水平表现出震荡起伏趋势。一年级上册，北师大版综合难度高于人教版，一年级下册两版难度相当，二年级上册、二年级下册、三年级上册、四年级上册、五年级下册、六年级下册，北师大版综合难度高于人教版，三年级下册、四年级下册、五年级上册、六年级上册，人教版综合难度高于北师大版，换言之，从一年级到六年级，两版教科书的难度水平不是某一版教科书一直独占鳌头，而是在不断震荡起伏。

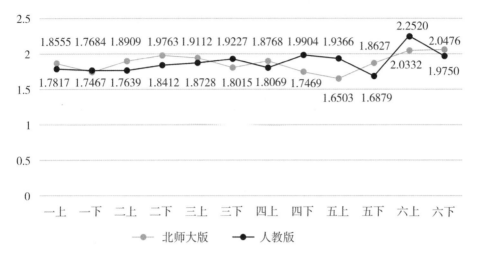

图7-6　北师大版与人教版小学数学教科书"数与代数"内容背景维度的综合难度

2. 两版教科书"数与代数"内容在数学认知维度的综合难度

从北师大版与人教版"数与代数"内容在数学认知水平上的综合难度的横向比较（图7-7）可看出，北师大版在该维度的综合难度略高于人教版。从历时性的纵向比较来看，北师大版在数学认知水平上的综合难度总体上略高于人教版，这与横向比较数据表现出较大的一致性。填空题中，人教版数学认知水平综合难度高于北师大版，而计算题与应用题的相关指标均低于北师大版。两版数学教科书的数学认知综合难度水平在计算、概念、领会与分析等四个不同指标上有所侧重，北师大版在概念与分析指标上高于人教版，在计算与领会指标上低于人教版。

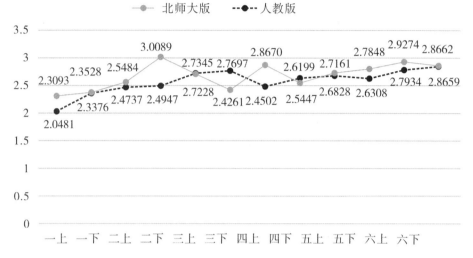

图7-7 北师大版与人教版小学数学教科书"数与代数"内容数学认知维度的综合难度

3. 两版教科书"数与代数"内容运算维度的综合难度

从北师大版与人教版小学数学教科书"数与代数"内容在运算维度上的综合难度的比较可以看出，一年上册到四年级上册差异不大（图7-8），四年级下册之后表现出较大差异，这是由于随着年级的升高，数值运算难度增大，复杂符号运算也逐渐增多。具体而言，四年级下册、五年级下册北师大版运算维度综合难度高于人教版，五年级上册、六年级上册与六年级下册低于人教版，且人教版在五年级下册之后，综合难度水平呈直线上升态势。

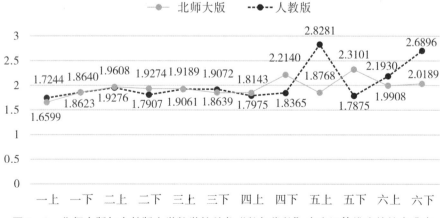

图7-8 北师大版与人教版小学数学教科书"数与代数"内容运算维度的综合难度

4. 两版教科书"数与代数"内容推理维度的综合难度

北师大版与人教版小学数学教科书"数与代数"内容在推理维度上的综合难度的比较表现出较大差异（图 7 – 9），人教版"数与代数"推理维度总体上呈现缓慢上升的趋势，从一年级的 1.1308 缓慢上升到六年级的 1.6048，其中也有小小的回落。北师大版则表现为起伏式变化趋势。从总体上看，人教版"数与代数"内容推理维度的综合难度高于北师大版，在一年级上下册、二年级上下册、三年级下册、四年级上下册、五年级下册、六年级下册，人教版推理维度的综合难度均高于北师大版。

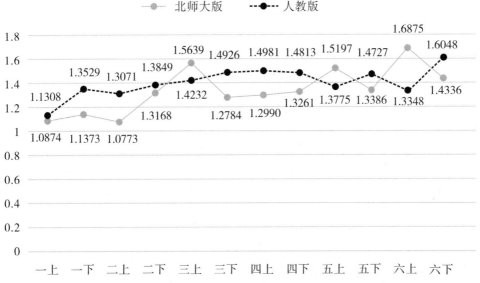

图 7 – 9　北师大版与人教版小学数学教科书"数与代数"内容推理维度的综合难度

需要说明的是，关于教科书知识难度除了知识内容的横向比较与纵向比较之外，教科书知识难度还表现为区域间的差异，如同样的知识内容对于经济发达地区、欠发达地区及偏远地区的学生而言难度感知是不同的，这属于从教育教学中关注的动态的知识难度。按照本书研究对象的界定，教育教学活动中的心理现象与问题属于教育心理学研究的范畴，不是本书的研究范畴，因此本书对此并不做探讨。

（四）关于两版教科书内容难度比较的思考

1. 两版教科书均注重知识与学生背景知识的紧密关联

背景知识是与学生生活经验、公共常识、科学情境等已有知识基础紧密相关的知识，这里的知识内涵是广义层面的知识。从两版教科书内容难度的横向比较中可以看出，在"数与代数""图形与几何""统计与概率"内容的习题设计中均关注背景知识，遵循学生认知发展由具体思维到抽象思维的发展规律；纵向比较上，两版本在不同年级关注学生背景知识的程度有所差异，表现出年级的差异性。学生的思维过程由具体思维向抽象思维发展，随着年级的升高，习题背景维度的综合难度也表现出增大趋势，以背景知识设计习题有助于学生理解和领会抽象知识，借助与学生生活经验、知识水平紧密相关的直观的、具体的内容描述习题，在激发学生的兴趣、促进学生更好地同化新知识方面具有积极的认知作用。

2. 教科书知识内容的难度总体上呈上升趋势

总体上而言，两版教科书知识内容难度水平呈上升趋势，如北师大版与人教版"数与代数"背景维度的综合难度在一年级上册分别为 1.8555、1.7817，到六年级下册分别为 2.0476、1.9750，数学认知维度的综合难度一年级上册分别为 2.3093、2.0481，到六年级下册分别为 2.8662、2.8659，运算维度的综合难度一年级上册分别为 1.6599、1.7244，到六年级下册分别为 2.0189、2.6896，推理维度的综合难度一年级上册分别为 1.0874、1.1308，到六年级下册分别为 1.4336、1.6048，由一年级到六年级的数据可以看出，难度总体上呈上升趋势，而在此过程中有起伏，表现出知识的螺旋式上升。同时，也可以看出知识内容难度的相对性，某一难度值在不同年级内涵是不同的，是相较于这一年级的知识内容而言的难度水平。

3. 不同版本教科书均彰显编者旨趣

在比较中可以看出，两版小学数学教科书难度总体上呈现螺旋式上升，但在不同题型、不同维度上的综合难度水平是有差异的，这体现出不同版本教科书的编者旨趣。编写者在尊重学生身心发展规律的前提下，将课程标准的目标要求灵活地展现在教科书内容中。这里，不能对两版教科书做出孰优孰劣的简单评判，但可以肯定的是两版教科书编写者均努力地致力于编写出更适合教师教学与学生学习的文本，编写者对习题的设计考虑学生的生活经验、背景知识，将家庭生活、学校生活、建筑、户外活动、传统节日等图片有机地融入习题设计中，帮助学生更好地理解与思考；将数学文化巧妙地融入相关知识，使学生在学习数学知识的同时了解数学文化，拓宽视野，激发学习兴趣。

4. 促进学生学科核心素养的提升是两版教科书的共同追求

通过学习数学知识培养学生的数学认知、空间知觉、想象力、创造意识、数理分析能力、应用能力等是数学课程目标的要求，也是数学学科核心素养的目标。两版小学数学教科书以不同的编写设计殊途同归地体现着课程目标、体现着对学生核心素养的培养，这是两版教科书的共同追求。因此，两版教科书在发挥工具性的知识学习、思维训练、能力提升的价值之外，也发挥着人文价值，数学教科书中融入优秀传统文化、爱国主义、保护环境、国际元素等内容，试图以显性或隐性的方式引导学生形成热爱学习、保护环境、团结友爱、热爱祖国、胸怀天下的情感、态度、价值观，从而发挥数学教科书的育人价值。在教科书编写上，各内容板块需考虑学生的接受度，还需关注学生在数感、数学分析、空间观念、符号感、应用意识、推理能力等方面的发展，更注重引导学生体会数学与自然及人类社会的密切联系，了解数学的价值，增进学生对数学的理解和学好数学的信心[①]。数学教科书插图与语言表述以形象生动为主，激发学生对数学学习的兴趣，引导学生借助生活经验学习新知识，以可视化的解题步骤引导学生明晰解题思路，学会解决问题的方法与技巧。在此过程中巧妙地将数学文化融入其中，引导学生了解数学文化的历史渊源，拓宽学生的视野，以插图或习题文字引导学生放眼世界，促进学生国际胜任力的发展。在构建人类命运共同体的今天，两版数学教科书均承担起了培养学生核心素养的育人使命，并以各自独特的编写体例与风格引导学生明智、启德，促进学生综合素养的全面提升。

---

① 中华人民共和国教育部. 义务教育数学课程标准：2011 年版［S］. 北京：北京师范大学出版社，2011.

第三节　教科书内容广度与难度的编写要求

教科书内容体现着编者意图，编者意图的体现是有着心理学依据的。学生的身心发展特点、学科知识的特点、教科书编写体例、学生的背景知识、语词选用等方面都不同程度地影响着教科书知识内容的广度与难度。教科书编写过程中，教科书编写者应研究学生认知发展水平与知识难度间的契合度，教科书编写应关注知识内容的纵横关联，教科书编写应从设计细节上关注内容难度。

一、编写者应研究学生认知发展水平与知识难度间的契合度

教科书内容广度与难度是教科书心理学研究的重要内容，关乎学生的接受度与理解度，现有关于教科书内容广度与难度的研究中有对教科书静态文本广度与难度的数理分析，也有结合课堂教学实践展开教科书动态文本广度与难度的实证研究，还有开展关于教科书知识难度的国际比较，但对学生身心发展状况与知识难度间是否对应及两者间的契合度的研究却较少。有研究者建议运用增加学习时间的方式降低学习难度，以利于学生理解。有学者在比较俄罗斯、美国、澳大利亚、中国、美国、法国等十国高中数学教科书难度后，建议中国（人教版）高中数学教科书适当减少知识点的绝对数量，尤其是适当降低知识的深度，或是增加课时，以有效降低该领域的难度①。在教科书编写过程中，教科书编写团队需对教科书广度、难度展开深入研究，结合学生的认知发展规律与特点研究教科书知识广度与难度，研究某一知识点对于该年龄段的学生而言是否能接受，这就需要展开深入调研，在课堂教学情境中考查学生对于知识的理解，将教师的讲解、学生的理解认知、课时长短等都作为参考因素。这样一来，实证研究便为实践教学提供理论参考，有助于教科书编写广度与难度设计的科学合理。第一，教科书

---

① 史宁中. 十国高中数学教材的若干比较研究及启示 [J]. 外国教育研究，2015（10）：113.

编写者需根据学生身心发展规律与学科知识综合考虑教科书内容的广度，这里的广度更多指的是知识容量，《中小学生教科书卫生要求》对教科书的纸张、定量、紧度、厚度、幅面做出了明确的要求，并在此基础上明确指出单本教科书重量，小学不宜超过 300 克，中学不宜超过 400 克①。换言之，教科书的知识容量不能过大以免教科书重量超过规定要求，选择哪些内容进入教科书便需要结合学生身心发展规律与学科知识特点综合考虑，以从量上保证知识内容符合学生的认知规律、契合学科知识特点，不给学生造成过大的学业负担。第二，教科书内容难度的设计应为学生发展留有余地。为学生发展留有余地是看到学生认知发展的潜力，设计适当难度水平的内容，使得学生经过自己的努力能达到这一水平。这是维果斯基的最近发展区理论思想的体现，最近发展区理论关注学生已有的认知水平，也强调学生将要达到的认知水平，注重教师、优秀同伴等的引导，使学生在教师等人的引导下"跳一跳"就可以达到理解知识、解决问题、应用知识的目的。教科书编写可借助最近发展区理论设计知识难度的大致范围，使得具有一定认知发展水平的学生经过自己的努力均能解决问题，体验学习的快乐与愉悦，使教科书成为真正意义上的"学材"。

二、教科书编写应关注知识内容的纵横关联

教科书内容难度是横向知识关联与纵向知识逻辑体系的系统工程。在横向上看到知识在了解、记忆、理解、探究、想象等不同维度上的差异与关联，也能看到不同知识点对学生认知的差异化要求；在纵向上看到不同学期、年级知识直接的发展走向，看到螺旋式上升中的知识逻辑体系脉络。第一，教科书编写者应研究学科知识的结构。学科知识的结构在于使学科教科书知识能保持一定的学科知识特色，明确学科知识边界，也在于使学科教科书知识的外在结构形式与知识的内容结构相匹配，达到形式与内容的高度统一。我国学者对初中地理教科书知识结构提出建议，初中地理教科书知识结构在思想结构上要符合地理学发展方向，遵循学生认知发展规律，符合课程目标的基本要求；在内容结构上，要实现教育

---

① 中华人民共和国国家卫生和计划生育委员会，中国国家标准化管理委员会. 中小学生教科书卫生要求：GB/T 17227－2014 [S]. 北京：中国质检出版社，2014.

内容的综合化和现代化，在重视文化基础知识教学的同时，注意技能的训练、智能的发展，使学生变得脑灵、手巧；在结构形式上，要增强课文、图像和作业的表现功能及其相互联系的整体优化效益①。如果各学科教科书编写中均考虑到学科知识的结构性问题，在多样化知识选择与知识难度设计中，便需做好平衡与协调，从横向层面把握知识间的关联，使学科知识形成既有一定难度、又有一定广度，既体现学科特色、又激发学生兴趣的学习内容，以体现教科书编写的科学性，同时确保教科书知识内容难度的可接受性。第二，教科书编写者需对教科书知识形成体系化的把握。教科书知识编排应依据学生的认知发展规律与思维发展特点，体现学科知识的逻辑序列，从由易到难、由低到高的次序编排知识，构建科学合理的知识体系②。小学语文教科书从一年级到六年级，对字、词、句、篇有着递进式的要求，小学数学教科书在不同年级与学段的知识有重复、难度有起伏，这些都体现了教科书知识难度在纵向上的逐步增加，也反映了教科书知识内容难度的螺旋式上升，使得不同年级、学段间的知识保持有机衔接，促进学生在已有知识基础上完善认知结构。

三、教科书编写应从设计细节上关注内容难度

教科书编写是一项浩大工程，知识难度的影响因素往往不是知识内容本身，教科书的体例设计、背景知识、语词选用等均会影响教科书内容难度，因此，教科书编写者需关注教科书的每一个编写细节。第一，在体例设计上，人教版高中数学教科书的基本体例为"章节标题—背景实例或思考—正文—思考—正文—例题—练习"，看似简单的教科书体例结构，其间却穿插了大量的"思考""探究""观察"以及旁批等不固定的栏目，有时也会渗透新的知识点，这无形中加大了学习难度，且这些栏目所占篇幅较小，语言精练，内容相对抽象，学生准确快速地理解相对较难③。因此，教科书编写应进一步完善编写体例设计，改善知识内

①　王耀华. 处理初中地理教科书知识结构原则问题的探讨 [J]. 课程·教材·教法，1995（4）：56 - 58.

②　蔡其全，马季. 从零散到系统：小学语文教科书知识训练体系构建 [J]. 教育探索，2016（8）：34 - 37.

③　史宁中. 十国高中数学教材的若干比较研究及启示 [J]. 外国教育研究，2015（10）：106 - 116.

容的呈现方式，并且以便于学生理解的语言表述，增强教科书的可读性，进一步凸显教科书作为"学材"的引导价值，激发学生的学习兴趣，增强学生的学习信心。栏目知识不仅发挥先行组织者的作用，更应发挥指导学生学会学习、学会思考的作用。第二，在背景知识上，在强调知识回归学生生活经验的倡导下，我国各科教科书有意识地在知识内容中引入与学生生活经验紧密相关的内容，但相对于国外小学数学教科书强调从情景中学习，突出数学知识形成的抽象过程，探索性、开放性问题较多等现实，我国小学数学教科书在知识引入上的情境设计还相对欠缺，简单联系生活，抽象过程不足，习题以模仿性习题为多①。因此，教科书编写应关注学生多元化的背景知识，激发学生深层次的思考，引导学生获得知识，养成学科核心素养，促进学生创新精神的发展与实践能力的提升。第三，在语词选用上，教科书中词语的生僻程度、语句的长短等均会对教科书知识难度产生影响。有学者以普通高中岳麓版历史教科书为例展开实证研究，统计数据表明文化史词汇难度大于政治史大于经济史，政治史和经济史平均句长相当，文化史平均句长要长于其他两者，且句子难度大于政治史与经济史。究其原因，古语词等非常用词使用过多，平均句长偏长，欧化句式过多，语篇篇幅较长，板块繁多②。因此，依据学生认知发展水平选用合适的语词、长度适中的句子，以及简化语言表达等均是教科书编写中需要考虑到的重要因素，这些都在无形地影响着教科书知识内容的难度。

---

① 邝孔秀，姚纯青，蔡庆有，等. 中国小学数学教科书的难度分析：国际比较的视角 [J]. 比较教育研究，2015（9）：73 – 78.

② 马婷婷，童艳肆. 基于语言学视角的历史教科书难度定量分析：以普通高中新课程岳麓版为例 [J]. 教学与管理，2014（33）：117 – 119.

第八章

教科书中的非认知要素

培养学生核心素养，促进学生全面发展，教科书责无旁贷。教科书不仅帮助学生获得各类知识，教科书知识中或显性或隐性地含有情感、态度、价值观、动机、需要、兴趣等非认知要素，与认知要素一并发挥着重要的教育价值。为了与课程标准中的三维目标相一致，本节主要取情感、态度、价值观三个非认知要素进行教科书的文本分析，探析情感、态度、价值观在教科书内容中的呈现样态。

第一节　情感、态度与价值观概述

一、情感概述

心理学上，情感属于个性心理的心理过程，情感是人对现实世界的一种特殊反映形式，是人对于客观事物是否符合自己需要而产生的主观体验①。情感是由一定客观事物所引起的意识的波动性与感染性，是一种习得的、较高级的、复杂的心理过程②。由于现实中的客观事物与个体的需要之间形成不同的关系，人便对客观事物有着不同的情绪、情感体验。情感具有肯定或否定的性质，凡是能满足人的需要的客观事物，会引起肯定性质的体验，如快乐、满意、热爱等，凡是不能满足人的需要的客观事物或与人的意向相违背的事物，则会引起否定性质的

---

① 黄希庭. 普通心理学 [M]. 兰州：甘肃人民出版社，1982：388.
② 燕国材. 新编普通心理学概论 [M]. 上海：东方出版中心，1998：237–239.

体验，如愤怒、哀怨、憎恨等①。由此可见，人们对于满足了自我需要的客观事物，会产生诸如满意、热爱、责任感、道德感等情感体验；对于不能满足自我需要的，则产生不满意、烦扰、愤怒甚至怨恨的情感；对于与自我需要无关的客观事物，则会产生漠不关心的冷漠情感。因此，情感是人对一定事物或现象形成的情绪态度，总是指向现实中的某一客体②。

　　情绪是情感的表现形式，通常是在有机体的天然生物需要是否获得满足的情况下产生的，具有较大的情景性、激动性和短暂性，人和动物都有情绪，但在本质上有所不同，人的情绪的产生和发展均受到社会文化、习俗、生活方式等因素的影响和制约③，这类情感可以被视为基础性情感。人作为社会性动物，有着显著的社会性需要，由人的社会性需要是否获得满足而产生的情感主要有道德感、美感和理智感，这些情感包含着人类所独有的社会意义，反映着人们的社会关系和社会生活状况，并且调节着人类的社会性行为，这些复杂的情感统称为情操。道德感是关于人的言论、行动、思想、意图是否符合人的道德需要而产生的情感，包括爱国主义情感、国际主义情感、集体主义情感、责任感等；美感是事物是否符合个人的美的需要而产生的情感，美感是一种愉悦的、带有倾向性的体验；理智感是认识客观事物过程中所产生的情感体验，与人的求知欲、认知兴趣、解决问题的需要等的满足与否紧密相连④，这类情感属于高级情感。

　　行为和语言是表示情感的重要形式⑤，教科书借助书面语言将对学生的情感培养目标和要求融于知识内容当中，教科书特别是以语文为基础的文科类教科书中含有丰富的情感要素，对教科书内容情感要素的分析是实现隐性知识到显性知识的转化，旨在培养学生的高级情感。根据价值目标指向的不同，教科书文本借助书面语言表达情感，从对物的情感、对人的情感、对己的情感及对特殊事物的情感等四大维度展开。对物的情感主要包括热爱自然、保护环境、关爱动植物、爱护建筑等，对人的情感主要包括尊敬师长、关爱同学、热爱班集体，对己的情

---

① 曹日昌. 普通心理学：下册［M］. 北京：人民教育出版社，1980：42.

② 雅科布松. 情感心理学：第2版［M］. 王玉琴，李生春，译. 哈尔滨：黑龙江人民出版社，1997：17.

③ 同①44.

④ 黄希庭. 普通心理学［M］. 兰州：甘肃人民出版社，1982：419－423.

⑤ 同②114.

感主要包括爱自己、热爱运动、喜欢探索钻研、具有质疑精神、发散思维等，对其他特殊事物的情感主要包括热爱家乡、热爱祖国、热爱中华优秀传统文化等。

二、态度概述

态度属于个性心理的个性倾向性范畴，G·奥尔波特认为态度是根据经验而系统化了的一种心理和神经的准备状态，它对个人的反应具有指导性的或动力性的影响①，态度是指一种对人对己、对事对物或者对某种观念、思想，带有认知、情感成分和行为倾向成分的持久看法②，是习得的、影响个人对特定对象作出行为选择的有组织的内部准备状态，这种内部准备状态从行为特征来看，往往表现为趋向与回避、喜爱与厌恶、接受与排斥等③。如，学生学习行为表现为认真努力、刻苦勤奋，可推断出其是积极的学习态度；这种准备状态能反映出一定的倾向性，如看到学生学习态度不认真，老师或家长可能会预测到该生上课听讲情况、做作业情况等。

态度包括三个成分，分别是：认知成分、情感成分和行为倾向成分。认知成分与表达情境和态度对象之间关系的概念或命题有关；情感成分与伴随概念或命题的情绪有关；行为倾向成分与行为的预先安排或准备有关④。态度与需要、动机、信念、价值观和世界观等其他个性心理倾向有着密切的联系，以价值观为例，人们在社会化过程中逐渐形成了相对稳定的评价事物的标准和态度，是个人的信仰、价值、行为标准和规范的总和，价值观作为基础的信息或意义内容，形成了基本的框架，构成态度的基础和核心，而态度的产生和表现，经常是在价值观的指导下进行的⑤。

综上分析，教科书正文系统知识内容中所彰显的态度会对学生的态度形成产生直接影响，因此在对教科书知识内容进行文本分析时，主要从认知成分、情感成分与行为倾向成分这三个成分着手，探析教科书文本中相关个体态度的认知成

---

① 时蓉华. 社会心理学：第2版 [M]. 上海：上海人民出版社，2002：196.

② 陶德清. 学习态度理论与研究 [M]. 广州：广东人民出版社，2001：119.

③ 邵瑞珍. 教育心理学 [M]. 上海：上海教育出版社，1995：200.

④ 同③201.

⑤ 同②123.

分、情感成分与行为倾向成分，或分析某一事件所折射出的编写态度或社会态度。

三、价值观概述

价值观是个体在社会实践过程中所形成的一整套价值观念体系，是一种外显的或内隐的，有关什么是"值得的"的看法，是个人或群体的特征，影响人们对行为方式、手段和目的的选择①。从价值观的功能层面看，包括社会价值观和个人价值观。社会价值观属于群体价值观，是特定的社会群体所共同拥有的价值观，具有批判、设计、导向、整合、凝聚等功能。个人价值观是从个体微观角度对价值观进行审视，价值观渗透于个人的自我意识之中，不断审查过滤自己的动机、欲望、需要、意图，形成个人为人处世的价值标准和价值目标，并指示符合社会的价值要求和指向社会的价值目标，是左右个人思想和行为的主导因素，具有批判、规范、选择、定向、激励等功能②。社会价值观对于个人价值观具有指向作用，个体需树立科学、正确的价值观以符合社会要求与价值规范。我国的社会价值观以社会主义核心价值观为引领，引导、规范和约束着个体的思想和行为。

关于价值观内容的分类，中外学者立足于各自生活的社会文化环境，划分了价值观的内容维度。罗基奇（M. Rokeach）于 1973 年提出了价值系统理论，他认为，价值观可能与"行为方式"或与"存在的终止状态"有着直接的关系，与行为方式相关的价值观称为工具性价值观念，与终止状态有关的价值观称为目的性价值观念。基于此提出价值观的终极性价值系统和工具性价值系统。终极性价值系统用以表示理想化的终极状态或结果，主要包括：舒适的生活、振奋的生活、成就感、和平的世界、美丽的世界、平等、家庭保障、自由、幸福、内心平静、成熟的爱、国家安全、享乐、灵魂得到拯救、自尊、社会承认、真正的友谊、智慧等 18 项。工具性价值系统是达到理想化终极状态所采用的行为方式或手段，主要包括：有抱负、心胸宽广、有才能、快活、整洁、勇敢、助人、诚实、富于想象、独立、有理智、有逻辑性、钟情、顺从、有教养、负责任、自

---

① 杨宜音. 社会心理领域的价值观研究述要［J］. 中国社会科学，1998（2）：82.
② 陈章龙，周莉. 价值观研究［M］. 南京：南京师范大学出版社，2004：18－22.

控、仁慈等18项。① 杨中芳等学者受罗基奇价值观分类系统的影响，并结合中西文化差异与中国文化传统现实，将中国文化价值体系划分为3个大的层次：世界观（宇宙观、变迁观、人生兴趣、理想世界、社会／个人关系、社会的功能、理想社会结构、个人的地位、理想个人、理想人际关系）、社会观（组织制度、基本单位、社会阶层、人／群关系、社会规范、人际结构、人际规范、人际交往社会化、社会奖惩、社会维系、社会分配、社会公正）和个人观（与环境的关系、与社会的关系、人际关系、思维方式、行为准则、行为评价、自我发展目标、自我发展过程）②。

　　基于此，对教科书静态文本内容中的价值观要素进行分析，借用杨中芳等人的观点，将从价值体系中的世界观、社会观和个人观开展教科书文本的内容分析。这样看来，世界观、人生观和价值观是统一的，其中起着决定作用的是世界观，人生观、价值观则是世界观的重要组成部分。世界观不仅是人们对整个世界的根本观点，同时也是一种人生态度和价值理想，决定着一个人的人生追求和现实生活的价值选择。人生观以一定的价值观为指导，有了正确的世界观、价值观，就会有正确的人生观③。因此，世界观、社会观和个人观对价值体系的三维划分，与世界观、人生观和价值观具有内在的契合度。

表8-1　教科书中情感、态度、价值观的分析框架

要素		维度		
		个人	国家与社会	世界
情感	基础性情感			
	高级情感			
态度	认知成分			
	情感成分			
	行为倾向成分			
价值观				

---

① Rokeach, M.. The Nature of Human Values. NY: Free Press, 1973.

② 杨中芳，高尚仁. 中国人·中国心：人格与社会篇 [M]. 台北：台湾远流出版事业股份有限公司，1991.

③ 陈章龙，周莉. 价值观研究 [M]. 南京：南京师范大学出版社，2004：10.

第二节　教科书中的情感因素

教科书作为国家意志、民族文化、社会进步和科学发展的集中体现，是实现培养目标的最直接的载体。教科书是读者最多、最特殊、又最被读者信赖甚至依赖、最消耗读者精力和时间、对读者影响最深远的文本之一。一代又一代的青少年就是手捧着这小小的文本成长起来的，在一定意义上，有什么样的教科书，就有什么样的年轻人，也就有什么样的国家未来①。作为知识载体的教科书通过认知要素引导学生获得知识、锻炼能力的同时，也在以显性或隐性的方式向学生传授非认知要素，诸如情感、态度与价值观，促进其情感、态度、价值观的发展，全面提升学生的核心素养。在对情感、态度、价值观进行理论概述的基础上，明确各自在教科书中的分析维度后，结合教科书文本内容的统整性，运用内容分析法梳理教科书知识中所蕴含的情感、态度与价值观，从个人、国家与社会、世界三个层面对教科书内容中的三个非认知要素进行深入分析，探究静态教科书进行知识内容选择的考量，为教科书科学编写提供合理建议。

教科书是实现立德树人根本任务的重要载体，借助文字符号、图片等传承知识，更承载着一定的道德价值、爱国情感，传承与弘扬中华优秀传统文化的使命与担当。教科书中关于亲情、友情、道德、爱国、优秀传统文化等内容同属情感要素，从宏观层面看，教科书中的情感要素有基础性情感和高级情感，在不同学段，情感培养的侧重点有所不同，体现出学生情感发展的顺序性与连续性。从情感的指向性上看，人的情感包括对物之情、对人之情、对己之情、对特殊事物之情，在对教科书的情感要素进行分析时，主要从对物之情、对人之情、对己之情、对特殊事物之情这四个层面展开，注重培养学生的高级情感。

一、对物之情

对物之情包括热爱自然、保护环境、关爱动植物、爱护建筑等情感，作为社

---

① 石鸥，石玉. 论教科书的基本特征 [J]. 教育研究，2012 (4)：92－97.

会性的人，外界事物包括人们赖以生存的自然环境、与之为伴的动植物及吃穿住用行的物质基础等，培养学生对物之情是学校教育的目标之一。教科书编写者在内容选择与设计时考虑到这一因素，引导学生热爱自然、保护生态环境，形成人与自然和谐共处的美好图景，旨在让学生感悟大自然风光之美、体悟爱护动植物的热切情感、欣赏建筑的艺术美，在感悟美、欣赏美中引导学生创造美。

（一）热爱自然、保护环境之情

可持续发展观主张经济、社会、自然资源与生态环境相互协调发展，不仅满足当代人的需求，也有利于后代人的需求与发展，形成一个密不可分、相互联系的系统。保护与热爱人类赖以生存的自然环境是人类共同的责任与使命，引导学生从小树立热爱自然的意识，并付诸行动保护大自然是教育的应有之义。教科书借助优美的语言、精美的图片、美好的意境等方式引导学生热爱大自然，感悟自然风光、欣赏不同类型的自然之美，美好的情感体验与美的感悟相融合，共同促进学生情感的发展。

教科书如何描绘自然风光？如何呈现热爱自然之情的知识内容？如何引导学生热爱自然呢？这一系列问题在不同学科教科书中有着不同的呈现方式，以不同的方式带给我们不同的体验。总体而言，不同学科教科书在引导学生树立热爱自然之情时，主要采取了语言描绘、图片引导、练习巩固等形式。

语言具有巨大的引领力量，以语言文字描绘自然景色，引发人的无限遐想与思考，使学生在学习知识的当下体验和觉察自然与人、自然与自己的关系，养成对自然的保护意识与审美素养，促进人与自然和谐相处。以文字语言描绘自然景色的知识内容多见于语文、道德与法治、科学、历史等学科的教科书中。语文教科书有古诗、童谣、散文、记叙文等文体描述大自然之美，内容涉及一年四季、宇宙、天象天气、自然风光等，部编本语文一年级上册《项链》一课"大海，蓝蓝的，又宽又远。沙滩，黄黄的，又长又软。雪白雪白的浪花，哗哗地笑着，涌向沙滩，悄悄撒下小小的海螺和贝壳"，以优美的语言描绘出大海与沙滩的美丽图景，对于住在海边或去过海边的小学生有一种亲切感，能借用已有知识经验理解内容，提升情感体验；对于从未去过海边的小学生也可借助文字语言的描绘在头脑中展开想象的翅膀，建构出关于大海与沙滩的漂亮画面，从而引导学生感悟与体会大海的辽阔、沙滩的美妙。部编本道德与法治一年级下册第二单元主题为"我和大自然"，由《风儿轻轻吹》《花儿草儿真美丽》《可爱的动物》《大自然，谢谢您》四个小主题组成，其中在《风儿轻轻吹》中用直观、浅显易懂的语言描绘了"风"的特色（图8-1），让学生能通过这样的语言文字描述和生活经验推断"风儿在哪里"。

图8-1　部编本小学道德与法治一年级下册《风儿轻轻吹》

　　教科书插图具有知识辅助、情感引导与价值引领等多重功能，就情感引导而言，教科书的插图试图以无声的方式向学生传达某种情感价值，引导学生求真、向善、淬美。人的认知活动总是有情感参与的，如数学教科书鼓励学生探究与实践，提升学生的逻辑思维能力与创造能力，数学教科书结合立德树人根本任务，将对大自然的热爱之情巧妙地融入书中。人教版数学一年级上册，在学习数字8和9时，一幅插图里面有与8和9相关的花朵，花朵后面立着告示牌，上面赫然写着"热爱自然，保护环境"的宣传语（图8-2）。插图要与学生生活经验紧密相关，学生在学习数字符号的同时，这幅插图以隐性的方式提示学生要树立热爱自然的真切情感，要在热爱自然、保护环境的实践行动中，使我们的生活更加美好。因此，从这一层面来看，数学教科书不是与价值无关的，在教科书中可将非认知要素巧妙地融入知识学习，形成立体多面的知识脉络。因为积极的数学情感是智力发展的翅膀，是学生认识数学和进行探究活动的内驱力，对促进学生认知

水平达标、使学生得到健康的全面发展，具有很好的动力功能和调节功能①。在
人教版小学科学教科书中，也有以语言文字描述的方式帮助学生认识自然、了解
自然与关注自然的内容，在二年级下册第二单元的第四课《太阳升起来了》（图
8-3）这一主题，一幅冉冉升起的太阳插图，让人感受到了希望、给人向上的积
极力量。这些插图的主要作用是辅助学生对知识的理解、记忆与掌握，属于辅助
性插图，但其中所蕴含的情感教育意义却是不容忽视的，因为有时候隐性的教育
更具有力量。

图 8-2　人教版小学数学一年级上册插图

图 8-3　人教版小学科学二年级下册插图

---

① 邵红能. 高中数学教科书"情感教育"的认知分析与教学思考：以上海教育出版社
《数学》为例 [J]. 中学数学，2015（9）：30-33.

　　练习是巩固知识的重要途径，任何一科的教科书设计体例上都包括练习系统。从广义来讲，练习系统是教科书有计划地按照一定目标为学生提供的各种口头的或书面的练习题、思考题和活动方案等所形成的系统。从狭义来讲，练习系统是指教科书课后练习和单元练习的总和，也就是教科书中为巩固学生学习效果所安排的各类作业的总称。从这种意义上讲，练习系统又可狭义地称为"练习题"①。课后的练习题如何使学生在解决问题、巩固知识的同时，增强热爱自然的强烈情感呢？人教鄂教版科学三年级下册第一单元主题为"土壤与岩石"，在了解了土壤里有什么，比较不同的土壤、岩石和矿物后，拓展应用里有一道关于岩石和矿物的思考题："自然界中有各种各样的岩石，我们可以用它们来修房建路、制作雕塑等。找一找，生活中哪些地方用到了岩石？"这是一道与生活紧密相关的思考题，学生结合自己的生活经验、查阅相关文献资料，便能很快解决该思考题。在解决问题的过程中，学生会由衷感叹大自然的神奇，感叹大自然为人类生活提供诸多物质资源，让我们的生活可以这么多姿多彩，热爱自然之情便油然而生。当代，伴随着人类对地球资源的掠夺式开发，自然生态问题日渐凸显，成为世界各国普遍关注的重要议题之一。我国在前几年提出了"绿水青山就是金山银山"的生态环保号召，要求坚持保护环境的基本国策，强调人与自然的和谐发展，尊重自然，切实保护自然环境，注重生态文明，节约资源，实现可持续发展。部编本道德与法治六年级下册第四课《地球——我们的家园》一文中，首先介绍了我们赖以生存的家园——地球，进而指出近百年来，随着人口增长和人类需求的增加，环境问题敲响了警钟，并列举出各类环境问题，最后从循环经济、清洁能源等方面提出解决策略，指出更有效地保护地球是我们共同的责任。在《我们生存的家园》与《环境问题敲响警钟》的课后"活动园"中分别有一道思考题："请选择下图中的一个案例，说一说图中的人们是怎样与自然和谐相处的""下面的图片分别反映了哪方面的环境问题？查找相关资料，说说这些环境问题会带来哪些危害"，这是两个情境相反的问题，人与自然和谐相处的场景和人类对自然环境的破坏形成了鲜明的对比，有助于激发学生在思考中树立保护

---

　　① 陈涓. 新课标小学语文教科书练习题设计特点的比较研究：以人教版、苏教版第三学段识读练习为例 [J]. 教育学术月刊，2011 (5)：99-104.

环境的意识，并付诸行动，真正地热爱自然、保护环境。

（二）关爱动植物之情

植物和动物都是大自然的精灵，它们的存在使大自然绚丽多彩，使生态维持平衡。从情感体验上说，对广阔大自然的情感与对植物、动物的情感是有区别的，为了引导学生形成对植物、动物更好的情感体验，特将其与热爱自然之情单列开来。教科书关于植物与动物的内容，主要采取写实与写意两种手法，以实现育人目标，培养学生爱护植物、保护动物，与大自然生灵和谐相处的意识与情感。

写实是文学写作或艺术创作的一种手法，是对事物的真实描绘，描绘过程不添加太多人为赋予的意义或内涵。教科书采取写实手法描写植物与动物，目的在于传递知识或解决问题。

首先，在传递知识方面，教科书以文学化的语言描述出植物或动物的特性，让学生了解其生活特性或习性。部编本语文二年级上册课文《植物妈妈有办法》分别介绍了蒲公英、苍耳、豌豆等植物传播种子的方法，"苍耳妈妈有个好办法，她给孩子穿上带刺的铠甲。只要挂住动物的皮毛，孩子们就能去田野、山洼"，以拟人的写实手法让小学生获知苍耳等植物传播种子的不同方法，了解植物的神奇。《小青蛙》《动物儿歌》《小壁虎借尾巴》等课文对动物的特性进行了如实的描写，如部编本语文一年级下册的《动物儿歌》："蜻蜓半空展翅飞，蝴蝶花间捉迷藏。蚯蚓土里造迷宫，蚂蚁地上运食粮。蝌蚪池中游得欢，蜘蛛房前结网忙。"这首儿歌朗朗上口，通俗易懂，学生在大声朗读中熟悉蜻蜓、蝴蝶、蚯蚓、蚂蚁、蝌蚪、蜘蛛等各种动物的生活习性，产生保护自然生灵的美好情愫。小学段美术教科书也有诸多关于植物和动物的写实画法的教学与介绍，人教版小学美术六年级下册的《工笔花卉》中对工笔画做了介绍（图 8 - 4），并以古今画家的作品举例，使学生了解工笔画的画法与要求，并要求学生尝试着自己描绘花卉，绘画时，学生需要仔细观摩花卉的形态、色调，形成自己的思考。在这一过程中，学生会发出花卉如此美丽的赞叹，产生热爱花卉植物的情感。

国色　［现代］　俞致贞

学习要求：

欣赏：通过画家作
　　　品感受工笔
　　　画的特点。

了解：工笔画的类型
　　　和作画方法。

尝试：临摹一幅白描
　　　或工笔淡彩
　　　花卉。

图 8-4　人教版小学美术六年级下册《工笔花卉》

其次，在解决问题方面，植物、动物等插图或文字描述是为了帮助学生解决某一具体问题。这种类型在数学教科书中相对较多，以植物或动物作为解决问题的条件，形成问题情境，引发学生的思考。人教版数学六年级下册"整理和复习"关于"式与方程"的练习中，有两道题目，一道为："绿化队为一个社区栽花。栽月季花240棵，如果加16棵，就是所栽丁香花棵数的2倍。绿化队栽了多少棵丁香花？"另一道为："8条腿的蜘蛛和6条腿的螳螂共25只。如果它们一共有170条腿，那么蜘蛛和螳螂各有多少只？"这两道题目中分别出现了月季花、丁香花、蜘蛛、螳螂等植物和动物，其主要目的在于解决问题，掌握"式与方程"的知识，然而第一道题目中的植物可以用其他物品代替，也不影响学生训练思维的进程。第二道题目，在解决问题的同时，学生可以更清楚地了解蜘蛛与螳螂的外形特征有着显著差异，以隐性的方式对学生产生影响，使其在解决数学问题中认识动物、植物，并对此产生热爱之情。

写意是与写实相对的一种手法，是国画常用的一种画法，用笔不求工细，注重神态的表现和抒发作者的情绪①，不过于注重事物形象的逼真性，而强调这一事物所蕴含的寓意及所彰显的精神风貌。赋予动物或植物以生命的灵性，从人的

①　中国社会科学院语言研究所词典编辑室. 现代汉语词典［M］. 北京：商务印书馆，2002：1276.

角度展开说理叙事从而说明一个道理，这是教科书运用写意手法进行知识设计的常用做法。写意手法在语文教科书中的运用相对比较多，第一学段已经出现写意手法的内容，但相对而言，写实手法在第一学段中的运用较多，随着学生认知水平的提升，写意手法的内容逐渐增多，课文内容借助植物或动物表达某种寓意，阐明某种道理，对学生起到警醒的作用。如《乌鸦喝水》《梅花》《树之歌》《小蝌蚪找妈妈》《坐井观天》《我要的是葫芦》《寒号鸟》等选文均借助特定的动物或植物说明了某个道理。第一学段多以拟人写意的手法达成育人目标，引导学生获得知识，丰富情感，树立正确的人生态度与价值观。按照皮亚杰认知发展阶段理论，2~7岁的儿童处于前运算阶段，这一阶段儿童具有泛灵的心理特性，给外界事物以生命特质，并从人的角度看待外界事物，因此教科书内容设计符合认知发展的阶段理论。以《我要的是葫芦》选文为例，学习这篇选文能够使学生明晰叶子对于植物生长的重要价值，了解植物的生长特性与规律，并且懂得凡事不能只求结果，而不顾及相互之间的联系，万事万物都是紧密联系的。写意也是艺术创作常用的手法，人教版小学美术五年级下册第十一课《学画松树》（图8-5），为学生讲解松树的特点有苍劲屈曲、龙鳞斑驳，让学生感受松树的铁骨铮铮、不屈不挠的精神。通过借物言志、借物抒情的写意手法引导学生爱护植物、保护动物，并受到思想的陶冶与精神的启发，促进学生人格健康发展。

第11课　学画松树

松树苍劲屈曲、龙鳞斑驳，不仅有岁月沧桑的千古相，更是铁骨铮铮、不屈不挠的精神象征。中国画家们常用它来表达自己的情怀。

百木之长［清］ 金农

图8-5　人教版小学美术五年级下册《学画松树》

二、对人之情

对人之情包括亲情、友情、爱情、师生情及对陌生人的情感等，亲情、友情、爱情是人类社会生活、人际交往中最为重要的三种情感。教育肩负着"成人"与"成才"的使命，在"成人"上，教育有责任把学生培养成富有温情、懂感恩、积极乐观的人。对人之情的知识内容在教科书中是逐渐依次展开的，在小学第一学段，关于亲情、师生情的内容相对较多，随后逐渐出现友情，到初中阶段，教科书出现有关爱情的内容设置。这样的设置符合学生情感发展的心理规律，人的情感发展遵循由基础性情感向高级社会情感发展的规律。父母作为小学生特别是第一学段学生的主要社会支持系统，给予其更多的情感、照顾与关爱，因此，教育学生感恩父母、孝敬父母、兄弟姐妹相互关心等与亲情相关的内容在第一学段相对较多。随着学生社会范围的延伸与拓展，学生在学校里接触到老师和同学，与老师、同学之间的情感也需在教育中给学生正向的引导；伴随着学生生理与心理的发展，进入青春期，学生对异性产生了好感，爱情的话题便开始引入教科书中。

（一）关于亲情

中国自古注重亲情礼法，古代汉语关于亲情的注解涵盖了亲属之情、姻亲之情等，《礼记·大传》说"亲者，属也"[1]，《说文解字》说"亲者，至也"[2]，《广雅》说"亲者，近也"[3]，《广韵》说"亲，亲家也"[4]，从这些注解可以看出，古代的"亲"指亲情，其内涵也在不断拓展，从有血缘关系的至亲逐渐扩展至婚姻中的亲密关系，再延展到由婚姻而形成的姻亲关系。在现代汉语中，"亲情"的内涵进一步拓展，指"亲人的情义"[5]，有广义与狭义之分。广义的亲情指珍惜亲情的人之间的情感，将朋友、老师等也可视为自己的亲人；狭义的亲

---

① 戴圣. 礼记 [M]. 西安：西安交通大学出版社，2013：353.
② 许慎. 说文解字 [M]. 杭州：浙江古籍出版社，2016：33.
③ 张揖. 广雅 [M]. 曹宪，音释. 北京：中华书局，1985：160.
④ 严学窘. 国学经典导读：广韵 [M]. 北京：中国国际广播出版社，2011：128.
⑤ 罗琦，周丽萍. 新编现代汉语词典 [M]. 长春：吉林大学出版社，2003：929.

情则主要指有血缘关系或赡养关系的亲属感情①。本书取"亲情"的狭义之意，将与朋友、老师等群体的情感以友情、师生情等单独标注与论述。

亲情主题是教科书不可回避的内容选择，作为情感性的主题内容，语文、道德与法治等学科教科书在此主题上的内容选择相对较多，也是由其学科特点决定的。如部编本语文二年级上册的《曹冲称象》《玲玲的画》《一封信》《妈妈睡了》，这一组选文分别从不同侧面描写了亲情，从中引导学生感悟浓浓亲情、学会共情、懂得感恩，教会孩子做人的道理。《一封信》里的主人公露西一开始给出国在外的爸爸写信，笔调低沉、叙说消极，难免让远在国外的爸爸担心与不安，在妈妈的引导下，露西最后写出来一封积极、乐观且充满爱的信，"'爸爸，我们天天想你。'露西在信的结尾，画了一大束鲜花"，选文结尾温馨而美好，令读者感到一股暖流涌上心间。这篇选文不仅表达了孩子与妈妈对爸爸的思念之情，也在引导孩子积极乐观地说话、做事，帮助孩子树立积极的认知观念与人生态度。《妈妈睡了》一文叙述了妈妈哄"我"午睡的时候，自己先睡着了，睡得好熟、好香，详细描写了睡梦中妈妈的样子与"我"的心理活动，"她干了好多活儿，累了，乏了，她真该好好睡一觉"，这样的描写很容易引起小读者们的共鸣，使其深刻体会妈妈的辛劳与不容易，学会换位思考，学会共情，懂得感恩父母。部编本道德与法治一年级下册设置了"我爱我家"这一单元主题，主要包括《我和我的家》《家人的爱》《让我自己来整理》《干点家务活》四节内容，以日常对话、讲故事等形式引导学生体验家人的爱，同时，也注重培养学生学会关爱家人，具备关爱他人的能力，"让家人感受到我的爱"，为家人做些力所能及的事情，如记住家人的生日、陪着爷爷奶奶聊天、出门要告诉家人等这些行为中有对家人的关心与爱、牵挂与照顾，让学生体会家人的爱，并学会爱家人、感恩家人。部编本语文五年级上册第六单元以"舐犊之情，流淌在血液里的爱和温暖"开启亲情的主题学习，选文分别为《慈母情深》《父爱之舟》《"精彩极了"和"糟糕透了"》，这一单元的口语交际板块为"父母之爱"，习作板块为"我想对您说"，均是与亲情紧密相关的内容，在读、说、写、练中使学生体会亲情的温暖，学会与父母交流倾诉，理解与尊重父母。部编本语文七年级下册"综合性

---

① 刘婷. 部编本初中语文教材中的亲情教育研究 [D]. 武汉：华中师范大学，2019：7.

学习"板块设置了"孝亲敬老，从我做起"，将以亲情为基础的情感拓展到尊敬老人，实现了社会性高级情感的升华与迁移。在以数理知识为主的数学教科书上，也有出现温馨家庭的场景，在北师大版数学一年级上册第二单元"比较"中选用了一家人其乐融融过生日的场景，其中有各种大大小小的物品，以此情境展开"比较"的学习，对照插图，学生获得了"大与小、多与少"的直观概念，插图以隐性知识的方式让学生体验家庭的温馨与幸福。

义务教育第一、二、三学段及高中教科书关于亲情的主题的情感体验呈现出由浅入深的特点。小学阶段侧重于直观感受与体验，感悟亲情的珍贵与美好；初中阶段则以各种百转千回的叙事书写与亲人在一起的温暖，让学生明白理想的亲情是什么样子，引导学生珍惜眼前难能可贵的亲情，身体力行地与家人构建亲密的亲情关系；进入高中阶段，则侧重通过亲情说明一个更加宏大的道理，体悟亲情的伟大与温暖。亲情教育是学校教育教学的重要内容，借助教科书这一媒介，在教授知识的同时培养学生树立健康的亲情观，创设各种情境引导学生学会爱亲人、学会共情、懂得感恩，实现立体化育人目标。

（二）关于友情与师生情

《新编现代汉语词典》中关于友情的解释为：友情即为友谊，指朋友间的感情。① 师生情是指在学校情境中教师与学生直接以基本教学展开而形成的超越学校情境的情感关系。学校是促进学生社会化的重要场所，与同学建立深厚的情谊、与教师建立良好的师生情是学生人际交往能力的体现，是社会化的表现。作为教育重要媒介的教科书，应该担负起引导学生学会与同学交往，尊重师长，建立友情与师生情，使学生具备人际交往的基本品格与关键能力的责任。

1. 关于友情

"友情"主题的内容在教科书内容选择与设计上有着较大的比重，不同学段、不同学科的教科书采取形式多样的方式引导学生之间建立真挚的友情，全方位、多渠道地帮助学生学习与人交往的行为规范与要求。对他人倾注情感，学会换位思考，理解、善待朋友，这是建立与维系友情的基础与前提。考虑到小学一年级学生刚由幼儿园进入小学阶段的学习，部编本语文一年级上册在口语交际板

---

① 罗琦，周丽萍. 新编现代汉语词典 [M]. 长春：吉林大学出版社，2003：1416.

块中设置了"我们做朋友"这一主题，指导学生如何与还不太熟悉的同学进行自我介绍、聊天，成为新朋友，并指出"说话的时候，看着对方的眼睛"，这是人际交往的礼仪规范，也是提升自信的重要方面。在部编本语文一年级下册设置了关于"友情"的单元选文，主要包括《小公鸡和小鸭子》《树和喜鹊》《怎么都快乐》三篇课文，前两篇描述了小公鸡和小鸭子、树和喜鹊之间相互帮助与扶持、相互关爱与照顾的美好情谊，由前两篇小动物视角的友情过渡到第三篇从小朋友视角出发的《怎么都快乐》，选文采取循序渐进的方式描写了"一个人玩，很好!""两个人玩，很好!""三个人玩，很好!""四个人玩，很好! 五个人玩很好! 许多人玩，更好……"引导孩子们在学会独处的同时，更要学会同伴间相互合作、增进友情。在该单元后的语文园地三"日积月累"中选了一首唐代诗人李白写的脍炙人口的赞美深厚友情的诗篇《赠汪伦》，让学生体悟李白与朋友汪伦依依惜别的深厚友情。部编本道德与法治一年级下册第四单元"我们在一起"，以小学生熟悉的学校生活为主要情境，围绕《我想和你们一起玩》《请帮我一下吧》《分享真快乐》《大家一起来合作》等多课内容展开，鼓励学生之间相互合作、相互帮助，并指导其在遇到矛盾时学会合理解决矛盾，遇到困难时学会向朋友、老师等求助，培养其团队合作意识、分享意识，有助于积极引导学生的社会化，使学生懂得与人交往的规则、培养良好的行为处事的意识与能力，使其受益终身。道德与法治七年级上册第二单元主题为"友谊的天空"，引导学生如何与同学建立深厚的友情，并结合时代发展，指导学生学会辨别与甄选信息，并鼓励学生学会在现实中与同伴交往，增加真实而贴近生活的感受，为建立友谊奠定可靠的基础，而不只是停留在虚拟世界中。

2. 关于师生情

师生情是教师与学生以教育教学为中心而形成的情感，师生情是一种较为特殊的情感关系，是教师与学生在教育教学中因构建教学关系、情感关系、伦理关系等而形成的情谊，在确立师生情感的过程中，教师的人格魅力、威望、学识水平等方面成为吸引学生的向心力。学生发自内心地尊重、崇敬有人格魅力、威望和较高学识水平的教师，并以这样的教师为榜样树立高远的理想，促使自己热爱学习，坚定信心，不断前进。

教科书在不同学段编排了不同形式与题材的有关"师生情"的主题内容，

旨在引导学生尊重教师、理解教师、感恩教师，构建友好的师生关系。部编本语文教科书一年级上册语文园地三的"和大人一起读"板块"小鸟念书"为学生勾勒了教师教学生念书的美好情境；部编本语文教科书一年级下册第三课《一个接一个》的选文中也涉及师生互动的场景："正和小伙伴们玩着跳房子，操场上却响起了上课铃声。唉，要是没有上课铃声就好了。不过，听老师讲故事，也是很快乐很有趣的呀！"以教室内教师激情讲课、学生定睛看着教师认真听课的图片为插图，突出主题，使学生深刻感悟在教师引导下学习知识的乐趣与美好；部编本语文教科书一年级下册第十六课《一分钟》，描写了元元因贪睡一分钟而迟到二十分钟的故事，"李老师看着手表，说：'元元，今天你迟到了二十分钟。'"这样一句话简单而有力量，教师用简单的语言陈述了按时到校的规则，让学生明确遵守学校规章制度的重要性，树立规则意识。部编本语文教科书二年级下册语文园地二"我爱阅读"板块《一株紫丁香》，语言简洁，情感真挚，歌颂教师的辛勤工作，表达出"我们"对教师的尊重与深深的爱。学生阅读这篇选文，在教师的引导下，会从内心升腾起对教师真挚的爱与尊敬，理解教师的勤劳与工作的辛苦，学会感恩教师。部编本义务教育道德与法治教科书七年级上册第三单元为"师长情谊"，其中第六课为《师生之间》，包含了"走近老师"和"师生交往"等内容，以情境故事、探究分享、阅读感悟等形式引导学生尊重教师，说明尊重教师不仅体现为学生内心的情感和态度，而且也表现在与教师日常交往等言谈举止中，引导学生将尊重教师、爱戴教师的情感内化于心、外化于行。尊重教师、爱戴教师是中华民族的传统美德，也是学生的基本道德修养。部编本义务教育语文三年级上册第十七课《孔子拜师》讲述了我国伟大的思想家和教育家孔子在年轻的时候虚心向老子拜师学习的故事，孔子虚心求教的行为与礼节值得学生学习，并且在文中用"泡泡"图标的形式标注出"联系生活实际，我能体会到这句话的意思"，以引发学生思考与反省。英语教科书中也有较多的师生对话、师生主题的内容设置，如下图的这首英文歌曲（图8-6），教师和学生手拉手唱着歌，场面温馨，内容贴近学生实际，很容易引起学生的共鸣，能够帮助学生在识记知识点的同时，学会更好地尊重教师，与同学和睦友好相处。

图 8 - 6　人教版（*PEP*）小学英语三年级下册英文歌曲

（三）关于爱情

如果说亲情、友情是人类关系中较为普遍的情感的话，爱情则属于较为特殊的情感关系，爱情与亲情、友情一样，也属于一种高级情感。"在个人的道德形成过程中以及个人的不断进步中，在立德树人的崇高的道德品质过程中，感情起着极其重要的作用，其中爱的感情占首要地位，爱情的道德力量使人变得高尚，使人树立起最优秀的品质——人道主义、富有同情心、乐于助人、对贬低人格的行为采取毫不妥协的态度、为创造共同的幸福——我的幸福和我心爱的人的幸福献出自己的精力……社会的重要任务，首先是家庭和学校的重要任务，就是培养道德高尚的、美好的爱情。"① 关于爱情主题的内容，特别是语文、道德与法治、美术、音乐等学科的教科书均有提及，借助选文、综合性活动、情境式研讨等形式使学生对爱情形成理性的认识，引导学生树立正确的爱情观，自尊、自强、自爱，为他们的终身发展和人生幸福奠定坚实的基础。

伴随着人的高级情感的发展，进入青春期的青少年对异性产生懵懂的好感，敏感多情，开始关注爱情，这个时候教科书适时地加入"爱情"主题的内容能

---

① 苏霍姆林斯基. 论爱情 [M]. 李元立，关怀，译. 北京：工人出版社，1986：11 - 12.

较好地引发学生对爱情的理性思考，从而将爱情与个人的发展目标结合起来，形成积极健康的思想与行为，加深学生对爱情的理解，培养其正确的爱情观。人教版语文九年级上册第八课《致女儿的信》，苏联著名教育家苏霍姆林斯基以讲故事的形式告诉女儿什么是真正的爱情，使学生体验爱情的美好和力量，体悟爱情是对彼此的忠诚与信任，这是来自心灵深处的激荡与深思，对于促进学生形成正确的爱情观、人生观乃至价值观都大有裨益。部编本删掉了这篇选文，在部编本语文八年级下册选入了《诗经》中的两首爱情诗《关雎》和《蒹葭》，两首诗都运用了"兴"的手法，借景抒情，托物寄意，大量使用重章叠句的艺术形式，使人感受声韵美的同时感悟爱情的美好意境，形成对爱情的理性认识。但是两首诗在情感表达上却有着不同，《关雎》表现了对爱情和婚姻大胆执着的追求，感情坦率朴素、健康明朗、热烈浓郁；《蒹葭》则含蓄委婉地抒发了对"伊人"可望而不可即的无限情意，充满难言的惆怅和伤感。部编本语文九年级下册"名著导读"板块选择了《简·爱》这部爱情小说，针对中学生情感发展水平，采取"疏"的方式引导学生懂得自尊、自爱、自强，懂得追求平等、互相尊重的爱情。高中语文教科书也设置了关于爱情的选文内容，如人教版高中语文必修 1《雨巷》、必修 2《氓》和《孔雀东南飞 并序》等。《雨巷》里一句"我希望逢着一个丁香一样的结着愁怨的姑娘"把作者心中期待已久的那位美丽、高洁而忧郁的姑娘描写出来，这种朦胧的、无限惆怅的、让人怀念的感情能引发高中生的情感共鸣。《氓》描写了女子恋爱时的甜蜜动人、婚姻失败时的痛苦及刚强，揭露了男子在爱情上的不忠，规劝女子不要沉溺于爱情，"于嗟女兮，无与士耽！士之耽兮，犹可说也。女之耽兮，不可说也"[1]。教科书作为一种特殊的阅读材料，从初中阶段开始加入"爱情"的内容，帮助学生认识爱情、理解爱情，并感悟爱情中的美好与伟大，引导学生树立正确的爱情观，积极乐观地生活，使学生成为真正的内心充盈与幸福的人。

三、对己之情

"自己"从心理学的角度看，主要与"自我"紧密相关，自我属于人格的重

---

[1] 龙娟. 人教版高中语文教科书情感教育内容分析［J］. 教试周刊，2015（A4）：36.

要组成部分。人格即人，是现实社会中活生生的个体，包括个人的生理和心理结构。具体地说，人格是人的心理结构系统，是一个人的文化积淀和精神面貌，是在扮演各种社会角色时所戴的心理面具。它经过本能、社会、自我三个发展阶段，对个人活动起导向功能，是人类共同心理特征的独特组合结构①。作为人格的组成部分，认识自己是贯穿一生的心理学命题，而认识自己从小就已开始，是个体在与外部环境交互作用中逐渐形成关于自我的认知，认识自己是悦纳自己、关爱自己的基础与前提。教科书秉承"全人"教育观，不仅关注个体与外界、他人的关系，也注重引导学生理性认识自己，构建健康的人格。

"我"如何克服学习、生活中的各种困难？如何努力学习？这是在第一学段的教育任务之一，重在养成学生良好的学习习惯，形成积极的自我认知，因此在内容设计与编排上，部编本道德与法治二年级下册第一单元主题为"让我试试看"，第四单元主题为"我会努力的"。"让我试试看"单元设置了丰富的内容，面对生活中的诸多"第一次"，"我"该如何做呢？是退缩、逃避呢，还是积极尝试挑战呢？鼓励"我"多尝试、多挑战，战胜自己。面对开心或不开心的事情，培养"我"用积极正向的视角发现生活的快乐，做"快乐鸟""开心果"，这一单元的内容注重培养学生在尝试中建立信心，养成积极向上的健康心态，这将为其健康成长打好坚实的基础。第四单元主题为"我会努力的"，通过"我能行""学习有方法""坚持才会有收获""奖励一下自己"等内容提高学生的自我效能感，使其内在充满力量，找到合理的学习方法，达到事半功倍的学习成效，同时注重培养学生坚韧的意志品质，并教会学生自我激励。这些心理品质将在学生成长道路上发挥重要的作用与价值，成为激发学生不断向前的内在动力，坚定且有力量。每一个体都是独一无二的存在，部编本道德与法治三年级下册第一课就引导学生理解"我是独特的"，每个人都有自己的特点、都有属于自己的成长经历、有自己的故事和内心世界，每一个人都是不一样的，这一课使学生从镜子中、活动中、他人的看法或评价中了解自己的特点，进而以问题情境引导学生形成对自己的认识。"在生活中，我们常常对自己有特别的期望。假如你有一种神奇魔法，可以将你变成你想成为的事物，你想变成什么呢？你是否能从这些自我

---

① 徐钢泓. 认识你自己 [M]. 呼和浩特：内蒙古人民出版社，2000：1.

期望中找到自己呢?"借助探究与思考引发学生的自我觉知,在反省中开启自我认识的钥匙。部编本道德与法治六年级下册第一单元主题为"完善自我 健康成长",主要引导学生学会尊重、学会宽容、学会反思,教导学生在已有基础上不断完善,促进其健康发展。在此基础上,部编本道德与法治七年级上册第一单元"成长的节拍"第三课《发现自己》,主要从"认识自己"和"做更好的自己"展开,使其在六年级下册"完善自我"的基础上"做更好的自己",这样编排符合人的心理发展规律,也能看出教科书编写者的精心设计与巧妙安排。"我"想成为什么样的人?"我"对未来有什么样的规划? 等系列内容在部编本道德与法治九年级下册第三单元"走向未来的少年"中有所涉及,使学生明确作为少年的"我"的使命担当,从职业规划的角度引导学生了解多彩的职业,树立终身学习的观念,回望自己三年的初中生活,在反思中展望美好的未来,明确的规划是基于对自己明晰的认识,积极向上、乐观开朗地悦纳自己的优点与不足,走向更加美好的未来。

四、对特殊事物之情

人的情感是丰富而立体的,作为生存在自然界的人需要热爱自然、保护环境、爱护动植物;作为社会性交往的人需要尊敬师长、关爱同学、感恩父母与亲人、认识与悦纳自己;作为生活在一定社会文化环境中的人需要热爱家乡、热爱祖国与民族、热爱优秀传统文化,这些内容较为抽象,却在个体成长中具有极其重要的价值与意义,使个体养成国家认同意识、树立文化自信、担当起民族复兴的伟大使命。为了实现"立德树人"这一根本任务,教科书内容融入了热爱家乡、热爱国家与民族、热爱优秀传统文化等内容的设计,培养学生对家乡、对国家与民族、对优秀传统文化等特殊事物的深厚情感。

(一) 热爱家乡

家乡是一个人出生或成长的地方,为个体的行为方式、心理模式、文化观念等打下深深的地方烙印,是个体情感的寄托和心灵的归属。培养学生热爱家乡的深厚情感是热爱祖国和民族,形成民族自豪感、国家认同感的基础和前提。因此,教科书在对学生的情感培养上注重培养学生热爱家乡的真切情感,体验家乡的一草一木,认识家乡的文化特色与特产,学会欣赏家乡、赞美家乡、热爱家乡。语文教科书在课文、习作等多个板块中均涉及热爱家乡的内容，其中在课文选文上以多种体裁的选文如记叙文、古诗、散文等文体描述家乡的自然风光、特产、人文风情，以表达作者对家乡的深切热爱之情，激发学生热爱家乡的情愫。如部编本语文一年级下册《静夜思》，这是唐代浪漫主义诗人李白所作的一首流传广泛的古诗，是一首语言浅显却感情真挚的思乡之作。全诗虽然只有二十字，却成功地刻画了外出游子的静夜思乡之情，如霜的月光无声地拨动着诗人的心弦，触发了诗人对故乡的无尽的思念之情。部编本语文五年级下册《月是故乡明》是季羡林的一篇抒情散文，作者以"月"为线索，回忆了在故乡的童年生活，抒发了离乡后的思念之情。在文章开始作者便提到"每个人都有个故乡，每个人的故乡都有个月亮。人人都爱自己故乡的月亮"，引起学生与作者的情感共鸣，紧接着提到"但是，如果只有孤零零一个月亮，未免显得有点孤独……"逐渐引出作者离开故乡后辗转各地望月的经历，以各地美丽的月景，衬托出故乡月亮的美，表达了作者"月是故乡明"的思乡之情。

热爱家乡是较为抽象、高级的情感，在写作训练上，考虑到学生情感发展的顺序性与阶段性等规律特性，部编本语文五年级上册与六年级下册的"习作"板块设置了与"家乡"有关的写作主题，分别是五年级上册"二十年后的家乡"与六年级下册"家乡的风俗"，前者是采取想象的方式从环境、工作、生活等方面描述二十年后家乡的变化，后者是介绍自己家乡的风俗，"离家三里远，别是一乡风"，介绍家乡的风俗习惯，或描写自己曾参加过的风俗活动的经历。相较于写二十年后的家乡，家乡风俗的写作难度更大，对学生在知识积累、情感体验与语言表达能力等方面提出更高的要求，所以将其设置在了六年级下册，学生具备了较充足的知识积累、生活经验和写作技巧，也能更全面、深入、系统地思考较为抽象的问题。人教版美术三年级下册第十六课《家乡的桥和塔》，引导学生了解桥和塔的特点，感知桥和塔的造型美，描述家乡的桥和塔，并尝试表现家乡桥和塔的美，使学生感受家乡的文化和历史，了解家乡的历史发展与变化，增进热爱家乡的情感。部编本道德与法治内容设置也在有目的地引导学生热爱家乡，如三年级下册第二单元"我在这里长大"，四年级下册第四单元"感受家乡文化 关心家乡发展"。从三年级下册的介绍家乡的一草一木、喜欢家乡的人和事到想为家乡做些什么、介绍家乡特产、家乡名人，再到四年级下册介绍家乡的节日风俗、民间艺术等内容，由自然景观到人文风俗，呈现出由具体到抽象螺旋式上升的编排特征，让学生体悟与理解每个人来自不同的地方，每个人都有深爱的家乡，每个地方都有各自的特色，都有值得骄傲的文化，应相互尊重、相互理解和相互包容。

（二）热爱祖国

每个人都有自己的祖国，每个国家也都在培养公民对于祖国文化、传统的认同感与归属感，培养个体热爱祖国之情。对祖国的热爱之情，主要包括对国家主权、大好河山、灿烂文化以及骨肉同胞的深厚感情。培养下一代热爱祖国、热爱民族的家国情怀是教育义不容辞的责任，教科书作为教育重要的媒介，理应在其中融入热爱祖国、热爱民族等知识内容。按理而言，热爱优秀传统文化属于热爱祖国的范畴，为了行文论述的方便，将热爱优秀传统文化单列出来论述。寓爱国情感于教科书知识内容之中，以显性或隐性的形式呈现内容，使学生感悟与体会拳拳赤子心、悠悠爱国情。

语文教学关切"中国人"培育的根本性问题，承载着一代代人的情感寄托和集体记忆[①]，义务教育语文课程标准的总体目标为：在语文学习过程中，培养爱国主义、集体主义、社会主义道德和健康的审美情趣，发展个性，培养创新精神和合作精神，逐步形成积极的人生态度和正确的世界观、价值观，培养热爱祖国语言文字的情感[②]。

首先，关于国旗、国歌、国徽等。国旗、国歌、国徽是国家的标志与象征，以直观、形象的方式使学生认识与熟悉本国的国旗、会唱国歌，这是教育的基本目标与任务，是培养学生爱国之情的基本举措。部编本语文一年级上册《升国旗》，"五星红旗，我们的国旗。国歌声中，徐徐升起；迎风飘扬，多么美丽。向着国旗，我们立正；望着国旗，我们敬礼"，这篇选文读起来朗朗上口，内容配以主题鲜明的插图，引导学生理解国旗的意义与价值，并教导学生在升国旗时的行为举止，使其懂得升国旗是一件庄严肃穆的事情，五星红旗是中国的国旗，

---

① 叶波. 为语文的教育还是为教育的语文：与温儒敏教授商榷 [J]. 全球教育展望，2020 (8)：33 – 43.

② 中华人民共和国教育部. 义务教育语文课程标准：2011 年版 [S]. 北京：北京师范大学出版社，2011：6.

任何时候都神圣不可侵犯。数学教科书以数形结合的方式呈现知识时，插图增加了爱国元素，以隐性知识的方式对学生产生无形的影响。如，在人教版数学教科书一年级上册第一单元准备课"数一数"中，首先呈现了一幅小学生刚入校的插图，鲜艳的五星红旗迎风飘扬，使学生感受到扑面而来的学校氛围与爱国气息，可激发学生热爱学习、热爱祖国的深厚情感。人教版音乐教科书在每一册（简谱和五线谱）目录前面插入了"中华人民共和国国歌"，教学生学唱国歌，并组织学生深情地合唱，在合唱的过程中学生的爱国之情油然而生，这是音乐练唱的过程，也是情感体悟与精神升华的过程。

其次，关于祖国的大好河山。中国地大物博，物产丰富，天南海北的大好河山、矿产资源都是祖国不可或缺的重要组成部分，引导学生热爱祖国的大好河山，赞美山河的宽广与美好，爱护我们生活的美丽家园，激发学生对祖国的热爱，理解无限美好的祖国国土完整不可分割，神圣不可侵犯。如《我多想去看看》《望庐山瀑布》《黄山奇石》《葡萄沟》《日月潭》《记金华的双龙洞》等内容都是描写祖国大好河山的选文，旨在引导学生领悟祖国河山的壮美与富饶，激发学生的爱国之情。大好河山是较为具体的物质性存在，所以相较于民族精神、优秀传统文化等内容，大好河山相关内容在第一学段就被设计进入教科书当中。部编本道德与法治二年级上册第四单元"我们生活的地方"中"我爱家乡山和水"引导学生了解家乡的山水风光，发现家乡的自然美、人文美，虽为家乡相关主题，实际上也隐含着热爱祖国大好河山的情感。

第三，关于民族精神。民族精神是一个民族的思想、文化、道德、心理等在历史发展进步过程中所形成的特有的、统一的、稳定的思想品格、价值取向、道德规范和精神状态[①]。中华民族由五十六个民族组成，形成了团结统一、和而不同、兼容并包的中华民族精神，张岱年先生认为自强不息和厚德载物体现了中华民族的精神和气度，主要包括重德精神、务实精神、自强精神、宽容精神和爱国精神等[②]。民族精神是较为抽象的概念，直到部编本语文五年级才较直接地呈现民族精神的相关内容，如五年级上册出现了《少年中国说》《圆明园的毁灭》，

---

① 缪克成，俞世恩. 民族精神［M］. 上海：上海科学技术出版社，2010：20.
② 俞祖华，赵慧峰. 中华民族精神新论［M］. 济南：山东大学出版社，2005：8.

六年级下册《十六年前的回忆》《为人民服务》等选文，其中《为人民服务》是毛泽东同志于 1944 年 9 月 8 日在张思德同志追悼会上所作的演讲，阐述了中国共产党立党为公的本质要求，"为人民服务"这五个通俗易懂的文字已经成为中国共产党的根本宗旨，也成为社会主义道德建设的核心，这必将激励与感召下一代学习与践行为人民服务的宗旨与精神，充实与丰满学生的精神内核。部编本道德与法治五年级下册第三单元主题为"百年追梦 复兴中华"，使学生深切领悟与体会中华民族从不甘屈辱、推翻帝制的民族觉醒中站起来、富起来到强起来的伟大征程，理解中华民族不屈不挠的拼搏精神与顽强意志，鼓励学生为了实现伟大的中国梦努力奋斗拼搏。《义务教育历史课程标准》的课程目标之一是感悟近现代中国人民为救亡图存和实现中华民族伟大复兴而进行的英勇奋斗和艰苦探索，认识中国共产党在中国革命、建设和改革事业中的决定作用，树立中国特色社会主义理想信念；继承和弘扬以爱国主义为核心的民族精神，认识到国家统一、民族团结和社会稳定是中国强盛的重要保证，初步形成对国家、民族的认同感，增强历史责任感。将正确的价值判断融入对历史的叙述和评判中，使学生通过历史学习，增强对祖国和人类的责任感，逐步确立为中国特色社会主义事业、人类的和平与发展作贡献的人生理想[1]。历史教科书有助于学生了解民族历史，培养其民族精神与民族品格，使学生从历史中汲取智慧，逐步树立正确的情感、态度、价值观，形成正确的世界观和人生观，促进学生综合素养不断提高与全面发展，肩负起中华民族伟大复兴的历史使命。

最后，关于标志性建筑或图案。了解代表国家的标志性建筑或图案有助于培养学生的审美素养，激发学生对国家的热爱之情。比如，教科书中也有诸多标志性建筑的插图，如北京天安门、天坛、国家体育馆"鸟巢"、东方明珠塔、黄鹤楼等，它们是理解知识、解决问题的辅助方式，但也具有育人功能，在学习与解决问题的过程中以润物细无声的方式陶冶学生的爱国情操，增强学生的民族自豪感。

（三）热爱优秀传统文化

文化经由社会生活实践及精神价值体系两条途径对人的发展产生着重大影

---

① 中华人民共和国教育部. 义务教育历史课程标准：2011 年版 [S]. 北京：北京师范大学出版社，2011：4 - 7.

响，决定其思维方式、价值观念和行为习惯。文化是一个民族区别于另一个民族的标志，是这些民族生活中不可或缺的内容①。中华文化是中华民族对于人类的伟大贡献，中华传统文化是一代代中华民族儿女集体智慧的结晶，在历史流转中不断传承与创新，但它并不是博物馆里的陈列品，它有着鲜活的生命力。独具特色的语言文字、浩如烟海的文化典籍、名扬世界的科技工艺、精彩纷呈的文学艺术、充满智慧的哲学宗教、完备而深刻的道德伦理，共同构成中华传统文化的基本内容②。教育秉承着培养学生热爱优秀传统文化、体悟文化的独特魅力的责任与使命，教科书会有意识地增加传统文化与民族历史等相关内容，以培植学生的民族文化自觉意识与增强学生的文化自信，促进学生的国家文化认同感与民族归属感。中华传统文化丰厚博大，涉及各个领域与方面，通过对各学科教科书内容的文本梳理与分析，特从中选取四大方面展开论述，分别是：文字符号、传统习俗、文化遗产和民族历史，以期从中窥探教科书如何引导学生认识与了解中华传统文化，从中汲取精神养分，使其体验优秀传统文化的魅力与传奇，并担负起传承与创新文化的时代使命。

第一，关于文字符号。文字是人类发展过程中发明的用表意符号记录、表达、传播信息的方式和工具，是人类文明的体现。中国汉字产生于几千年前，是世界上最古老的文字之一，经历了漫长的演变过程，至今沿用。汉字书法是一门独特的艺术，体现着中华文化的博大精深，在世界文明史上源远流长。语文是以汉字为主的学科，学习汉字、了解汉字背后的故事，也是语文教学的任务。不同学科教科书中在不同学段融入了关于中国汉字的内容，增强可读性，引导学生了解汉字的来源与秘密，发现中国汉字之美，增强文化自信与民族自豪感。人教版美术一年级下册第二十课《汉字中的象形文字》（图8-7）指导学生初步了解象形文字的产生、演变及悠久历史，在此基础上展开想象，说出自己认识的象形文字，引导学生欣赏中国古代象形文字的独特美感，感受其造型美感，感受古代象形文字的趣味性，激发对中华传统文化的热爱。部编本语文二年级下册《"贝"的故事》从甲骨文的"贝"字说起（图8-8），让学生了解到用"贝"做偏旁

---

① 麦特·里德雷. 美德的起源：人类本能与协作的进化 [M]. 刘珩，译. 北京：中央编译出版社，2003：203.

② 张岱年，方克立. 中国文化概论 [M]. 北京：北京师范大学出版社，2004：7.

的字大多与钱财有关，如"赚、赔、购、贫、货"等。部编本语文五年级下册
第三单元综合性学习主题为"遨游汉字王国"，单元导引为"横竖撇捺有乾坤，
一笔一画成文章"，引导学生体悟汉字的趣味，了解汉字文化。在这一单元中，
采用搜集资料、猜字谜、阅读等形式让学生了解汉字的悠久历史，探究其中蕴含
的丰富文化，体验"汉字真有趣"，增进对汉字的情感，发出"我爱你，汉字"
的赞叹，并为汉字的规范使用做一些力所能及的事情。中国汉字魅力无穷，教科
书有利于引导学生了解、熟悉汉字的历史与演变，赞美与欣赏动人心弦的汉字，
彰显其价值与魅力，并努力使之传承与发扬光大。

图 8 - 7　人教版美术一年级下册第二十课节选

图 8 - 8　部编本语文二年级下册插图

　　文字是符号的一种，这里的符号主要是除文字之外的其他符号类型，数学、化学、物理等学科有着独特的学科符号，每一个符号都具有其特殊的文化与历史。以数学教科书为例，人教版数学教科书增加了数学文化的拓展内容，旨在拓展学生的数学思维、丰富学生的数学文化积淀、提升学生的数学核心素养。人教版数学二年级下册"你知道吗？"板块提到 1659 年瑞士数学家拉恩第一次使用"÷"表示除法；数学三年级下册"你知道吗？"板块提到我国古代曾用算筹表示数，为了表示小数，就把小数点后面的数放低一行；数学四年级下册"你知道吗？"板块介绍了小数是我国最早提出和使用的；数学六年级下册"你知道吗？"板块介绍我国古代很早就开始使用负数以及有关负数的表示方法。这些内容都不同程度地使学生感悟中华传统文化的源远流长，领略世界数学文化的流光溢彩。数学教科书中"你知道吗"板块插入与本节课紧密相关的数学文化知识，使学生了解中国数学与世界数学的发展与渊源，积累知识，拓宽视野，使学生感悟中国数学传统文化与世界数学传统文化的魅力，做到兼容并蓄，培养学生的数学思维，提升学生数学文化的同时培养理性的国际理解能力。

　　第二，关于传统习俗。传统习俗是传统文化的重要组成部分，我国的传统节日、二十四节气、各民族风俗习俗等均属于传统习俗。语文、道德与法治、历史等学科均有关于传统习俗的内容，旨在引导学生关注传统习俗，感悟传统习俗的韵味与文化的厚重，激发学生的热爱之情。以部编本语文教科书为例，《春节童谣》《姓氏歌》《端午粽》《田家四季歌》《难忘的泼水节》《数九歌》《传统节日》《邓爷爷植树》《中国美食》《腊八粥》《古诗三首》（《寒食》《迢迢牵牛星》《十五夜望月》）等内容均涉及介绍或描述传统习俗的内容，有儿歌、记叙文、古诗、散文等体裁，其中《难忘的泼水节》《邓爷爷植树》分别是借助描写周恩来总理与傣族人民一起欢度泼水节、邓小平爷爷在北京天坛公园和人民群众一起植树的场景，让学生了解到傣族泼水节与植树节的风俗习惯。通过学习，使学生领略与体验传统习俗的文化特色与独有魅力，发自内心地欣赏与热爱传统习俗，并愿意为传统习俗的保护与传承出一分力，增强学生的文化使命感与责任感。

　　第三，关于文化遗产。"文化遗产"是个合成词，由"文化"和"遗产"两词组成，前者是限定词，后者是中心词，指先人遗留给后代的具有文化价值的财产或财富①，主要包括有形的物质文化遗产和无形的非物质文化遗产。文化遗产也是以多种形式灵活地出现在各学科教科书当中，如语文教科书中的《赵州桥》《圆明园的毁灭》《威尼斯的小艇》《金字塔》等选文，这些选文让我们了解到我国和国外的建筑文化，让人感受历史的洗礼，感叹建筑艺术的精美绝伦与建造者的别具匠心，特别是《圆明园的毁灭》这篇选文以历史文化遗迹圆明园为线索论述了民族危亡与圆明园被毁的惨痛历史，告诉一代代中华儿女吾辈必自强，落后就要挨打，看着这些残垣断壁的历史文化遗迹，想象着圆明园完好时的精美、宏伟，为我国这一园林艺术瑰宝、建筑艺术精华被毁而感到惋惜，进一步激发学生奋发图强、热爱祖国、保护文化遗产的强烈愿望。美术教学通过绘画培养学生感悟美、发现美、创造美的能力，文化遗产是美术绘画的重要内容，美术教科书以其独特的形式进行着关于文化遗产的艺术表达。比如，人美版美术教科书四年级上册第六课《飞天（一）》、第七课《飞天（二）》。敦煌壁画不仅是中国古代文化艺术的宝库，也是世界古代文化艺术的宝库，1987 年联合国教科文组织将敦煌莫高窟作为文化遗产，收入《世界遗产名录》，飞天是敦煌壁画中最受人们喜欢的形象，也是敦煌艺术的标志。第六课通过对敦煌壁画、莫高窟知识的介绍，引导学生思考与感悟飞天壁画的流畅线条和优美姿态，在此基础上，第七课要求学生尝试着画出飘动的衣带，学会用线条表现流畅、富有动感、优美自如的飞天形象，引导学生感悟敦煌莫高窟壁画艺术的伟大成就与艺术之美，使学生担负保护民族文化遗产的使命与责任。此外，教科书编写者着力培养学生的全球视野、国际理解意识与能力，让学生放眼看世界，了解世界的文化遗产，兼容并包，使学生以开放、包容的心态接纳与欣赏世界文化，提升学生的国家文化认同感与国际理解能力，这也是现代公民所应具备的核心素养。

最后，关于民族历史。民族历史属于传统文化的组成部分，任何一个国家的人民都需要了解本国民族的历史，在历史过往中审视今天，展望与规划明天。语文、历史、道德与法治、美术、音乐等学科借助知识内容的呈现培养学生的民族历史感，让学生欣赏中华民族历史文化，感悟中华民族的伟大，同时又引导学生以开放的视野放眼世界，树立关怀人类生存和发展的人文情感。《义务教育历史

---

① 蔡靖泉. 文化遗产学［M］. 武汉：华中师范大学出版社，2014：46.

课程标准》指出历史学习的总体目标之一是：从历史的角度认识中国国情，认同中华民族的优秀文化传统，尊重和热爱祖国的历史和文化；认识在漫长的历史进程中，我国各族人民密切交往、相互依存、休戚与共，形成了中华民族多元一体的格局，共同推动了国家发展和社会进步，增强民族自信心和自豪感①。历史教科书形成了关于民族历史的系统脉络，有助于学生从中把握民族发展的昨天、今天和明天，使学生以史为鉴，正视历史，珍惜当下，面向未来。部编本道德与法治五年级上册第三单元为"我们的国土 我们的家园"、第四单元为"骄人祖先 灿烂文化"，让学生了解我国是全国各族人民共同缔造的统一的多民族国家，在文字、四大发明、科技等方面有着悠久灿烂的历史，各民族应互相尊重、守望相助，使中华文明得以不断传承与延续，使学生在学习与了解民族历史的过程中，传承中华民族的优良基因，在守正创新中将中华民族优秀文化发扬光大。

第三节　教科书中的态度要素

态度是个性倾向性的范畴，态度中包含着认知、情感和行为倾向三种结构成分，将其作为一个整体通俗地来看，实际上是个体对某一事物的喜欢或厌恶、尊敬或蔑视、同情或冷漠、赞成或反对、相信或怀疑等心理倾向性。理智感、道德感、美感属于人的高级情感，与此相对的是引导个体对真、善、美的追求与向往。教科书具有引导学生求真、向善、淬美的育人价值，因此，教科书态度鲜明地指引着学生形成积极向上的情感、态度、价值观。就态度而言，教科书呈现出立体、多元的态度，有对求知的科学理性、对良好社会风尚的颂扬、对自然美景的欣赏与喜欢、对敌人的愤怒和仇恨等，本书主要从理性求真的态度、崇德向善的态度、颂扬淬美的态度三个方面探究教科书内容中的态度要素，以期达到管中窥豹的目的。

---

① 中华人民共和国教育部. 义务教育历史课程标准：2011 年版 [S]. 北京：北京师范大学出版社，2011：4-7.

一、理性求真的态度

科学知识对于教育乃至人类发展至关重要，人类在继承前人知识经验的基础上不断创造新的知识，推动科学的发展和社会的进步。教科书作为教学文本，承担着帮助学生获得科学知识的功能，获得知识的过程不仅仅是认知因素的参与过程，也需要有非认知因素的参与，其中即包括教科书需引导学生在学习科学知识时所应秉持的态度，培养学生理性、严谨的求真态度与精神。古今中外学者一致认为：知识不仅以语言文字图像符号为载体积累着人类认识事物的经验，还凝结着人类谋求合理生存的智慧，蕴含着科学精神和人文精神①。教科书最明显的产生动因和永恒的追求是教育学生、培养学生。学生通过教科书文本学习各种知识、道德、准则等，以教科书文本提示的角度思考问题，根据教科书文本对某一事物或人物的剖析程度形成某些看法或调整自己对这些问题的看法②。由此可见，教科书在向学生传授科学知识的同时，也引导着学生形成对学习科学知识的态度。

（一）教科书内容注重培养学生坚持探索真理的意识

人类对真理的追求从未止步，探究真理不仅是科学家的事情，教育中也要培养学生探索真理的意识，在独立思考与团队合作中探究真理，获得真知。教科书知识板块的内容设计注重对学生探究真理意识的培养，引导学生在独立思考的沉思中、在相互讨论的思想激荡中、在动手操作的实践体验中形成关于真理的确切认知，构建合理的认知结构，养成积极求真的学习态度。各学科教科书特别是科学、物理、数学、化学等学科教科书所设计的习题和相关内容板块，在一定程度上彰显了坚持探索真理、严谨求真的科学品质与态度，主要以科学教科书和物理教科书为例展开说明。科学教科书帮助学生学习科学知识，养成探求真理的科学精神，在每一单元的设计上，均考虑调动学生的主体性引发学生的思维困惑，进而使其思考与探究，获得真理。例如，在教科版科学一年级上册第一单元第六课《校园里的植物》的第一节《各种各样的叶》，开篇便设置了一个问题"不同植

① 王道俊. 知识的教育价值及其实现方式初探：兼谈对杜威教育思想的某些认识［J］. 课程·教程·教法，2011（1）：14-32.
② 石鸥. 教科书概论［M］. 广州：广东教育出版社，2019：40.

物的叶一样吗?"带着这样的问题,学生在教师引导下开展"科学实践",要求学生收集多种树叶,用多种方法观察一片树叶,进而观察不同植物的叶子,找出其不同与相同之处。比较叶片的形状,引导学生思考有什么发现,学生在探究思考中建构着关于"叶"的科学知识,也在此过程中学会运用观察、比较、讨论、探究等方法发现知识,这样的发现过程是对真理探索的过程,也是良好的求知态度的养成过程。人教版物理教科书在讲解内容中设置了"演示""想想做做""动手动脑学物理""想想议议""科学世界"等板块,这些板块内容是对正文内容的重要补充与完善,有助于学生在体验中探索新知,养成严谨求学的态度。在人教版物理八年级下册第一章"力"中,教科书内容讲到"力的三要素和力的示意图"时,为了让学生更好地理解,设计了"想想做做"的板块,内容为"分别在一扇门A、B、C三处用同样大的力推门,感受手推门的难易程度有多少不同"。这样的内容是对课程内容的补充,能使学生更好地理解力的三要素,为进一步学习力的示意图奠定基础。这样的内容设置能很好地调动学生思考与探索真理的积极性,让学生在思考中去实践验证、在实践中思考探究,逐渐培养学生科学探求真理的意识与态度。部编本语文六年级下册第十五课《真理诞生于一百个问号之后》培养学生见微知著、善于发现并不断探索的能力,鼓励学生独立思考、锲而不舍,这本身就是探索真理所需要的高贵品质。

(二)教科书鼓励培养学生的质疑精神

质疑精神是开展科学探究必备的基本精神,也是学生学习科学知识过程中需要养成和秉持的精神与态度。质疑精神是创新意识的前提与基础,教育教学中注重对学生质疑精神的培养,而静态的教科书文本渗透着编写意图与旨趣,也将质疑精神融入其中。教科书注重培养学生养成理性的质疑精神,即在对某一知识产生怀疑、批判的基础上形成正确认知或获得科学知识。教科书中的质疑精神总体上表现为如下几种情况。

第一种情况是针对教科书编写中可能存在的问题展开质疑与讨论。北师大版数学二年级上册第八单元"6~9的乘法口诀",为了考查学生对乘法口诀的掌握情况,并让学生掌握乘数与乘数交换位置,得数不变这一规律,在课后练习中出了这样一道题(图8-9),"七八五十六、六七四十二"都可以写出两个算式,但"七七四十九"无论如何都只能写出一个算式,学生在练习过程中就可针对这种类似的题目提出疑问。部编本中国历史八年级上册第三课《太平天国运动》的课后活动题为：在"太平天国运动形势示意图"中，找出桂林、长沙、武昌、安庆的位置，思考太平军为什么进展得这么顺利。很明显，该题设计者认为太平军从桂林经长沙、武昌到安庆的进军非常顺利，并让学生思考进展顺利背后的原因。但学生如果对太平天国历史有一个初步的了解后，就很难认同该题所要表达的观点①。这样一来，引导学生立足教科书文本，质疑教科书中"习以为常"的知识内容，有助于充分调动起学生的求知欲与兴趣，有助于促进学生积极思考，进行深度学习，对于学生建构更加完整的认知结构、形成科学理性的批判精神，具有积极的意义。

2.看口诀写算式。

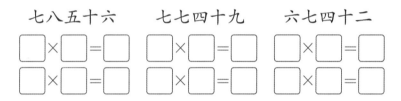

图 8 - 9 北师大版数学二年级上册练习题

第二种情况是借助教科书知识培养学生的质疑精神。教科书中引用名人的事迹、贡献、理论等内容旨在引导学生在名人引领下养成求真务实、批判质疑、爱国敬业等精神品质。例如，人教版数学五年级下册"你知道吗?"板块设置了"哥德巴赫猜想"这一内容，在帮助学生更好地掌握与运用这一单元"质数和合数"知识的同时，培养学生在日常生活中养成多思考、多质疑、多批评的习惯与行为品质。

第三种情况是教科书引导学生学会发散思维。发散思维重在培养学生围绕一个问题展开多方面、多角度的思考，最终提出多种解决方案而不是只有唯一的方案，从而产生有创见的新思想或新观念。教科书编写者做着培养学生发散思维的努力，在内容设计上不拘泥于某一固定答案或固定模式，"一题多解"的思想与

---

① 赵冠峰. 历史解释切忌泛泛而论：对历史教科书一道课后活动题的探析 [J]. 中学历史教学，2020 (5)：21.

理念在各科教科书中均有体现。语文教科书中的"一题多解",一方面表现为引导学生对某一问题能提出自己的一些观点,如部编本语文二年级下册第三课《开满鲜花的小路》的课后练习题为"课文中'美好的礼物'指的是什么? 生活中还有什么也是美好的礼物?",立足于课文回答了"美好的礼物"后,将视角发散到生活中,这样一来,学生可以展开想象的翅膀,紧密联系生活经验说出生活中美好的礼物,实现了教学内容的拓展与升华。另一方面表现为在习作中,学生按照写作思路进行发散性的写作,由于个体经验的不同,同一主题每个人写出的内容是不同的,同一个人运用不同的视角也能写出不同的内容,这也是训练学生发散思维的一种方式。数学教科书中的"一题多解"强调学生对某一数学知识能否运用多种方式解决问题,这类设计在数学教科书中呈现得较为普遍,在"一题多解"的过程中,训练与提升学生的思维品质,使其能灵活、发散地解决问题。科学教科书中的"变废为宝""废物利用"等内容不仅能使学生掌握更全面的科学知识,也有助于培养学生的发散思维,使其视野更加开阔、思维更加活跃,也能培养环保意识与理念。

(三) 教科书强调培育学生的创新精神

创新对于一个民族发展至关重要,是民族进步的不竭动力。如何使一个民族具有创新精神,教育承担着不可推卸的责任,教科书在文本设计上注重对学生创新思维的培养,强调学生独立思考、自主探究、合作探究,鼓励学生批判质疑,引导学生发散思考,强调学生动手实践等均有助于学生创新意识与能力的培养与发展。在具有开放性和实践性的数学题目中,蕴含严谨求实、勇于创新的科学精神。例如,鸡兔同笼是我国古代一道典型的数学趣题,在人教版数学四年级下册《数学广角——鸡兔同笼》一课中,共同探究用不同的新方法解决鸡兔同笼问题,有利于培养学生解决问题的灵活性,推动学生创新能力的发展①。人教鄂教版科学三年级下册第六单元《动力小车》,要求学生根据设计方案,搜集制作小车动力装置的材料和工具,制作动力装置,并给小车安装上动力装置,接下来对制作的小车进行展示与测试并作出一定的改进。这一阶段的学生具有了一定的动

---

① 李新,杨杨,汪慧明. 数学有"德":人教版小学数学教科书中的德育因素分析[J]. 内蒙古师范大学学报(教育科学版),2020(1):107.

手操作能力，认知水平也具有了一定的抽象逻辑性，在此基础上，要求学生动手设计动力小车符合学生心理发展规律，能训练学生的动手操作能力，提升学生的创新意识，开拓其思维。

二、崇德向善的态度

善主要是从道德意义上来加以审视的，广义的善就是"好"，一切可以使人快乐、给人幸福的对象，都可成为"善"，成为"好"，道德意义上的善是狭义的，指涉及人伦关系的好的行为①。简言之，善主要是基于社会关系而需遵守的道德准则与道德规范，遵守道德准则与道德规范的行为即为善，反之则为恶。教科书中有大量的内容引导学生崇德向善，追求美好，养成积极向上的人生态度。

（一）引导学生养成理性的爱

爱、憎等情感是个体基于对某一事物或主体的认识而形成的情感体验，进而表现出的相应的行为反应倾向。教科书中涉及人和人结成的社会关系主要有与自己、与他人和与国家的关系，其中与他人所构建的关系主要包括与亲人、同学、教师、陌生人等主体交往中所形成的关系。正如前文"情感"部分所述，教科书在有目的地培养学生的积极情感，让学生在积极情感体验中学会爱自己、爱他人、爱祖国，同时学会明辨是非，把爱与憎区别开来。"爱"是一个较为复杂抽象的概念，爱有多种，对师长的尊敬、对同学的关爱、对恋人的爱慕、对家乡的牵挂、对祖国的热爱等均属于"爱"的表现，教科书将这些内容巧妙地融汇于不同学段、不同学科的知识内容中。例如，部编本语文五年级上册第四单元是以"爱国"为主题的单元，"为什么我的眼里常含泪水？因为我对这土地爱得深沉……"是本单元的导引，其中第十二课《古诗三首》的第一首《示儿》中的"悲"字表明了作者复杂的情感，作者深切地爱着祖国，但又面临着国破的窘境，既爱又悲的复杂情感交织在一起，让学生深刻体会作者的爱国之情，感悟国家危亡的痛苦与悲恸，培养学生爱祖国的坚定态度。第十四课《圆明园的毁灭》更是表达了作者对圆明园这一举世闻名的皇家园林的爱，赞颂了艺术的精美绝

---

① 冯契. 冯契文集：第三卷·人的自由和真善美 ［M］. 上海：华东师范大学出版社，1996：205.

伦，对圆明园昔日辉煌的喜爱与敬仰，在最后一个自然段使用"统统掠走、任意破坏、毁掉、放火、连烧三天"等词汇具有画面感地描绘了英法联军入侵北京、肆意掠夺圆明园、烧毁圆明园的惨痛历史，表达了作者对中国文化瑰宝被毁的痛心与对侵略者的憎恨，但作者并没有停留于此，而是鼓励吾辈当自强，这有利于学生在爱恨交织中注重理性作为、努力奋进，培养家国情怀，为实现中华民族伟大复兴作出我们应有的努力。

（二）培养学生学会同情的态度倾向

同情与心理学上的"同理心"同义，是站在他人角度、采取换位思考的方式理解、关心他人。学会同情，能运用同理心换位思考，有助于促进学生构建良好人际关系，也有利于学生形成正向的合理认知，保持健康的心理状态。教科书以巧妙的内容设置与问题设计将引导学生同情、关爱他人的相关内容融入其中，使学生形成与人为善的态度与行为倾向，促进学生全面健康发展。教科书在培养学生学会同情他人的态度倾向上主要表现为：一方面，引导学生学会同情与关爱身边的人。拥有同理心，理解自己的父母、爷爷、奶奶、老师、同学等内容在教科书中呈现得相对较多，例如，部编本道德与法治教科书从一年级上册开始便有引导学生关爱与理解身边亲人、老师和同学的内容，如何更好地与亲人、老师和同学相处，感受他们的爱，站在他们的角度理解他们，并学会给予爱。教科书为学生养成良好的行为态度指引了方向，给予学生积极的心理能量，帮助其向着更好的方向发展。另一方面，引导学生学会同情和关爱陌生人。部编本语文一年级上册语文园地五"日积月累"的一首古诗《悯农》，"悯"字为全诗定下了基调，引导学生站在农民伯伯的角度，体会与理解他们的辛劳与艰辛，养成爱惜粮食的好习惯。学生在教科书中所获得的认知与情感体验，内心产生深刻的激荡、不安，纯洁高尚的心灵激动，是珍贵的财宝①，学生产生情感与态度的迁移，将其灵活地迁移到生活中——不仅能做出爱惜粮食的行为，更能表现出对他人的同情与悲悯，做出利他的和善行为。对人的关爱、理解、同情等情感不应只停留在语言表达的认知层面，应引导学生进行内化于心、外化于行的行为转化，这样才能

---

① 苏霍姆林斯基. 给教师的一百条建议［M］. 周蕖，王义高，刘启娴，等译. 天津：天津人民出版社，1981：204.

发挥善的力量。"如果我们只是没完没了地重复说，要正直、要诚实，以毫不容忍、毫不调和的态度对待虚伪，那么，这些话就会变成使学生讨厌的说教。正直、善良和对欺骗言行毫不容忍，应该成为一种激动人心的、吸引人的、有诱惑力的行动。"① 因此，引导学生对他人的同情、理解、关爱不仅需要有认知的理解、情感上的体验，更应有行为上的实践，从而内化为自身的一种心理态度和行为倾向。

（三）注重培养学生开放的文化心态

随着国际化进程的不断推进，国际交流愈来愈呈现开放态势，构建人类命运共同体成为时代主题与全球担当。在这一时代背景下，培养学生的跨文化意识、国际理解能力也成为教育的重要目标之一，《中国学生发展核心素养》也将国际理解作为学生应具备的、能够适应终身发展和社会发展需要的必备品格和关键能力之一。时代的呼唤与教育的诉求势必对教科书编写产生直接的影响，教科书编写也必将对此作出积极的回应。教科书注重培养学生热爱祖国的情感及对国家的认同，同时也强调培养学生具有全球视野的开放的大局观。各学科教科书涉及诸多中国文化的内容，诸如科技文明、名胜古迹、风俗习惯等，使学生了解中华文化的源远流长与博大精深，树立文化自觉与文化自信，表现出积极的文化态度；但教科书内容并没有止于此，还介绍了世界各国的文明、传统文化与文化遗产，让学生放眼看世界，借助插图、文字、主题讨论、参与式活动等形式接触世界，为其打开通往世界的大门，使学生感受世界文明的灿烂、博大与多元，养成开放的文化心态，从而理性地审视世界文化与本国文化，坚定文化自信。开放的文化心态对学生的发展有着积极的作用，有助于训练学生的思维品质，有利于学生在人际交往中养成开放的心态，促进学生全面健康发展。

三、颂扬淬美的态度

关于"美是什么"的话题，是美学领域自古至今一直探讨却还未形成圆满的、统一的认识的问题，也是美学领域最基本的理论问题。美学是哲学、心理

---

① 苏霍姆林斯基. 给教师的一百条建议 [M]. 周蕖，王义高等，译. 天津：天津人民出版社，1981：248.

学、社会学等学科领域普遍关注的话题，美学心理学研究的轴心是审美心理的过程，包括审美的发散、形态、效应等，是审美态度所伴随的审美经验的发生、发展和反馈的过程①。这一过程中，作为审美主体的人对审美客体产生美感体验，形成审美意象，提高审美创造能力。从日常通俗的角度看，一切给人美好感觉的事物都可以理解为美，这里包含了美的感受、美的想象和美的创造行为。教科书蕴含着美学中的自然美、社会美、科学美、艺术美和形式美等元素，对学生具有陶冶化育的美育价值，教科书内容的自然美、社会美、科学美、艺术美和形式美均影响着学生的心理体验与美感态度的形成。

（一）关于对自然美的态度

自然美指自然事物本身所具有的美，有两种情况，一种是未经人们加工改造的纯自然的美，如明媚的阳光、陡峻的峰峦、潺潺的溪流……另一种是经过人们加工改造过的自然美，如丰收的果园、苏州园林、葛洲坝水电工程等，这些景物都是经过人类劳动改造的大自然②。教科书中描写四季美景、山川美景、湖泊河流美景、草原美景、星空美景、植物美景等内容的篇目不胜枚举，不同的学段、不同的作者会写出不同的意蕴，给学生以不同的心理体验。教科书中自然风光、植物、动物等内容与插图带领学生领略大自然的壮美与开阔，学生在已有经验的基础上对感知到的美景内容进行积极的认知建构，将自我的主观意识投射到内容上，将自己的情感体验移入感知的教科书内容，形成自己关于内容的主观认识。"大地山河及风云星斗原是死板的东西，我们往往觉得它们有情感、有生命、有动作，这都是移情作用的结果"③。移情的作用在于使学生对教科书中关于自然美的内容产生情感体验，帮助其理解与建构知识，进而产生对该内容是否美、有多美、怎么美等审美情感，并表现出喜欢与否的态度。"莲"是古往今来文人墨客倾心的一种植物，不同作者笔下的它有着不同的意境，托物言志、托物抒情给予学生不同的感受，形成不同的态度，如汉乐府民歌《江南》"江南可采莲，莲叶何田田"的欢快与质朴，白居易《池上》"小娃撑小艇，偷采白莲回"的活泼淘气，杨万里《小池》"小荷才露尖尖角，早有蜻蜓立上头"的诗情画意，《晓

---

① 林同华. 美学心理学［M］. 杭州：浙江人民出版社，1987：4.
② 陶功定. 美学［M］. 北京：科学技术文献出版社，1987：23.
③ 朱光潜. 朱光潜美学文学论文选集［M］. 长沙：湖南人民出版社，1980：71.

出净慈寺送林子方》"接天莲叶无穷碧，映日荷花别样红"的壮美阔大，周敦颐《爱莲说》"予独爱莲之出淤泥而不染，濯清涟而不妖，中通外直，不蔓不枝，香远益清，亭亭净植，可远观而不可亵玩焉"的超凡脱俗。关于"莲"的描绘教科书中还有很多，给予学生不同的情感体验，形成不同的态度倾向，随着学段的升高，不仅仅是描写"莲"本身，更加强调其象征意义，《爱莲说》算得上典型代表之作，以引导学生养成如同莲一样的高洁品质，不卑不亢，使学生树立积极的独立的处世态度。

（二）关于对社会美的态度

马克思说：劳动创造了美，美是人类在劳动实践中创造的[①]。人类社会生活中的各种美好事物便属于社会美，社会美与道德紧密相关，主要包括引导学生感受热爱祖国的情怀美、人际交往的人情美、人类劳动的智慧美等。首先，关于热爱祖国的情怀美。在体验与感受《我多想去看看》"遥远的北京城，有一座雄伟的天安门，广场上的升旗仪式非常壮观……遥远的新疆，有美丽的天山，雪山上盛开着洁白的雪莲"时，学生有着对雄伟天安门和大美新疆的憧憬，联想到天安门广场上壮观的升旗仪式、天山上圣洁的雪莲，从而产生中华民族一家亲的情怀，形成热爱家乡与祖国的情感态度，并在日常实践中做出爱国行为。诗歌《祖国啊，我亲爱的祖国》描写了新中国从苦难到新生的发展历程，期待每一个"我"都能为祖国的富饶、荣光、自由贡献自己的一分力量，激发学生深深的爱国情感，在如此深沉的爱国诗歌的熏陶下，学生的态度倾向必定是积极向上的，为学生幼小的心灵播下爱国的种子，在生活点滴中逐渐发芽生根，长成参天大树。其次，关于人际交往的人情美。教科书中有大量关于人际交往而产生的人情美的内容，如《曹冲称象》《一封信》《妈妈睡了》《我的伯父鲁迅先生》《背影》《回忆我的母亲》《赠汪伦》《伯牙鼓琴》等选文描写了父女（子）情、母女（子）情、祖孙情、师生情、友情等相关内容。从情感的角度看，重在培养学生懂得感恩、具有共情的同理心，学会合理地进行人际交往。从态度的角度看，在与人交往时，应秉持谦逊有礼的态度，尊重他人、理解与包容他人，在换

[①] 马克思，恩格斯. 马克思恩格斯全集：第 42 卷［M］. 中共中央马克思恩格斯列宁斯大林著作编译局，译. 北京：人民出版社，2006：93.

位思考中实现心与心的交流，形成良性的人际互动。最后，关于人类劳动的智慧美。人类运用自己的劳动使生活变得更加美好，劳动是智慧的体现，是一种特殊的美的表现形式。《大禹治水》《朱德的扁担》《吃水不忘挖井人》《邓小平爷爷植树》《愚公移山》等都是人类运用自己的劳动智慧改善自然条件、美化人居环境的代表性作品，具有很强的感召作用，鼓励学生向榜样模范学习，培养以身作则的态度、感恩的心态和顽强的意志，借助教科书文本学习知识，内化情感，形成明确的处世态度，为其以后做出利他的社会行为奠定基础。

（三）关于对科学美的态度

最早对"科学美"作出明确阐释的是法国著名数学家、物理学家彭加勒，他曾言："科学家研究自然，并非因为它有用处，是因为他喜欢它，他之所以喜欢它，是因为它是美的。这里所说的美，不是给我们感官以印象的美，也不是质地美和表观美。我所说的是那种比较深奥的美，一种美在于各部分的和谐秩序，并且纯粹的理智能够把握它。"① 彭加勒的论述虽不能涵盖科学美的全部，但至少能让人意识到科学中存在着不该被忽视的美，这些美对人也产生着积极的影响。科学美在数学、科学、物理、化学、生物、地理等学科教科书中表现得尤为显著，一条公式、一个原理、一项实验、科学家的故事里面就暗含着美，如数学教科书中的勾股定理、黄金分割、抛物线等，物理教科书中的相对论、作用力与反作用力、能量、万有引力、声音的传播等，化学教科书中的元素周期、化学反应等，生物教科书中的遗传密码、进化论等，地理教科书中的经度纬度、天体运行等，数学家、物理学家、化学家等科学家的科学故事等无不彰显着科学美。学生在学习科学知识与理论时，画出一个几何图形、做出一项实验、了解宇宙天体的运行规律等，都能激发起学生内在的求知欲与学习力，自觉寻找知识的内在规律与知识间的联系，学生积极认真地开展学习，这是何其美丽与神奇。教科书中关于刘徽、伽利略、居里夫人、张青莲、牛顿、爱因斯坦、道尔顿等科学家的科学故事会带给学生不一样的感受与力量，为学生树立人生榜样，特别是在遇到学习困难或学习懈怠的时候，这些科学家的事迹会使他们想起伟大科学家的成长经历与风采，将给予学生巨大的鼓舞，让他们重拾信心，树立科学精神与求真务实

---

① 彭加勒. 科学的价值 [M]. 李醒民，译. 北京：光明日报出版社，1988：357.

的态度，养成科学思考的习惯，激励自己求真、向善、淬美，促进全面发展。

（四）关于对艺术美的态度

艺术美是艺术作品中所蕴含的美，如诗歌、小说、音乐、舞蹈、绘画、雕塑等都蕴含着丰富的美，但并非具备上述形式的东西都具有艺术美，只有反映真、符合善、表现美的艺术，才体现艺术美。换言之，艺术美是真、善、美在艺术作品中的统一①。中小学教科书中的艺术美元素十分丰富，音乐、美术教科书中的艺术美自不必说，语文、历史等学科中也有大量的艺术美成分，教科书中的艺术美主要表现为风格美、手法美和意境美三个方面②。学生会形成关于艺术美的何种态度呢？对美好事物的向往是人类的普遍追求，教科书中一首朗朗上口的诗歌、一篇意境深远的选文、一首动听的曲子、一幅精美的画作等都能引发学生的无限遐想，学生可以感受"枯藤老树昏鸦，小桥流水人家，古道西风瘦马。夕阳西下，断肠人在天涯"中凄凉悲苦的意境，体验"从百草园到三味书屋"的童真童趣，感悟"天生我材必有用，千金散尽还复来"的豪迈洒脱，观赏书法家与画家的铁画银钩、笔精墨妙，在艺术的熏染下体验生活、感悟生命，与作者产生情感共鸣，从而引导学生树立正向的学习态度、生活态度与人生态度，认真努力地做好自己。教科书的重要功能之一在于引导学生看到更多美好的事物，激发学生对生活的热爱、对理想的追求。对艺术美的态度不仅在于让学生学会欣赏美，还须引导其表达美、创造美。表达美与创造美的前提是具有一双发现美的眼睛，而发现美的眼睛是基于学生的一切向好的态度与倾向。静态文本的教科书为学生呈现了具有艺术美的知识内容，和谐统一地培养学生的真、善、美。

（五）关于对形式美的态度

哲学上，形式与内容是相对的，形式美是相对于内容美而言的，美离不开形式，美只能通过具体形式来体现内容，形式美既有构成美的事物的自然质料，又体现着一定的美的具体原则③。上述自然美、社会美、科学美、艺术美都属于内容美，教科书的内容美非常重要，但教科书的形式美也同样重要，教科书的装

---

① 陶功定. 美学 ［M］. 北京：科学技术文献出版社，1987：27.

② 刘景超. 教科书美学 ［M］. 广州：广东教育出版社，2019：84－90.

③ 同①29.

帧、封面设计、目录设计、体例排版、文字设计、插图设计等视觉传播设计无不渗透着美的元素，符合学科知识的特点、学生认知发展的心理规律。教科书的形式美会对学生的学习态度产生什么样的影响呢？学生对教科书的第一印象是通过教科书的装帧与对封面设计的直接感观而形成的。装帧设计合理、封面符合学生认知规律的教科书更能够引起学生的学习兴趣，让学生产生想学习的欲望，做出迫不及待打开教科书的动作，具有启动与指向某一行为倾向的作用。当打开教科书，学生看到设计合理的目录，一目了然地明晰这学期要学的知识内容。虽然对于第一学段的学生来说，看目录可能达不到了解知识概貌的效果，但至少可以看出这一单元要学习什么，下一单元又要学习哪些内容。就单元内容而言，字体字号、行间距大小、插图与内容的配比设计、语言表达、体例与排版等均会影响学生对于教科书的观感与态度，如果字号过小、行间距过于紧密，不符合学生的用眼卫生要求，易造成视觉疲劳，不利于学生阅读，势必影响其阅读的效率与兴趣，便难以让学生以积极的态度使用教科书。虽然教科书的外在形式美并不与知识内容直接相关，但其外在形态与形式却着实会影响学生对教科书使用的态度，进而影响学习效果。教科书编写者在教科书形式美上所需做的便是设计符合学生心理发展规律与学科知识特点的教科书，便于学生的阅读与使用，以期对学生的全面发展产生积极影响。

第四节　教科书中的价值观要素分析

与态度一样，价值观也属于个性心理倾向。符合个体需求的内容就认为是好的或合适的，反之，则是不好的或不合适的，是个体对某一事物作出的价值评价，而形成的关于这一事物价值的看法，就是价值观。依据前文对价值观的分析，如果从价值观系统来进行理解的话，可从世界观、社会观和个人观三个层面进行解析，其中，世界观包括宇宙观、理想的社会结构、人类观等方面；社会观包括人际关系与规范、人的社会化、社会分配与公正、科技观、亲情观、友情观、爱情观等方面；个人观包括个体的思维方式、行为方式与准则、自我目标、个体的优良品质、个体与环境的关系、个体与社会的关系等方面。各科教科书有大量关于价值观的内容，以分科的形式综合地引导学生形成正确的价值观。价值观的内容大多与情感、态度紧密相关，形成了浑然天成的整体。

一、关于价值观体系中的世界观

世界观是个体对于世界的认识和看法。世界原初是什么样子的、浩渺宇宙是什么样子的、人类世界是如何共存的等一系列问题被一一涵盖在教科书当中，为学生展示了自己生活情境之外的更多知识与内容，拓宽了学生的视野，使其展开想象的翅膀建构世界的样子，在此基础上形成自己关于世界的认识与看法。各科教科书中有大量关于世界观的内容，内涵丰富，涉及面较广，这里主要从宇宙观、人类观和国家观三大方面探求教科书中的世界观。

（一）关于宇宙观

教科书从第一学段开始就注重培养学生树立正确的世界观，对世界观的培养首先需引导学生科学认识宇宙，树立正确的宇宙观。以部编本语文教科书为例，语文教科书一至九年级的内容中有诸多涉及宇宙观的内容（表8－2），帮助学生认识我们赖以生存的地球，并由地球扩展到更广阔的宇宙空间，感受地球的广袤和宇宙的浩瀚。部编本语文一年级上册《小小的船》"弯弯的月儿小小的船，小小的船儿两头尖。我在小小的船里坐，只看见闪闪的星星蓝蓝的天"，这首由叶圣陶先生写的诗歌，韵律和谐，语言优美明快，通俗易懂，极具想象力，充满了童趣，引发学生对夜空的无限遐想和美好期待。学生读着这首诗，思绪便会被带到浩渺的太空，渴望了解"月亮"的特性，明晰月亮与地球的关系。地球作为宇宙当中的一颗星球，是人类赖以生存的共同家园。在远古时代，人类是如何征服自然的呢？这便有了诸多的神话与传说，女娲是中国神话中家喻户晓的人物，在中华传统文化中具有重要的地位。《后羿射日》《女娲补天》等神话讲述了远古时代，世界陷入各种的自然灾难之中，后羿、女娲等不忍生灵涂炭，想尽办法、拼尽全力，挽救了天下万灵的感人故事。学生在学习中国神话，体验中国传统文化魅力的同时，也认识到人类是改造自然的积极能动者，有着大无畏的斗争精神，并在此过程中学习尊重自然规律，这样便实现了知识内容的升华。关于保护地球，在部编本道德与法治教科书中也有大量的体现，比如在六年级下册第二单元"爱护地球 共同责任",主要从"地球——我们的家园"和"应对自然灾害"两个方面认识我们生活的星球,并树立保护地球的环保意识,结合现实情况,引导学生理解保护自然环境、保护地球的重要价值与意义。部编本语文六年级上册《宇宙生命之谜》引导学生站在更宏大的宇宙视角来深入了解人类自己生活的地球的"前世",让学生意识到地球也是有生命的,作为地球一份子的我们,应该力所能及地为地球的美丽贡献自己的微小力量,倡导学生树立爱护地球、保护环境的意识,体会科学家探索宇宙奥秘的认真与努力。因此,教科书引导学生形成正确的宇宙观,不仅在于引导其开阔视野,了解宇宙的起源、演化和认识我们生存的地球,树立保护环境、爱护地球的意识,更在于感悟人类在认识与探索宇宙过程中所形成的坚韧不拔的拼搏精神,求真务实的科学精神、科学思想和科学方法。

表 8 - 2　部编本语文教科书一至九年级涉及宇宙观的相关内容

学期	题目	板块
一年级上册	小小的船	课文
二年级下册	祖先的摇篮、当世界年纪还小的时候、后羿射日	课文
三年级下册	我们奇妙的世界、海底世界、火烧云	课文
四年级上册	盘古开天地、精卫填海、普罗米修斯、女娲补天	课文
四年级下册	琥珀、飞向蓝天的恐龙	课文
	嫦娥	日积月累
	很久很久以前	快乐读书吧
五年级上册	猎人海力布、牛郎织女（一）、牛郎织女（二）	课文
六年级上册	宇宙生命之谜	课文
六年级下册	迢迢牵牛星、十五夜望月、鲁滨孙漂流记（节选）、骑鹅旅行记（节选）	课文
七年级上册	天上的街市	阅读
七年级下册	太空一日、带上她的眼睛	阅读
	海底两万里	名著导读
八年级下册	大自然的语言、阿西莫夫短文两篇（恐龙无处不有、被压扁的沙子）、大雁归来、时间的脚印	阅读

（二）关于人类观

人类观是人们对于人类的认识和理解，在此基础上形成的客观理性的看法。18 世纪产业革命以来，经济扩张的影响在不同的地方和不同的社会集体是大不相同的，但大众媒体和控制系统的革命却影响着每个地方的每个人，科学技术革命使得知识与训练有了全新的意义，使人类在思想上和行为上获得许多全新的内容和方法，并且是第一次真正具有普遍意义的革命①。在人类生存的世界越来越成为地球村的今天，教科书有责任引导学生树立理性的人类观，为人类的和平与发展添砖加瓦。教科书关于人类观的内容在义务教育第二、三学段开始出现，部编本道德与法治六年级下册第四单元"让世界更美好"，主要包括科技发展造福人类、日益重要的国际组织、我们爱和平三部分内容，这一单元让学生对人类世界形成全貌性的认识，人类在对世界的不断探索中，推动人类社会的进步，不断改变人类的生产与生活方式；在地球村生活的人类，需要建立国际性组织来处理国际事务，使人们能和平、友好地生活在一起。那么，生活在地球村的人类，应如何友好相处呢？"和平、发展、公平、正义、民主、自由，是全人类的共同价值，也是联合国的崇高目标……当今世界，各国相互依存，休戚与共。我们要继承和弘扬联合国宪章的宗旨和原则，构建以合作共赢为核心的新型国际关系，打造人类命运共同体。②"在构建人类命运共同体的今天，教科书积极更新与增加内容，地理教科书的"世界的居民""人类共同生活的世界"、部编本道德与法治九年级下册第一单元"我们共同的世界"和第二单元"世界舞台上的中国"等相关内容，使学生理解我们生活在一个共同的村落——地球村，每一个国家、每一人类个体都紧密相连，在人类命运共同体中我们同呼吸、共命运。在此基础上，引导学生理解世界舞台上的中国，中国作为人类命运共同体中的一员，与世界紧密相连，与世界共同发展。

（三）关于国家观

国家观是人们形成的对于国家的认识、理解与看法。国家是世界的基本单

---

① 联合国教科文组织国际教育发展委员会. 学会生存：教育世界的今天和明天 [M]. 华东师范大学比较教育研究所，译. 北京：教育科学出版社，1996：5.

② 习近平. 携手构建合作共赢新伙伴，同心打造人类命运共同体 [EB/OL]. [2018 - 10 - 20]. www. xinhuanet. com/politics/2015 - 09/29/c_11167036456. htm.

元，引导学生了解国家，树立正确的国家观念是树立全面理性世界观的基础与前提。教科书在内容选择上体现国家的教育目的，教科书是国家意志、民族文化、社会进步和科学发展的集中体现，是实现培养目标的最直接载体①，承担着传承民族文化、推动社会进步与科学发展的社会使命。通过培养合格公民、推动社会文化进步与科技创新发展，彰显教科书知识的国家价值与社会意义。众所周知，语文与历史教科书中有大量关于国家观的内容，地理、道德与法治等教科书也涉及诸多国家观方面的内容。地理教科书中主要从自然与人文两大方面介绍世界各国的情况。例如，人教版地理教科书七年级下册的"我们邻近的地区和国家""东半球其他的地区和国家""西半球的国家""极地地区"，八年级上册与下册主要是中国地理。部编本道德与法治五年级下册第三单元"我们的国土 我们的家园"包括我们神圣的国土、中华民族一家亲等内容；八年级上册第四单元"维护国家利益"包括国家利益至上、树立总体国家安全观、建设美好祖国等内容；九年级上册第一单元"富强与创新"包括踏上强国之路、创新驱动发展等内容；第四单元"和谐与梦想"包括中华一家亲、中国人 中国梦等内容。这些内容引导学生了解世界各国与中国的自然地貌、国家建制、法律法规、风土人情与传统文化，认识世界格局及中国在世界中的位置，从而热爱祖国的大好河山、中华优秀传统文化，体悟中国历史的辉煌、中华民族的伟大。教科书在引导学生全面认识国家，树立正确国家观的同时，也有助于学生树立正确的历史观与民族观，强化国家安全意识、宪法意识与团结意识，激发学生勤奋努力，树立坚定的理想信念，为建设富强、民主、文明、和谐、美丽的社会主义现代化国家，实现中华民族伟大复兴的中国梦，为壮丽的共产主义事业而努力奋斗。

二、关于价值观体系中的社会观

与世界观不同的是，价值观体系中的社会观更加强调社会分配与公正、人际交往礼仪的社会规范，强调人的社会化中的亲情观、友情观、爱情观，推动社会进步和发展的科技观等方面的内容。这些内容在教科书中以不同形式、不同形态呈现出来，关于亲情观、友情观和爱情观在前文的情感部分已经详细论述，在此

① 石鸥，石玉. 论教科书的基本特征 [J]. 教育研究，2012（4）：92.

便不再赘述。因此，这里主要从社会规范和科技观两大方面分析教科书内容对学生心理发展的影响。

（一）关于社会规范观

教育在发挥个体教育功能的表现之一是促进个体的社会化，所谓个体的社会化是根据一定社会的要求，把个体培养成为符合社会发展需要的具有一定知识、技能、态度、情感和信仰结构的人，具体表现在促进个体思想意识的社会化、促进个体行为的社会化、促进角色和职业的社会化①。教科书是承载与实现教育目的的重要载体，如何促进个体社会化功能的实现是教科书需要考虑与关注的重要方面。教科书中有大量内容教学生了解班级、学校的规范及国家的法律法规以规范个体的行为，引导学生探究社会发展规律，明白人民群众是社会历史的创造者。

首先，教科书教会学生遵守班级班规。如部编本道德与法治二年级上册第二单元"我们的班级"、四年级上册第一单元"与班级共成长"、七年级下册第三单元"在集体中成长"等内容使学生懂得爱自己的班级，每个班级生活都有一定的规则，身在班集体中的每个人都必须遵守；引导学生设计自己班级的班徽，制订自己班级的班规。班徽、班规是班级文化的重要象征，是凝聚班级向心力的积极举措，学生之间鼎力合作，共同绘制属于班级的班徽与制订班规，让学生理解班规的适用性、执行性与例外性，在实践中不断改进与完善班规，并使学生明确每个班级都是学校大家庭中的一员，班级之间应相互交流与合作，共同创造美好的校园生活。这些将有助于形成积极向上、团结奋进的班级氛围，有助于学生归属感的培养，有助于在班级里健康、愉快、安全地学习和生活。

其次，教科书教会学生遵守社会规范。作为社会成员，每一个人在社会公共场所都不能为所欲为，须遵守社会规范和秩序，这是个体社会化的重要方面。部编本道德与法治二年级上册第三单元"我们在公共场所"为学生展示公共场所哪些行为是允许的，哪些行为是不允许的，引导学生保持公共卫生，遵守公共秩序；五年级下册第二单元"公共生活靠大家"，鼓励学生积极参与社会公共生活，为建设和谐社会奉献自己的一分力量；八年级上册第一单元"走进社会生

---

① 全国十二所重点师范大学联合编写. 教育学基础：第 3 版 [M]. 北京：教育科学出版社，2014：4 - 43.

活"、第二单元"遵守社会规则"、第三单元"承担社会责任"教会学生遵守和维护社会规则，做诚实守信、礼貌待人、守法、有责任担当的公民。这些内容由浅入深地让学生懂得作为社会成员，我们每个人的成长都离不开社会，我们需要在生动鲜活的社会课堂中学习、体验和成长，在异彩纷呈的社会实践中锻炼、提升与发展。在这一过程中，社会个体在父母养育、同伴帮助、老师教诲和社会关爱等之下逐渐获得知识，不断提升能力，不断增强规则意识，日渐完善价值观念。

最后，教科书教会学生遵守国家法律法规。教科书不仅传授学生知识与方法，培养学生能力，还教育学生从遵守班规、遵守社会规范这些内容拓展到遵守国家法律法规，做一个知法懂法守法的好公民。如部编本道德与法治六年级上册第四单元"法律保护我们健康成长"、七年级下册第四单元"走进法治天地"、八年级下册第一单元"坚持宪法至上"、第二单元"理解权利义务"、第三单元"人民当家作主"、第四单元"崇尚法治精神"等内容引导学生理解中国的社会结构与法律法规，引导学生在社会生活中学会依法行使公民权利与履行义务，提升学生的法治意识与法律素养，了解社会公平、公正与正义，做知法懂法守法且有社会道德感的好公民。

（二）关于科技观

科技观是人们对科技的认识和看法。在科技迅猛发展的今天，科技推动社会变革与创新，改变着人们的生活方式。如何引导学生形成关于科技的正确看法，学校教育在行动，教科书知识内容在时代发展中不断更新与完善，增加了许多关于现代新科技的内容。人教版语文五年级上册第十一课《新型玻璃》、部编本语文二年级下册《太空生活趣事多》、三年级下册《纸的发明》、四年级下册《飞向蓝天的恐龙》《纳米技术就在我们身边》《千年梦圆在今朝》，快乐读书吧板块"十万个为什么"，六年级上册《宇宙生命之谜》，七年级下册《太空一日》《带上她的眼睛》，八年级上册《一着惊海天——目击我国航母舰载战斗机首架次成功着舰》、道德与法治三年级下册第四单元"多样的交通和通信"、八年级上册第一单元第二课《网络生活新空间》等，这些内容不仅带领学生领略中国古代科技文明的先进与古人的智慧，让人惊叹于中国古代科技的发达与辉煌，这些内容也加入了符合时代发展需求的新知识，使学生徜徉在现代科技的海洋中，感受新科技、体验新科技、畅想新科技。如《千年梦圆在今朝》和《太空一日》这两篇选文，前者论述了中华民族几千年来一直有飞离地球、遨游太空等梦想，讲述了从"嫦娥奔月"的神话故事开始，中华民族孜孜以求，不断尝试与探索，再到新中国成立后准备发射人造卫星，同时探索载人航天技术，经过十余年的不懈努力，"神舟五号"载人飞船被成功送上太空，随后我国正式实施月球探测工程——"嫦娥工程"，做出了一系列卓有成效、震惊世界的发明创造；后者是"神舟五号"载人飞船的亲历者杨利伟形象生动地讲述自己在太空一日的经历，让人身临其境，也让人对科技工作者与航天员的工作由衷地敬佩。教科书使学生了解到科技的快速发展，揭开科技的神秘面纱，鼓励学生积极钻研与探索，合理利用科技为人类生存与社会发展造福。《网络生活新空间》告诉学生在网络高速发展的今天，日新月异的互联网、信息技术变革着社会生产，也为人类生活创造了新的空间，学会理性使用互联网，做网络生活的主人，不沉迷网络、积极生活是学生合理使用网络的理性态度，也是学生应该具备的信息素养与价值观念。

三、关于价值观体系中的个人观

个人观是个体对自己的认识和理解，包括个体的思维方式、行为方式与准则、自我目标、个体的优良品质、个体与环境的关系、个体与社会的关系等方面。作为社会成员的个体，个人在社会化的同时，也在进行着个体化的过程，这一过程对社会而言，使个人更加具有鲜明的个性与差异性；对于个体而言，使个体更加明晰生命的意义、认识自我及懂得合理使用外界物质。教科书引导学生成为自主独立的个体，以形式多样的内容表现个人观。个人观的内容涉及很多方面，有些内容较为分散，如培养学生善良、正直、诚信等优秀品质这些内容就散见于教科书各部分内容中，且这些内容与前文情感部分详细论述的"认识自我、完善自我"内容有重合之处。为了展开聚焦式探究，本部分主要从生命观、金钱观两大方面展开论述。

（一）关于生命观

生命观是个体对于生命的认识和看法，每个人对生命都有着自己的思考与解读，或积极或消极。如何引导学生积极对待生命，形成积极向上的生命观是教育的目标与任务，也是教科书编写者需要考虑的问题。

1. 教科书教会学生认识生命

认识生命让学生理解生命对于每一种生物都只有一次，生命经历孕育、出生、成长、死亡的发展历程。义务教育第一学段的教科书在引导学生对于生命的认识上，主要是从身边的植物、动物着手设计内容，这与学生当时具体思维占据主导的认知发展情况相契合，如苏教版语文教科书《看菊花》《小动物过冬》《蚕姑娘》《燕子》《变色龙》《金蝉脱壳》①、人教版语文教科书《小熊住山洞》《小壁虎借尾巴》《棉花姑娘》《小蝌蚪找妈妈》、部编本语文教科书《棉花姑娘》《小壁虎借尾巴》《大象的耳朵》《蜘蛛开店》《青蛙卖泥塘》《小毛虫》等选文都在向学生展示不同动物或动物的生长过程及生命特性，如《小壁虎借尾巴》讲述了小壁虎因挣脱蛇的追咬，尾巴断了，它千辛万苦地找人借尾巴，在不知不觉中自己的尾巴竟然长出来了，使学生知道壁虎的尾巴可以再生，掌握了壁虎的生长规律。通过学习《小毛虫》，"时辰到了，小毛虫清醒了过来，再也不是以前那条笨手笨脚的小毛虫。它灵巧地从茧子里挣脱出来，惊奇地发现自己身上生出了一对轻盈的翅膀，上面布满色彩斑斓的花纹"，学生知道了昆虫从幼虫到破茧成蝶的成长历程，了解到昆虫的生长规律。这些内容不同程度上引导学生理解：大千世界中除了人之外，还有很多动物、植物等其他生命存在，这些生命的生活方式、生活习性与人类不同，与人类一起共同创造了美丽的地球。部编本道德与法治七年级上册第四单元主题为"生命的思考"，第八课为《探问生命》，对"生命"这一话题的探讨是严肃而深沉的，这一课先从"生命可以永恒吗"着手，让学生理解生命长度的有限性，生命来之不易，富有活力、千姿百态的生命是大自然的奇迹，让地球焕发生机。每个人的生命也来之不易，是属于我们自己的幸运。任何个体的生命都是独特的，每个人都是独一无二的，有着属于自己的不可替代的人生道路。在活动探究中了解生命不是断裂的，而是相互接续与传承的，每个人的生命不仅仅是"我"的生命，还是"我们"的生命，生命的传承关系使学生深刻地认识与面对自己的生命，学会保护"我"的生命，这是对自己负责；学会保护"我们"的生命，这是对自己家庭负责，在认识生命中学

---

① 李娜. 小学语文教科书选文中的生命教育研究：以苏教版为例 ［D］. 南京：南京师范大学，2011：9.

会热爱生活，懂得感恩，感受生命中的美好与感动。

2. 教科书引导学生懂得敬畏生命

敬畏生命是个体在珍视生命的基础上而产生的对生命的敬重，人作为生命最高形式的存在，具有生命自觉和自为的意识。个体生命的生存需要一种高度自觉的情感意识，这种意识就是"敬畏"[1]。敬畏生命是作为社会性的人应具有的意识和观念，是生命观的重要表征，是人类道德中善的体现，"善是保持和促进生命，恶是阻碍和毁灭生命，如果我们摆脱自己的偏见，抛弃我们对其他生命的疏远性，与我们周围的生命休戚与共，那么我们就是道德的。只有这样，我们才是真正的人；只有这样，我们才会有一种特殊的、不会失去的、不断发展的和方向明确的德性"[2]。当我们对生命怀有敬畏之心时，我们便会意识到生命的宝贵，就会珍视生命。生命价值应该是高于一切的，每个人需要看到自己生命的重要性，敬畏自己的生命，同时也需承认他人及其他生物的生命和我们自己的生命同等重要，同样值得我们敬畏。这样一来，敬畏生命更重要的是让我们学会更好地与他人、与动物、与植物、与大自然友好地相处。在生活中常怀感恩之心、学会关爱他人、懂得同情与换位思考、有自尊感、有责任感、有教养、仁慈等品质是敬畏生命所需要的人格特质。我国的教育目的是将学生培养成德智体美劳全面发展的社会主义建设者和接班人，培养学生必备品格和关键能力的核心素养是实现教育目的的有力举措。教科书是落实核心素养的关键载体，教科书中包含大量关于感恩、关爱、同情、合作、责任感、善良、诚实、助人为乐的相关内容，这部分内容在情感与态度部分都进行了详细论述，这里不再赘述。价值观作为个体行为的导向，其中必然包含情感与态度的内容。中国传统文化中有丰富的关于为人处世的内容，教科书编写者有目的地将其选入教科书当中，如部编本语文教科书中选择《论语》的"己所不欲，勿施于人""与朋友交，言而有信""人无信不立"等内容，引导学生诚实守信。诚信是学生在与他人相处时应具有的品质，使其能看到他人，更能看到自我，从而在更高层面产生敬畏之情。

---

① 杨洛. 初中语文教科书中的生命观研究 [D]. 武汉：华中科技大学，2013：20.

② 阿尔贝特·史怀泽. 敬畏生命 [M]. 陈泽环，译. 上海：上海社会科学院出版社，1995：19.

3. 教科书引导学生学会珍视生命

教科书在教会学生认识生命的基础上，引导学生珍视生命，懂得生命的珍贵。第一，教科书需要引导学生树立生命平等的意识，这是珍视生命的基础与前提。义务教育第一学段的内容相对浅显易懂，主要通过小动物、植物等引导学生了解生命，学会珍视生命。随着学段的提升，"生命"在教科书中被赋予更多的内涵与意义，使学生体悟生命的情感与智慧，从而全方位地理解生命并珍视生命。人教版语文六年级上册第七组的单元导语"和人一样，动物也有自己的爱憎，自己的智慧，自己的情怀"，《老人与海鸥》《最后一头战象》等一组选文讲述了人与动物、动物与动物间的感人故事，《最后一头战象》中"大象是一种很有灵性的动物，每群象都有一个象冢，除了横遭不幸暴毙荒野的，它们都能准确地预感到自己的死期，在死神降临前的半个月左右，会独自走到遥远而又神秘的象冢里去"，使学生深刻感受到动物丰富的情感世界，认识动物的可爱与感人，树立起生命平等的意识。第二，教科书教会学生珍惜时间。"时间就是生命"运用暗喻的修辞手法说明时间的有限、短暂与流逝的飞快，而人的生命标尺的重要指标便是时间，这样将两者巧妙地结合起来，告诉我们珍惜时间就是珍惜生命。部编本语文一年级下册《一分钟》"丁零零，闹钟响了。元元打了个哈欠，翻了身，心想：再睡一分钟吧，就睡一分钟，不会迟到的……到了学校已经迟到了，李老师看了看手表，说'元元，今天你迟到了二十分钟'"，这篇选文告诉学生要有时间观念，学会珍惜时间。珍惜时间从另一个侧面就是珍视生命。部编本语文八年级下册第八课《时间的脚印》开篇引用了高士其的《时间伯伯》"时间伯伯，你是最伟大的旅行家，你从不犹豫你的脚步，你走过历史的每一个时代"，说明时间流逝不可逆转。第三，教科书教会学生乐观面对挫折。人的生命不是一帆风顺的，生活中难免会遇到阻碍、失败等挫折。教科书的内容引导学生积极面对挫折，学会自我调节和自我修复，发掘生命的力量，这是生命由内而外迸发的力量。部编本道德与法治七年级上册第九课为《珍视生命》，教导学生从爱护身体和满足精神需求两方面学会守护生命，做好自己生命的守护者，指导学生学会关注自己的身体，养成积极健康的生活方式，这是对生命负责任的态度，引导学生过富足的精神生活，满足自己的精神需求。在此基础上，引导学生学会乐观面对生活中的挫折，学会自我调节、学会寻求帮助，培养自己面对挫折的勇气和坚强的意志，增强生命的韧性，让生命焕发内在活力。

4. 教科书引导学生探寻生命的价值

生命的价值是什么呢？生命中哪些东西值得珍惜、值得追求？我们应该怎样度过一生呢？这是对"生命"话题的终极拷问，是在认识生命、敬畏生命和珍视生命的基础上，进一步深层次地探究生命的价值与意义。如何去寻求生命的价值与意义呢？个体确立高远的人生理想与目标并努力为之奋斗是寻求生命意义与价值的一种方式。人教版语文八年级上册《钢铁是怎样炼成的》，部编本语文八年级下册第六单元名著导读板块"《钢铁是怎样炼成的》：摘抄和做笔记"中引用了长篇小说《钢铁是怎样炼成的》中激动人心的、被千千万万青年人引以为座右铭的一段文字："人最宝贵的东西是生命。生命对于我们只有一次，一个人的生命应当这样度过：当他回首往事的时候，他不因虚度年华而悔恨，也不因碌碌无为而羞愧——这样，在临死的时候，他能够说：'我整个的生命和全部精力，都已献给世界上最壮丽的事业——为人类的解放而斗争。'"这段话是保尔·柯察金的内心真实写照，告诉学生学会克服困难、战胜自己，把自己的理性追求与人民的利益、祖国的强大联系起来，才能成为创造奇迹的"钢铁"战士。据此借助教科书引导学生树立崇高的理想，在满足人民利益与追求国家富强中探寻自我的生命意义。类似的内容还有很多，周恩来总理小时候树立"为中华之崛起而读书"的宏图远志，激发学生树立崇高的理想，在实现自我人生价值与目标的同时，为祖国的繁荣富强昌盛，为中华民族伟大复兴贡献自己的力量，为保护人民和国家的利益勇于担当。教科书引导学生树立生命至上观念，在学会自我保护的同时，也要具备维护人民利益和国家利益的意识与观念，必要时转化为实际行动。部编本语文五年级下册第四单元导语引用民族英雄林则徐的"苟利国家生死以，岂因祸福避趋之"，引导学生树立国家意识和整体观念，维护国家和人民利益，做有担当的中国人。教科书具有价值引导的作用，教会学生热爱国家、与人友好相处，引导学生关切人民和祖国的利益。教科书关于奉献自我的内容相对较多，逐渐引导学生学会自我保护的同时更好地奉献自我。人教版初中语文教科书1981—1983版共有33篇选文与勇于牺牲紧密相关，七年级、八年级、九年级分别是11篇，关于自我保护的内容为0篇；人教版初中语文教科书1992—1995版共有30篇选文与勇于牺牲紧密相关，七年级、八年级、九年级分别是12篇、

10 篇和 8 篇，关于自我保护的内容为 0 篇；人教版初中语文教科书 2010—2011 版共有 24 篇选文与勇于牺牲紧密相关，七年级、八年级、九年级分别是 11 篇、8 篇和 5 篇，关于自我保护的内容为 11 篇，七年级、八年级、九年级分别为 4 篇、4 篇和 3 篇①。部编本语文二年级下册第五课《雷锋叔叔，你在哪里》："沿着长长的小溪，寻找雷锋的足迹。雷锋叔叔，你在哪里，你在哪里……乘着温暖的春风，我们四处寻觅。啊，终于找到了——哪里需要献出爱心，雷锋叔叔就出现在哪里。"这篇选文体现了雷锋叔叔为人民利益不惜牺牲自我的英勇品质，引导学生树立为人民服务的价值观念和乐于奉献的高尚情操。部编本道德与法治七年级上册第十课《绽放生命之花》让学生理解生命的意义，敞开自己的胸怀，不断地尝试与他人、与社会、与自然建立联系，生命的道德体验就会不断丰富，增强生命的感受力、理解力与深刻性，在不断自我探寻中活出生命的精彩，使自我的生命越发丰盈与绽放。

（二）关于金钱观

金钱观是关于人们对金钱的认识、看法、态度的总和，是人生价值观的重要组成部分。重义轻利是中华民族传统的金钱观，随着时代的发展与西方思想的影响，重义轻利的传统观念逐渐受到冲击，拜金主义、利己主义开始滋长，影响着新生代的金钱观和义利观，使其愈来愈功利与自私。如何引导学生认识金钱，合理利用金钱，是教育需要关注的内容，教科书内容势必会反映金钱观。

教科书在对学生金钱观的引导上，呈现出由浅入深的规律。首先，义务教育第一学段先教会学生认识人民币，学会人民币不同单位之间的换算与简单的计算规则，这是合理使用金钱的基础。人教版数学教科书一年级下册第五单元"认识人民币"，引导学生认识人民币面值，学会不同单位间的换算与计算，让学生形成关于货币的基本概念与认识，并回顾我国货币历史，了解不同朝代货币的种类与造型，同时知晓人民币是我国目前流通的法定货币。其次，进入义务教育第二学段，学生习得了初步的社会技能，掌握了一些知识与技能后，能独立地从事一些活动，比如购物。如何做个理智的消费者呢？这一学段旨在教会学生合理消费，做理性的消费者。道德与法治四年级下册第二单元主题为"做聪明的消费

---

① 杨洛. 初中语文教科书中的生命观研究 [D]. 武汉：华中科技大学，2013：26 – 33.

者"，教给学生购物的学问，学习正规商品的辨识，认识产品的标签或标志，查看生产日期和保质期，避免购物中的一些小麻烦，指导学生文明购物。做文明的消费者，这是必要的行为规范，也是社会道德的基本要求。对于网络购物，学生也要学会辨识和判断，避免陷入消费的不利境地，引导学生学习《中华人民共和国消费者权益保护法》相关条款，在购物中遇到侵犯自己权益的行为，要有维权意识，维护自身合法权益。在购物时应该购买什么？应该购买多少？这就涉及合理消费的话题，学生要学会计划，与父母一起协商决定需要购买的东西，做到量入为出，有计划消费，而不是入不敷出的过度消费，从而树立理性的理财观念；同时也应让学生明晰合理消费并不是舍不得花钱，把钱都省下来，而是在有计划地量入为出的基础上满足生活需求，使生活有品质。随着物质生活的极大丰富，要引导学生反对铺张浪费，教科书中以"算一算""阅读角""说一说""相关链接""小调查"等形式让学生了解生活中原本很多的浪费可以避免，引导学生养成勤俭节约的好习惯，这是中华民族的传统美德。最后，进入中学阶段，教科书内容难度比前面学段有所提高，关于金钱观的内容也更加深刻。教科书带领学生了解更深层的经济制度、社会经济规律等内容，并鼓励学生学会反思自己的金钱观，这是自我意识完善的重要组成部分。人教版语文九年级上册第五单元"写作·口语交际·综合性学习"的主题是"金钱，共同面对的话题"，以一段话作为这一板块内容的导引："金钱是什么？哲人说：'金钱是一个债主，借你一刻钟的欢悦，让你付上一生的不幸。'老百姓说：'金钱是饭，是衣，是车，是房。'在我们的工作和生活中，每个人都会接触到钱，也都离不开钱。但是，对于金钱，你了解多少？你认为应该以怎样的态度对待金钱呢？"开启这一板块内容的学习，使学生在研读中了解"钱的过去、现在和未来"，在"众口纷纭话金钱"的研讨中体验"我也来当一回家"，旨在引导学生合理安排家庭开支，建立家庭收支账目，感悟"当家"的不易，以调查报告的形式了解同学的消费状况是怎样的、造成消费不合理的原因是什么、有哪些值得深思的问题等指导学生在调查中自我反思，树立正确的金钱观，养成合理计划消费支出的意识与能力，增强科学理财的意识。人教版思想政治必修一经济生活，涉及货币及其本质、多变的价格、消费类型及影响因素、生产与经济制度、收入与分配、发展社会主义市场经济、经济全球化与对外开放等内容，使学生从微观到宏观了解经济的运行特点与规律，懂得基本的经济供求关系与货币规律。

结语

指向心理学化教学的教科书使用

教科书引领学生求真、粹美、向善，成就健全人格，养成核心素养，教科书应该也必须考虑学生的心理发展因素。教科书编写在依据课程标准、遵循国家意志与社会发展要求的同时，将学生心理发展与认知发展特点和规律作为编写的重要依据，能在一定程度上提升教科书编写的科学性。教科书编写的心理学化有助于推进教科书使用的心理学化，促进心理学化教学。换言之，教科书的编写是严格审视学生认知要素、非认知要素并与知识内容有机整合的过程，教科书的使用是促进师生主体与知识内容进行多元交互的过程，是心理学化教学的实践过程。

第一节　心理学化教学的内涵

教科书作为教学的重要文本，教科书编写的文本质量影响着教学的成效。教师和学生"组合"而成的课堂教学互动主体，不只是单纯的知识传授与学习，更是主体间的心理交互，促进心理学化教学的实现。

一、关于心理学化教学的相关研究

教育实践领域的心理学化自赫尔巴特开始一直在探索和研究，不同心理学流派的研究者从不同视角展开了各自的研究与思考，形成了不同的研究成果。目前，关于心理学化教学的相关研究，主要有以下三类。

第一，教学是为学生行为改变提供适合的情境。行为主义心理学家采用刺激S—反应R来解释个体的学习，具体到学校教育的课堂教学，行为主义强调通过观察学生的外显行为来了解学生学习的状态，行为就是有机体所正在做的事情——说得更确切些，就是被另一机体观察到的它所正在做的事情——更中肯的说法是，行为是一个机体的机能中用以作用于外界或和外界打交道的那个部分①。行为主义将学生可观察到的行为作为评判学习效果的依据，通过强化激发学生学习，提升学习成效。教育的作用就是通过控制行为形成的环境条件，促使学生形成社会文化所要求的言行。在教育学生的活动中，如能针对性地控制好学生行为形成的环境条件并进行积极的强化，则可促使学生形成良好的行为；控制好失调行为形成的环境条件以及给予负强化，则可逐渐地使失调行为消退②。操作行为主义心理学家斯金纳认为：教学是教与学两个方面相互作用的过程，教学应该研究并遵循学生的学习心理及规律，只有既符合学生学习的规律，也适应了教学规律的教学才能取得好效果③。行为主义对于促进教师改革教学方式、依据学生特点与教科书内容创设合适的教学情境、关注学生学习的非认知因素具有积极的作用。

第二，教学是促进学生形成认知结构的过程。在认知心理学家看来，教学不是纠正或完善学生的外在行为，而是促进学生内在认知结构的形成与完善。以布鲁纳、奥苏贝尔为代表的认知心理学家，在美国掀起了教学改革的浪潮。关注学生认知结构的形成，这就对教学材料、教师的教学提出了新的要求。布鲁纳强调教学内容的结构在学习中的作用④，强调按照螺旋式上升的方式设计与编排教材内容，提出了学科结构的概念，并指出任何学科都可以以任何形式教给任何年龄段的学生。螺旋式课程编排方式有三个具体要求：符合儿童认知发展特点，教材能适当地加以转换，采用适合促进儿童智慧成长的教学方式⑤。与布鲁纳的认知发现学习有所不同，奥苏贝尔强调有意义接受学习，有意义学习的开展依赖于内

---

① 斯金纳. 新行为主义学习论 ［M］. 章益，辑译. 济南：山东教育出版社，1983：267.

② 李明德. 试论行为主义与教育心理学化 ［J］. 教育史研究，2019（1）：135 – 148.

③ 郭成，张大均. 教学心理学发展的动因及其走向 ［J］. 西华师范大学学报（哲学社会科学版），2008（3）：73 – 77.

④ 布鲁纳. 布鲁纳教育论著选 ［M］. 邵瑞珍，张渭城，译. 北京：人民教育出版社，1989：27.

⑤ 李明德. 试论布鲁纳对教学心理学化的推进 ［J］. 中国教育科学，2017（4）：155 – 165.

外部条件的满足，外部条件中的学习材料必须具有逻辑意义，教科书作为重要的学习材料在设计与编排上应遵循学科逻辑意义，这有助于学生的有意义学习。内部条件上，学习者必须具有有意义学习的心向，主要包括认知内驱力、自我提高的内驱力、附属的内驱力；学习者认知结构中必须具有适当的知识与新知识相联系；学习者必须积极主动地使新旧知识相互作用。学习材料的逻辑意义、学习者已有的认知结构及教师的讲授方法将影响着学生的知识获得、保持和遗忘及迁移。皮亚杰的认知建构主义是对认知学习理论的批判式继承，认为学习是在已有经验基础上，新旧经验相互作用而进行的意义建构过程，通过同化与顺应实现认知的平衡状态。认知学习理论强调已有认知结构在个体学习新知识中的作用，看到了行为主义所没有关注到的内在认知领域，关注了教科书等学习材料在学生记忆与理解知识、应用知识中的作用，为教科书的科学编写与心理学化教学的实践推进提供了理论基础与依据。

第三，强调以生为本的课堂教学理念。人本主义认为认知学习理论是"颈部以上"的学习，课堂教学中忽略了学生的情感体验。人本主义是作为教育教学理念的形式存在的，认为最有用的学习是让学习者学会如何学习，学习的内容是次要的；学习的目的和结果是使学生成为一个完善的人、一个充分起作用的人，使学生的整体人格得到发展；强调以学习者为中心，使学生的个性得到发展、潜能得到挖掘，从而使他们能够以更加愉快、具有创造性的学习和工作为目的。

二、心理学化教学的内涵

教学是师生间心理交互活动的过程，是一个立体多维的内容呈现和实现学生德智体美劳全面发展的过程。因此，心理学化教学是教师结合课程标准与学生心理发展水平，自我理解与把握教科书内容，在课堂教学中能根据学生对教科书内容的反馈创生内容，促进教科书内容与学生经验的深度融合，从而实现教学目标，促进学生核心素养全面提升。

需要指出的是，心理学化教学不是在教科书使用过程中仅关注心理学要素，呈现出心理学倾向，而是使教师在充分了解学生身心发展规律、学科知识特点的基础上合理使用教科书，使学生在教师引导下理解知识、发展思维、锻炼能力、丰富情感态度与价值观等。教科书使用是教科书编写的实践运用，教科书使用能很好地发挥教科书的知识价值，符合学生的认知发展规律等，要求教师掌握一定的心理学、教育学知识，懂得在教学实践中理解与挖掘教科书中的心理学要素，促进教学的心理学化。

第二节　教科书使用视角的心理学化教学

心理学化教学并不是一个全新的概念，而从教科书使用的视角来审视教学，与以往教科书使用的学科知识倾向相比，在教科书使用过程中观照学生认知发展与知识内容的对接，能促进教师更好地教、学生更好地学，很大程度上增强了教学的心理学成分，使教科书使用更加科学，也有助于教科书编写的进一步完善。

一、心理学化教学是对教科书使用的灵活表达

教科书编写的质量在一定程度上影响着教科书使用的效果，教科书使用不是对教科书文本的照搬，而是需要教师在实践中结合学生的认知水平、知识基础、生活背景等进行创造性表达。在教科书使用的各个环节，教师均对教学设计作出灵活表达，彰显教师实践智慧。

首先，在教学前期的备课环节，教师需根据教科书内容、学生认知水平和特点及自我经验，从整体上把握教科书内容的知识框架与逻辑体系，在对教科书知识理解的基础上，开展备课工作。备课中，设计教学流程，哪些内容详细讲解、哪些内容是重点与难点，如何实现教学目标，这是层层推进的过程，是教师对教学所做的周密的设计方案。

其次，在教学过程中，想要静态的教学设计方案更好地实施和运转，有赖于教师强大的教育教学能力。教师借助教育教学能力将专业知识灵活外化，巧妙地运用于教育教学。这一巧妙运用过程中，既有对学科知识的系统化讲解，有教育管理知识的灵活运用，更有心理学理论知识的实践应用。如何判断学生的知识掌握情况、如何借助教科书文本知识促进学生全面发展、如何激发学生对知识学习的兴趣、如何巧妙提问、如何对学生作出积极回应与评价等，这一系列问题均涉

及心理学知识，需要教师在实践中不断磨炼与提升。

最后，在教学之后，教师根据学生的接受情况，布置作业，对于作业布置多少、作业难度的把握均建立在教师对学生全面了解的基础上。同时，根据自己的授课情况，及时做出教学反思。教学反思属于实践性反思，是教学内在自我建构的重要途径之一。美国哲学家与教育家唐纳德·A·舍恩（Donald A. Schon）所提出的"反思性实践"逐渐取代以技术理性为原理指导的技术性实践的路径①。反思性实践即在行动的过程中对行动进行批判性反思的行为，其目的之一是提高对自我思维和行动的自觉②，是教师元认知策略提升的重要途径。反思性实践强调教师主体的参与性与实践性，在"行动中反思，反思中行动"逐渐成为教师教育的主流模式。在教学活动后，教师积极主动地将教学活动中的收获以反思笔记、成长日志等形式记录下来，这种记录本身就是教师自我开展的内在反思，有利于充实教师的知识结构体系，锤炼专业能力，提升专业素养。教师的教学反思有助于教师觉察自我、审视教科书及外部情境，是教师与情境的社会性互动及与自我的内在互动的同一过程，是教师进行知识管理的过程，引发教师知识形态的转型，使内隐于心的未被觉知的知识转化为显性知识，促进教师实践性知识的生成与教学智慧的提升。

二、心理学化教学应是真善美和谐统一的教学活动

教学是教师引导学生求真、向善、粹美的过程，致力于培养德智体美劳全面和谐发展的个体，培养学生的创新意识、创造能力和健全人格。要实现这一培养目标，教学活动需要将科学与艺术紧密结合，这有赖于教师对心理学理论知识的实践应用，是全方位立体育人的体现。

第一，以心理学为理论依据的教科书编写是真善美和谐统一的教学活动开展的前提和基础。教科书中的知识是从人类文明中摘取的、有利于当代学生学习的内容，是人类智慧的结晶，巧妙地彰显着真、善、美。各科教科书虽然有着不同的学科体系、知识逻辑，但在落实立德树人根本任务上是一致的。教科书是开展

---

① Donald A. S. The Reflective Practitioner: How Professionals Think in Action ［M］. New York: Basic Books Inc. , 1983: 50.

② 阳利平. 对"教师即研究者"命题的探析 ［J］. 教育发展研究，2007（20）: 5－8.

教学活动的重要媒介，是连接学生与教师的桥梁，对学生的影响极为深远。教科书编写意图以隐性的方式将编写理念、编写目的融入教科书当中，影响教师教学的走向。编写意图关系着教科书内容的选择、知识难度与广度的确定、教科书的可教性与可读性、编排体例设计等方方面面，最终落脚于课堂教学中教师与学生的教科书使用，借助相互关联的教学环节培养真善美和谐统一的创造性人才，促进学生获得全面的知识、提升综合能力，塑造健全人格，引领健康成长。

第二，教师教学智慧依赖于对教科书的全面把握和对学生的周全认知。任何教育学意向都应尊重儿童本人的实际情况和自身发展，尽最大可能加强儿童的任何积极意向和品质①。教科书编写考虑教师的教与学生的学，是教科书心理学关涉的重点内容。教科书编写的目的在于合理的教科书使用，促使作为教科书使用主体的教师将心理学理论灵活地运用到备课、教学、反馈等各个环节，促进心理学化教学，提升教科书使用的效率；引导作为教科书使用主体的学生能在已有知识经验基础上对新知识进行理解、加工与转化，提升学生教科书使用的学习成效；促使教师与学生在教学情境中以教科书为中介展开有效的对话，实现学生对知识的意义建构，提升学生核心素养，促进学生德智体美劳全面发展，全面提升教学质量。

三、教科书使用主体应养成科学的教材素养

教材素养是教师专业素养的重要组成部分，是关于教师教材观、教材知识和教材能力的综合体现。教材是联结教师和学生的中介桥梁，不仅教师需要具备科学的教材素养，学生也需要具备一定的教材素养，以促进真善美和谐统一的课堂教学活动的开展。课堂教学是学生在教师引导下开展以教学内容为媒介的师生互动的双边活动，是生命交互的精神活动。在此过程中，师生双方以教科书为媒介，展开有意义的互动，这样的互动应该是触及深层次精神世界的，在认知过程中不断完善学生的认知结构，改善其认知机制与策略，帮助学生强化对知识的领悟、能力的转化、情感态度与价值观的外化，实现教科书知识的文本价值与育人

---

① 范梅南. 教育机智：教育智慧的意蕴［M］. 李树英，译. 北京：教育科学出版社，2001：27.

价值。

首先，教师应树立科学的教材素养。传统教学观将教师视为实现教学目标的工作者，作为能动的、有生命的个体在很大程度上被忽略，这种状态下教师为了完成教学任务而机械地劳作着，教师所具有的内在厚重性、思想性和反思能力被逐渐削弱甚至被掏空，教师成为被牵制的、机械的工具式存在。教师在"型塑"中发展，其结果必然是教师激情的隐退，智慧的湮灭，职责的忘却①。教师应在教育实践中结合学生的认知发展水平基于课程标准认真研究教材，形成关于教材的全面知识和能力。教师对教科书的创新、课堂教学的智慧未受到重视，教师更多的是需要为学生传授教科书文本的知识内容，忠实教学目标，教师的主体性因得不到更好地发挥而受限制。然而，德国哲学家康德说过，"不论是谁，在任何时候都不应该把自己和他人仅仅当作工具，而应该永远看作自身就是目的"②，教师与学生都是鲜活的生命主体，生命的复杂性与灵动性表明工具理性显然不能解决所有教育问题，至少不能完美地解决，教育需要艺术，生命更需要艺术。为课堂教学增添艺术的成分，教师便可更好地发挥主体性、自主性、创造性，教学智慧得以彰显，教师成为诗意的存在，深入分析与领悟教科书，并在课堂教学中灵活地创造适合学生需求的内容，师生之间以知识为媒介，相互间有知识的交流、意义的对话，更有情感的表达。这时，教科书是教师开展教学的教学材料，教师"用教材教"而不是"教教材"，教师职业生命力得以彰显，拓展了教师职业的宽度与内涵，使教师诗意地栖居于课堂情境，引导学生身心和谐健康发展。在教育数字化转型的时代背景下，数字教材在教育实践中逐渐开始应用和推广，对教师的教材素养有了更高的要求，教师除具备已有的教材知识和能力，还需要具备使用数字教材所需要的数字素养，引导学生在数字化教学环境中培养合理的数字伦理意识和数字应用能力。

其次，学生应养成良好的教材素养。学习是学生的自主活动，具有主体性、主动性与目标性，这样来看，学习是一个伴随着生命体验的快乐过程。我国自古提倡"乐学"，我国古代以学为乐的教育目标将以学为乐视为学习最高境界的观

---

① 谢延龙. 让教师诗意地栖居在大地上：论教师发展的生存论意蕴 [J]. 现代教育管理，2011（9）：94 - 96.

② 康德. 道德形而上学原理 [M]. 苗力田，译. 上海：上海人民出版社，2002：52.

点，又为近代一些教育家所继承，并发展为培养学生学习"趣味""兴味"的教学目的观①。"乐学"带给学生快乐积极的学习情感体验，获得知识的愉悦感、能力提升的成就感、与人交往的幸福感等是个体生命体验的过程，生命是每一个人都能通过自我的内省而体验到的，人们对它心领神会。生命哲学家西美尔在关于生命的命题中提到"生命比生命更多"②，认为生命是一种运动，是持续不断的。教育是生命的跃动，教科书为学生学习提供了知识框架，学生在教师讲授下，自主地开展学习，积极地完成学习任务，并体验学习带来的快乐与愉悦，完善知识结构、提升能力，促进情感、态度、价值观的多维发展。学生应在教师人性的关怀和科学的指导下，共同在博爱、尊重、公正、坚毅、勤劳等品质中追寻生命的价值，体验学习带来的生命绽放与美好，学会合理使用教科书，使教科书由"教材"转变为"学材"，促进学生更加灵活地使用教科书，并拓展其获取知识的途径与宽度。

① 郭戈. 我国的乐学思想传统［J］. 课程·教材·教法，2014（5）：14 - 15.
② 西美尔. 生命直观［M］. 刁承俊，译. 北京：生活·读书·新知三联书店，2003：17.

主要参考文献

［1］Anderson J. R.．The Architecture of Cognition［M］．Canbridge，Mass：Harvard university press，1983．

［2］Donald A. S.．The Reflective Practitioner：How Professionals Think in Action［M］．New York：Basic Books Inc.，1983．

［3］Johnsen，E. B.．Textbooks in the Kaleidoscope：A Critical Survey of Literature and Research on Education Texts［M］．Oslo：Scandinavian University Press，1993．

［4］Rokeach，M.．The Nature of Human Values．NY：The Free Press，1973．

［5］Stefan Titscher，Michael Meyer，Ruth Wodak，etc. Methods of Text and Discourse Analysis［M］．London：Sage，2000．

［6］雅科布松．情感心理学：第2版［M］．王玉琴，李生春，译．哈尔滨：黑龙江人民出版社，1997．

［7］阿尔贝特·史怀泽．敬畏生命［M］．陈泽环，译．上海：上海社会科学院出版社，1995．

［8］巴班斯基．教学教育过程最优化：第二版［M］．吴文侃，译．北京：教育科学出版社，2001．

［9］鲍建生，徐斌艳．数学教育研究导引：二［M］．南京：江苏教育出版社，2013．

［10］鲍建生．中英两国初中数学期望课程综合难度的比较［J］．全球教育展望，2002（9）．

［11］布鲁纳．布鲁纳教育论著选［M］．邵瑞珍，张渭城，译．北京：人民教育出版社，1989．

［12］蔡靖泉．文化遗产学［M］．武汉：华中师范大学出版社，2014．

［13］蔡其全，马季．从零散到系统：小学语文教科书知识训练体系构建

［J］. 教育探索，2016（8）.

　　［14］曹日昌. 普通心理学：下册［M］. 北京：人民教育出版社，1980.

　　［15］张揖. 广雅［M］. 曹宪，音释. 北京：中华书局，1985.

　　［16］陈涓. 新课标小学语文教科书练习题设计特点的比较研究：以人教版、苏教版第三学段识读练习为例［J］. 教育学术月刊，2011（5）.

　　［17］陈琦，刘德儒. 教育心理学［M］. 北京：高等教育出版社，2011.

　　［18］陈卫春. 深入分析教材结构　切实理解编写意图：苏科版《义务教育教科书物理》的使用建议［J］. 物理之友，2014（9）.

　　［19］陈先云. 新中国成立以来小学语文课程教材的发展历程与思考［J］. 课程·教材·教法，2019（12）.

　　［20］陈向明. 教育研究方法［M］. 北京：教育科学出版社，2013.

　　［21］陈月茹. 教科书内容属性改革研究［D］. 上海：华东师范大学，2005.

　　［22］陈章龙，周莉. 价值观研究［M］. 南京：南京师范大学出版社，2004.

　　［23］陈志刚. 基于课程标准的历史教科书编写研究［D］. 上海：上海师范大学，2014.

　　［24］戴圣. 礼记［M］. 西安：西安交通大学出版社，2013.

　　［25］戴维·保罗·奥苏贝尔. 意义学习新论：获得与保持知识的认知观［M］. 毛伟，译. 杭州：浙江教育出版社，2018.

　　［26］杜·舒尔茨. 现代心理学史［M］. 杨立能，译. 北京：人民教育出版社，1981.

　　［27］杜尚荣，李森. 中小学教材编写逻辑体系的反思与重构：兼论教材编写的教学逻辑体系［J］. 课程·教材·教法，2014（10）.

　　［28］范梅南. 教育机智：教育智慧的意蕴［M］. 李树英，译. 北京：教育科学出版社，2001.

　　［29］方成智. 教科书生态学［M］. 广州：广东教育出版社，2019.

　　［30］冯契. 冯契文集：第三卷·人的自由和真善美［M］. 上海：华东师范大学出版社，1996.

　　［31］布伦塔诺. 从经验立场出发的心理学［M］. 郝亿春，译，北京：商务印书馆，2017.

［32］高杰. 统编语文教材课后习题利用应注重编者意图［J］. 教学与管理, 2020（26）.

［33］顾黄初, 顾振彪. 语文课程与语文教材［M］. 北京: 社会科学文献出版社, 2001.

［34］顾明远. 教育大词典: 第1卷［M］. 上海: 上海教育出版社, 1990.

［35］顾晓东. 小学数学教材中的类比推理及教学策略［J］. 教学与管理, 2015（20）.

［36］郭成, 张大均. 教学心理学发展的动因及其走向［J］. 西华师范大学学报（哲学社会科学版）, 2008（3）.

［37］郭戈. 编好教材是提高教学质量的关键［N］. 中国教育报, 2018-12-26（9）.

［38］郭戈. 我国的乐学思想传统［J］. 课程·教材·教法, 2014（5）.

［39］郭晓明. 整体性课程结构观与优化课程结构的新思路［J］. 教育理论与实践, 2001（5）.

［40］郭岩. 要重视和发挥课本目录的作用［J］. 课程·教材·教法, 1991（8）.

［41］韩艳梅. 语文教科书编制研究［D］. 上海: 华东师范大学, 2004.

［42］郝志军. 教材建设作为国家事权的政策意蕴［J］. 教育研究, 2020（3）.

［43］洪显利. 教育心理学的经典理论及其应用［M］. 北京: 北京大学出版社, 2011.

［44］黄希庭. 普通心理学［M］. 兰州: 甘肃人民出版社, 1982.

［45］黄显华, 霍秉坤. 寻找课程论和教科书设计的理论基础［M］. 北京: 人民教育出版社, 2005.

［46］姬秉新. 建立适应"历史学习知识体系"的中学历史课程［J］. 历史教学, 2006（3）.

［47］康德. 道德形而上学原理［M］. 苗力田, 译. 上海: 上海人民出版社, 2002.

［48］课程教材研究所. 课程教材改革之路［M］. 北京: 人民教育出版

社，2000.

[49] 夸美纽斯. 大教学论 [M]. 傅任敢，译. 北京：教育科学出版社，1999.

[50] 邝孔秀，姚纯青，蔡庆有，等. 中国小学数学教科书的难度分析：国际比较的视角 [J]. 比较教育研究，2015 (9).

[51] 李继文. 教科书目录功能与使用策略 [J]. 中学历史教学参考，2019 (6).

[52] 李义天. 美德伦理视域中的意图、意愿与意志 [J]. 天津社会科学，2020 (6).

[53] 李明德. 试论布鲁纳对教学心理学化的推进 [J]. 中国教育科学，2017 (4).

[54] 李明德. 试论行为主义与教育心理学化 [J]. 教育史研究，2019 (1).

[55] 李娜. 小学语文教科书选文中的生命教育研究：以苏教版为例 [D]. 南京：南京师范大学，2011.

[56] 李俏. 中小学教材建设的探索和实践 [J]. 教育研究，2014 (1).

[57] 李善良，徐稼红. 2019 版普通高中数学（苏教版）教材编写思路与体例 [J]. 基础教育课程，2019 (19).

[58] 李维鼎. 语文教材别论 [M]. 杭州：浙江教育出版社，2004.

[59] 李文田，李家清. 改革开放以来我国高中地理教科书课程难度变化的定量分析：以"宇宙中的地球"为例 [J]. 课程·教材·教法，2011 (5).

[60] 李新，杨杨，汪慧明. 数学有"德"：人教版小学数学教科书中的德育因素分析 [J]. 内蒙古师范大学学报（教育科学版），2020 (1).

[61] 李怡. 语文教材编选体系与体例的比较研究：以人教版和统编本七年级语文教科书为例 [D]. 昆明：云南师范大学，2019.

[62] 李玉霞. 高中历史模块专题编写体例的几点思考 [J]. 教学与管理，2014 (22).

[63] 联合国教科文组织国际教育发展委员会. 学会生存：教育世界的今天和明天 [M]. 华东师范大学比较教育研究所，译. 北京：教育科学出版

社，1996.

［64］梁树森. 论科学精神的培养［J］. 教育研究，2000（6）.

［65］林崇德. 发展心理学：第2版［M］. 北京：人民教育出版社，2009.

［66］林崇德，杨治良，黄希庭. 心理学大辞典：下卷［M］. 上海：上海教育出版社，2004.

［67］林崇德. 中小学教材编写心理化设计的建议［J］. 课程·教材·教法，2019（9）.

［68］林珊. 统编版初中历史教科书内容体系特点分析［J］. 中学历史教学参考，2019（6）.

［69］林同华. 美学心理学［M］. 杭州：浙江人民出版社，1987.

［70］刘桂珍. 论中华诗乐中的心声相应［J］. 东北师大学报（哲学社会科学版），2018（6）.

［71］刘国正. 叶圣陶教育文集：第四卷［M］. 北京：人民教育出版社，1994.

［72］刘江. 逻辑学：推理和论证［M］. 广州：华南理工大学出版社，2004.

［73］刘景超，安奕霏. 改革开放40年小学语文教科书发展的回顾与展望［J］. 湖南师范大学教育科学学报，2018（5）.

［74］刘景超. 教科书美学［M］. 广州：广东教育出版社，2019.

［75］刘婧，李宝庆. 小学语文教科书中插图的问题与对策［J］. 教学与管理，2012（2）.

［76］刘久成. 小学数学"简易方程"内容量化分析：基于人教版三套教科书的比较［J］. 课程·教材·教法，2019（8）.

［77］刘婷. 部编本初中语文教材中的亲情教育研究［D］. 武汉：华中师范大学，2019.

［78］龙娟. 人教版高中语文教科书情感教育内容分析［J］. 考试周刊，2015（A4）.

［79］罗琦，周丽萍. 新编现代汉语词典［M］. 长春：吉林大学出版社，2003.

［80］罗素. 心的分析［M］. 贾可春，译. 北京：商务印书馆，2009.

[81] 马克思，恩格斯. 马克思恩格斯全集：第42卷 [M]. 中共中央马克思恩格斯列宁斯大林著作编译局，译. 北京：人民出版社，2006.

[82] 马婷婷，童艳肆. 基于语言学视角的历史教科书难度定量分析：以普通高中新课程岳麓版为例 [J]. 教学与管理，2014 (33).

[83] 阿普尔. 意识形态与课程 [M]. 黄忠敬，译. 上海：华东师范大学出版社，2001.

[84] 麦特·里德雷. 美德的起源：人类本能与协作的进化 [M]. 刘珩，译. 北京：中央编译出版社，2003.

[85] 孟彩. 编者意图：阅读教学亟待关注的维度 [J]. 教学与管理，2016 (11).

[86] 缪克成，俞世恩. 民族精神 [M]. 上海：上海科学技术出版社，2010.

[87] 莫雷. 教育心理学 [M]. 北京：教育科学出版社，2007.

[88] 彭加勒. 科学的价值 [M]. 李醒民，译. 北京：光明日报出版社，1988.

[89] 皮连生. 教育心理学：第三版 [M]. 上海：上海教育出版社，2004.

[90] 蒲志安. 小学低年级教材插图的认知、教育功能与定位分析 [J]. 课程·教材·教法，2008 (9).

[91] 齐雨. 主体感知活动的本质及其方式 [J]. 中国人民大学学报，1990 (3).

[92] 乔晖. 语文教科书变革70年：演进、争议与构想 [J]. 全球教育展望，2019 (12).

[93] 全国十二所重点师范大学联合编写. 教育学基础：第3版 [M]. 北京：教育科学出版社，2014.

[94] 邵红能. 高中数学教科书"情感教育"的认知分析与教学思考：以上海教育出版社《数学》为例 [J]. 中学数学，2015 (9).

[95] 邵建新，田德旭. 新教科版、苏教版小学一年级科学教材比较分析 [J]. 兵团教育学院学报，2018 (6).

[96] 邵瑞珍. 教育心理学 [M]. 上海：上海教育出版社，1995.

[97] 沈菁. 试论苏科版初中物理新课程教材中插图的得失 [J]. 数理化解

题研究，2015（11）.

［98］石鸥，石玉. 论教科书的基本特征［J］. 教育研究，2012（4）.

［99］石鸥，吴驰. 教科书设计意图及其实现之研究：以 X 版小学英语教科书为例［J］. 中国教育学刊，2010（11）.

［100］石鸥，张美静. 被低估的创新：试论教科书研制的主体性特征［J］. 课程·教材·教法，2019（11）.

［101］石鸥. 教科书概论［M］. 广州：广东教育出版社，2019.

［102］史宁中. 教育与数学教育［M］. 长春：东北师范大学出版社，2006.

［103］史宁中，孔凡哲，李淑文. 课程难度模型：我国义务教育几何课程难度的对比［J］. 东北师大学报（哲学社会科学版），2005（6）.

［104］史宁中. 十国高中数学教材的若干比较研究及启示［J］. 外国教育研究，2015（10）.

［105］斯金纳. 新行为主义学习论［M］. 章益，辑译. 济南：山东教育出版社，1983.

［106］宋振韶. 教科书插图的认知心理学研究［J］. 北京师范大学学报（社会科学版），2005（6）.

［107］苏霍姆林斯基. 给教师的一百条建议［M］. 周蕖，王义高，刘启娴，等译. 天津：天津人民出版社，1981.

［108］苏霍姆林斯基. 论爱情［M］. 李元立，关怀，译. 北京：工人出版社，1986.

［109］孙建辉. 勇敢而理性地拥抱技术，为统编教材教学赋能：专访首都师范大学石鸥教授［J］. 中小学数字化教学，2019（4）.

［110］克里克山克，詹金斯，梅特卡夫. 教师指南：第四版［M］. 祝平，译. 南京：江苏教育出版社，2007.

［111］陶德清. 学习态度理论与研究［M］. 广州：广东人民出版社，2001.

［112］陶功定. 美学［M］. 北京：科学技术文献出版社，1987.

［113］陶明远. 试论螺旋型课程结构论［J］. 课程·教材·教法. 1992（4）.

［114］库恩. 科学革命的结构［M］. 金吾伦，胡新和，译. 北京：北京大

学出版社，2003.

[115] 王耀华. 处理初中地理教科书知识结构原则问题的探讨 [J]. 课程·教材·教法，1995 (4).

[116] 王建磐，鲍建生. 高中数学教材中例题的综合难度的国际比较 [J]. 全球教育展望，2014 (4).

[117] 王从华. 高中历史教科书"模块—专题"式编写体例的特点与检讨 [J]，当代教育与文化，2012 (5).

[118] 王道俊. 知识的教育价值及其实现方式初探：兼谈对杜威教育思想的某些认识 [J]. 课程·教程·教法，2011 (1).

[119] 王惠来. 奥苏伯尔的有意义学习理论对教学的指导意义 [J]. 天津师范大学学报 (社会科学版)，2011 (2).

[120] 王攀峰，陈洋. 教科书研究的内涵、价值与方法 [J]. 首都师范大学学报 (社会科学版)，2018 (1).

[121] 王攀峰. 教科书内容分析的类型学研究 [J]. 教育科学，2020 (1).

[122] 王攀峰. 教科书研究方法论 [M]. 广州：广东教育出版社，2019.

[123] 王强国. 几何直观的内涵、分类与教学要领. 中小学教师培训 [J]. 2019 (6).

[124] 王艳. "部编本"语文教科书的和谐美阐释：以一年级语文教科书为例 [J]. 现代中小学教育，2020 (1).

[125] 王雨田. 控制论信息论系统科学与哲学 [M]. 北京：中国人民大学出版社，1988.

[126] 温儒敏. "部编本"语文教材的编写理念、特色与使用建议 [J]. 课程·教材·教法，2016 (11).

[127] 温儒敏. 用好统编教材，切实提升教学质量：使用统编本小学语文教材的六条建议 [J]. 语文建设，2019 (16).

[128] 吴驰，李姣，奉卉青. 新课标背景下普通高中英语教材编写的问题与对策 [J]. 课程·教材·教法，2019 (8).

[129] 吴乐乐. 高中数学新课程前后立体几何版块比较研究 [D]. 重庆：西南大学，2011.

[130] 吴立宝，王建波，曹一鸣. 初中数学教科书习题国际比较研究 [J]. 课程·教材·教法，2014（2）.

[131] 吴也显. 教学论新编 [M]. 北京：教育科学出版社，1991.

[132] 吴子兴. 教科书编者意图的主要来源及把握要点：以"统编本"小学语文教科书为例 [J]. 现代教育科学，2019（7）.

[133] 西美尔. 生命直观 [M]. 刁承俊，译. 北京：生活·读书·新知三联书店，2003.

[134] 习近平. 携手构建合作共赢新伙伴，同心打造人类命运共同体 [EB/OL]. [2018-10-20]. www. xinhuanet. com/politics/2015-09/29/c. 11167036456. htm.

[135] 谢延龙. 让教师诗意地栖居在大地上：论教师发展的生存论意蕴 [J]. 现代教育管理，2011（9）.

[136] 徐钢泓. 认识你自己 [M]. 呼和浩特：内蒙古人民出版社，2000.

[137] 徐锦中. 逻辑学 [M]. 天津：天津大学出版社，2001.

[139] 许慎. 说文解字 [M]. 杭州：浙江古籍出版社，2016.

[139] 严学窘. 国学经典导读：广韵 [M]. 北京：中国国际广播出版社，2011.

[140] 燕国材. 新编普通心理学概论 [M]. 上海：东方出版中心，1998.

[141] 阳利平. 对"教师即研究者"命题的探析 [J]. 教育发展研究，2007（10B）.

[142] 杨洛. 初中语文教科书中的生命观研究 [D]. 武汉：华中科技大学，2013.

[143] 杨宜音. 社会心理领域的价值观研究述要 [J]. 中国社会科学，1998（2）.

[144] 杨中芳，高尚仁. 中国人·中国心：人格与社会篇 [M]. 台北：远流出版事业股份有限公司，1991.

[145] 杨承印，韩俊卿. 义务教育新课标教科书课程难度定量分析 [J]. 教育科学，2007（1）.

[146] 叶波. 为语文的教育还是为教育的语文：与温儒敏教授商榷 [J].

全球教育展望，2020（8）.

［147］俞祖华，赵慧峰. 中华民族精神新论［M］. 济南：山东大学出版社，2005.

［148］喻国华，徐俊贤. 普通心理学［M］. 北京：中国科学技术出版社，1995.

［149］约翰·杜威. 民主主义与教育［M］. 王承绪，译. 北京：人民教育出版社，1990.

［150］曾玲娟，李红云. 心理学基础［M］. 北京：北京师范大学出版社，2015.

［151］曾天山，田慧生. 中小学课程教材改革与实验［M］. 成都：四川教育出版社，1997.

［152］曾天山. 教材论［M］. 南昌：江西教育出版社，1997.

［153］张岱年，方克立. 中国文化概论［M］. 北京：北京师范大学出版社，2004.

［154］张道祥. 当代普通心理学［M］. 长春：吉林大学出版社，2006.

［155］张雷. 在"综合与实践"活动中培养学生"四能"："一亿有多大"教学实践与思考［J］. 小学教学参考（数学），2020（6）.

［156］张文，陈文新. 新世纪以来的教科书研究：现状、热点与展望：基于文献和高频词的分析［J］. 首都师范大学学报（社会科学版），2017（6）.

［157］张心科，文艺，赵瑞萍. 教材研究框架的建构及使用：以语文教材为例［J］. 课程·教材·教法，2019（1）.

［158］张心科. 清末民国时期关于语文教科书插图的研究［J］. 教育史研究，2022（2）.

［159］张燕华. 教科书语言学［M］. 广州：广东教育出版社，2019.

［160］张优幼. 基于学生认知的小学数学习题设置［J］. 教学与管理，2017（20）.

［161］张正军. 思维的本性、类型及演进［J］. 甘肃社会科学，1993（4）.

［162］赵冠峰. 历史解释切忌泛泛而论：对历史教科书一道课后活动题的探析［J］. 中学历史教学，2020（5）.

［163］郑希付，陈娉美. 普通心理学［M］. 长沙：中南工业大学出版社，1997.

［164］郑新丽. 高中语文教科书插图构图的视觉隐喻研究［J］. 内蒙古师范大学学报（教育科学版），2019（11）.

［165］郑国民. 小学语文教科书编写体例的比较研究［C］//曾天山，刘立德. 中国教育科研报告：2011 第 1 辑. 北京：人民教育出版社，2011.

［166］中国社会科学院语言研究所词典编辑室. 现代汉语词典：第 7 版［M］. 北京：商务印书馆，2016.

［167］中华人民共和国国家教育委员会. 中小学教材审定标准［S］//何东昌. 中华人民共和国重要教育文献 共三册［M］. 海口：海南出版社，1989.

［168］中华人民共和国国家卫生和计划生育委员会，中国国家标准化管理委员会. 中小学生教科书卫生要求：GB/T 17227－2014［S］. 北京：中国质检出版社，2014.

［169］中华人民共和国国家质量监督检验检疫总局，中国国家标准化管理委员会. 中小学教科书幅面尺寸及版面通用要求：GB/T 18358－2009［S］. 北京：中国标准出版社，2009.

［170］中华人民共和国国家质量监督检验检疫总局，中国国家标准化管理委员会. 中小学教科书用纸、印刷质量要求和检验方法：GB/T 18359－2009［S］. 北京：中国标准出版社，2009.

［171］中华人民共和国教育部. 普通高中数学课程标准：2017 年版，2020 年修订［S］. 人民教育出版社，2020.

［172］中华人民共和国教育部. 普通高中语文课程标准：2017 年版，2020 年修订［S］. 人民教育出版社，2020.

［173］中华人民共和国教育部. 义务教育历史课程标准：2011 年版［S］. 北京：北京师范大学出版社，2011.

［174］中华人民共和国教育部. 义务教育数学课程标准：2011 年版［S］. 北京：北京师范大学出版社，2011.

［175］中华人民共和国教育部. 义务教育小学科学课程标准：2011 年版［S］. 北京：北京师范大学出版社，2011.

［176］中华人民共和国教育部. 义务教育语文课程标准：2011 年版［S］. 北京：北京师范大学出版社，2011.

［177］中华人民共和国教育部. 义务教育地理课程标准：2011 年版［S］. 北京：北京师范大学出版社，2011.

［178］中华人民共和国教育部令第 11 号：中小学教材编写审定管理暂行办法［EB/OL］．［2001 - 06 - 07］．http://www. moe. gov. cn/jyb_xxgk/gk_gbgg/moe_o/moe_16/tnull_126. htm

［179］周来祥. 文艺美学［M］. 北京：人民文学出版社，2003.

［180］周详，潘慧. 教育心理学［M］. 天津：南开大学出版社，2014.

［181］朱光潜. 朱光潜美学文学论文选集［M］. 长沙：湖南人民出版社，1980.

后记

　　记得第一次参观首都师范大学教科书博物馆时，我被墙上的一副对联"石破天惊小课本，'鸥'心沥血大启蒙"所感动，小小课本发挥着如此巨大的作用，不间断地影响着一代又一代的儿童、少年。

　　教科书，对于我们每一个人都是再熟悉不过的存在，于我而言甚是如此。在课外书极少的小时候，教科书为我提供了丰富的精神食粮，每天早上手捧着教科书朗读的样子、课桌前看着教科书做题的样子、听课时在教科书上勾勾画画的样子……都如此深刻地印在我的脑海里，成为隽永而美好的回忆。就这样，在小小课本里，我不仅知道了李白、李清照、王安石、鲁迅、朱自清、叶圣陶等先贤，也学会了勾股定理、万有引力定律、元素周期表、遗传与基因、经度与纬度等知识，还懂得了很多做人的道理。教科书为我展示了一个美妙世界，使我产生了走出去看一看的强烈愿望。现在，我又借着修改更新了很多版的教科书辅导着我的孩子，重温着往日的故事与美好，感悟着教科书编写者的意图与旨趣。

　　教科书研究，于我而言是既熟悉又陌生的存在。2005—2008 年攻读硕士学位期间，我就开始参与硕导石鸥教授教科书研究团队的教科书整理工作，翻看着那些纸张泛黄的教科书，让我欣喜，我隐隐觉得这里面"大有文章可做"。但因为各种主客观原因，我总是在教科书研究的"门外"徘徊，所以，每每参加教科书论坛，我都会对同行的朋友打趣地说："我是'混迹'于教科书研究领域的'圈外人'。"在思想的碰撞中，在时代的激荡中，我对教科书中的新生事物"数字教科书"展开了系列思考与研究，在 CSSCI 来源期刊公开发表了几篇学术论文，这样看来好像我对教科书研究有些入门了，可以成为"圈内人"了。当接到硕导的教科书心理学的研究任务时，我最开始很自信地认为：我曾负责高等师范院校师范生"教育心理学"的教学工作，承担这一任务应该不会太难。当我在对教科书展开深入研究的时候才发现理想与现实差距是如此之大。因写不出而抓狂，苦于不知道怎么布局，写写删删是常态。这个时候我意识到教科书研究并不是想象的那么简单。这让我更加钦佩石鸥教授及其团队在教科书研究领域的学术初心与执着坚守。

一切的坚持终将有意义，虽然书稿撰写的过程百感交集，也遇到很多困难，导师石鸥教授总会在我很迷茫的时候如超人般出现，导师的指导让我更加明晰研究方向与编写内容，导师的鼓励给我莫大的精神动力。在导师的指导与鼓励下，我坚持下来了，为书稿画上了圆满的句号。书稿成型后，还有很多不如意的地方，毕竟是我在教科书研究领域的蹒跚学步之作。这次写作让我对教科书研究有了更深层次的思考与理解，在此过程中我也渐渐地爱上了教科书研究，也更加明白导师及其团队为什么如此痴迷于教科书研究了！这种爱与执着背后是难以言表的精神动力。在此衷心感谢我的学术领路人、导师石鸥教授，导师思想睿智、见解独特，总能给人以启发，引人思考，更为重要的是导师用他的实际行动感召着我，使我产生积极的行动力量。

感谢我的家人，在书稿写作过程中他们包揽了家里家外的很多事情，为我的书稿撰写腾出很多时间；他们总是在我思路杂乱的时候，鼓励我、陪伴我，给我莫大的精神慰藉。家人的爱如同一缕冬日暖阳，在我心中汇成一首温暖的歌。

本书参考了大量国内外相关研究领域的研究成果，在此对相关作者表示诚挚的感谢！本书试图将教科书心理学理论研究与实证探究结合起来，在对教科书心理学进行本体的理论思考的同时，立足教科书文本展开实证研究，这就需要大量的研究数据和资料。感谢西华师范大学教师教育学院硕士研究生尹盈欢、教育学院硕士研究生何玲燕、谢雨涵、杨思敏、曾婧等协助收集与整理研究资料。

　　本书的出版离不开广东教育出版社编辑团队的辛勤付出，在此表示衷心的感谢！

　　教科书心理学作为一个新的研究领域，是研究的起点，而不是终点。由于时间、文献资料及个人的研究视野的限制，本书未能全面地兼顾教科书各个部分与环节的心理学要素，研究在广度和深度上还存在诸多不足，这将是后续研究进一步完善与改进的方向，也恳请同行专家与广大读者批评指正，不胜感激！

石　娟

2020 年 10 月